概率游戏
像操盘手那样做股票

凌 波 ◎ 著

图书在版编目（CIP）数据

概率游戏/凌波著．－－北京：北京联合出版公司，2018.8（2022.3重印）

ISBN 978－7－5596－2230－3

Ⅰ.①概… Ⅱ.①凌… Ⅲ.①股票投资－基本知识Ⅳ.①F830.91

中国版本图书馆 CIP 数据核字（2018）第 118180 号

概率游戏

项目策划　斯坦威图书
作　者　凌　波
责任编辑　牛炜征
策划编辑　肖　宇　王　珏
封面设计　杜　帅

北京联合出版公司出版
（北京市西城区德外大街 83 号楼 9 层　100088）
天津中印联印务有限公司　新华书店经销
230 千字　710 毫米×1000 毫米　1/16　17 印张
2018 年 8 月第 1 版　2022 年 3 月第 3 次印刷
ISBN 978－7－5596－2230－3
定价：49.80 元

未经许可，不得以任何方式复制或抄袭本书部分或全部内容
版权所有，侵权必究
本书若有质量问题，请与本公司图书销售中心联系调换
纠错热线：010－82561793

序　言

如何能够做到像聪明的投资者那样去思考？是否存在稳定盈利的"圣杯"？为什么说会有不可避免的涨和跌？在哪里抄底的胜率更高？如何买在起涨点？支撑起一波行情的关键K线在哪里？

本书将引领投资者探寻这类股市的关键问题，寻找市场波动的核心规律，一窥高手的"拈叶飞花"，形成具有概率优势的做股方法和理念。

自从进入投资市场以来，我被投资者问及最多的一类话题就是"大盘这次会涨（跌）到多少点，还能上涨（下跌）多久""看好哪类股票或哪只股票"。

对于这类问题，我通常都会提醒投资者注意一些能够看得见的事实，比如"大盘在连创新高，在温和放量""某个板块刚开始启动并站上了10日均线""MACD的DIF指标一直在0轴之上"，等等。

投资者提出问题的初衷是想让我预判一下行情，但投资老手都应该了解，市场其实是很难预测的，而且预测对于投资所产生的更多是负面影响。它会让你偏执于多头思维或者空头思维，如果市场的走势和你的想法不一致，那么你往往会继续逆势而为，却不肯承认自己判断错了方向。

预测和猜测是阻碍投资者提高水平的主要因素之一。要相信你所看到的，而不是相信你的主观想象，这样做会让你看到更多的事实，并有利于做出更合理的对策。"对策比预测更重要"，这是投资上的一个重要原则。善输小错，顺势而为，不预测，从客观的角度，用概率思维做股票。

本书正是精选了投资者比较感兴趣的话题，并且是一些最能影响投资成绩的内容进行讨论。本书秉承了之前作品的一贯风格，在文章中融合了一些主要的交易理念和技巧，深入浅出地说明"道"与"术"的关系。希望专业交易者和业余投资者都能在本书中获得灵感和启发。本书会涉及技术分析与基础理念，资金管理与风险控制，交易心理与投资之道，当然还有概率思维和交易系统。作者此前有关技术分析的两本作品分别为《振荡指标MACD：波段操作精解》以及《黑马波段操盘术》，本书更多是在此基础上，通过对市场的跟踪，说明投资者应该如何正确认识市场，以及如何站在大概率的一侧操作股票。

市场确实有它"神秘"的一面，它隐含着非周期性的秩序，但只要你能够发现并掌握这种秩序，你就会离成功更近一步。本书从认识市场，操作技术，理念与策略以及实战经验这四个方面，讨论了投资者在股市经常会遇到的一些话题。可以说本书涵盖了一个投资者所应了解的，决定你能否最终赢得这场游戏的主要内容。本书包括基本技术原理、投资理论、操作技巧、图表形态、交易理念、交易原则等等。希望投资者通过本书能够洞悉市场的内在规律，形成正确的市场认识和理念，养成像专业操盘手那样的交易思维。希望它能够帮助投资者找到属于自己的"圣杯"。

此外，投资者还应该以"空杯"的心态来看待书中的一些话题，这样你才不会固守以前的思维定势，做到能够真正看得到并"装得下"对市场的不同看法。有些赚钱的理念会对你现有的习惯性认知进行颠覆，但是这些方法和理念并非难以理解，赚钱就是将这些正确的事情重复做。朴素的道理往往具有更强大的力量。关键在于你能否真正地理解它、接受它，重在降伏其心！

本书一共包括45个话题，但它们也会有所侧重。投资者通过目录就可以看出，这些都是与交易密切相关的话题，关乎本金的生死存亡，关乎你能否持续盈利。为了进一步加强趣味性和实用性，我们在每一章的最后还增加了盘后阅读，以及对操作非常有帮助的一些股票软件使用技巧。你在股市中应该知道的所有"内幕""内因"和"秩序"几乎都能在这里找到答案并得到启发。通过这45个重要话题讨论，投资者能够对市场和自己形成新的认识，改变以前不具有概率优势的做股思维，形成合理的做股理念，建立一个相对固定的具有优势的做股方法。

本书几乎包括了投资者进行股票操作所需要了解的大部分基本知识、技巧和原则。投资老手同样可以受到启发，解决在交易之中一直被困扰的一些问题。投资高手也可以把本书作为闲暇阅读，与作者一同体会在投资中的各种感悟。一本好的投资书，它应该像是一面镜子，每位投资者应该能在其中找到自己，看清自己，点亮自己。我希望这本书能做到如此。

欢迎各位投资者与我进行交易探讨，与投资相关的问题和合作信息都可以发送邮件到：lingbostock@163.com。同时，在此向之前进行交流和提出宝贵建议的各位投资者一并表示感谢。你们的观点和问题都是最贴近实战的，是第一手的资料，感谢你们的反馈，你们的启发也是本书的写作动力之一。

最后，希望投资者能通过阅读本书，形成具有概率优势的操盘思维，建立适合自己的一套投资方法，找到稳定盈利之道。

凌波

目 录
Contents

第一章　认识市场

第1节　用庄家的思维占胜庄家 / 3

第2节　如何找到"圣杯" / 10

第3节　技术有效性与技术无用论 / 13

第4节　所有消息都反映到价格上 / 21

第5节　传说中的炒单和曲线拉直 / 27

第6节　炒股与赌博 / 34

第7节　盘感到底是什么 / 40

第8节　为什么说波段操作是最合理的 / 43

盘后阅读1：丁蟹效应 / 47

股软技巧1：自动叠加对应的大盘 / 49

股软技巧2：指标值显示涨跌箭头 / 50

第二章　操作技术

第1节　学会看大盘做个股 / 53

第2节　绕不开的震荡与趋势 / 59

第3节　指标只是价格的变形 / 63

第4节　成交量也会骗人吗 / 67

第5节　买在起涨点 / 73

第6节　追涨停和做波段 / 77

第7节　撑起一波行情的关键K线 / 84

第8节　压倒一波行情的关键K线 / 89

第9节　如何追击上涨趋势 / 94

第10节　有那么一种赚钱形态——假阴线 / 98

第11节　你的世界我曾经来过——123法则与背离 / 103

第12节　下跌缺口的意义 / 108

第13节　做熟悉的形态更容易赚钱 / 113

盘后阅读2：木桶原理 / 122

股软技巧3：多日分时图 / 123

股软技巧4：提示分析图中的最新缺口 / 124

第三章　理念与策略

第1节　对策比预测更重要 / 129

第2节　专做强势板块中的龙头股 / 135

第3节　不可避免的涨和跌 / 143

第4节　抄底策略——抄在背离下影时 / 149

第5节　抄底策略——底中找底 / 152

第6节　T+1机制下的一种低吸策略 / 155

第7节　有多少上影可以重来 / 160

第8节　如何复盘 / 172

第9节　系统化交易 / 175

第10节　过滤交易信号提高系统胜率 / 180

第11节　站在神的一侧——概率交易 / 186

盘后阅读3：墨菲定律 / 195

股软技巧5：分时图中成交量颜色区分显示 / 196

股软技巧6：多股同列 / 197

第四章　实战经验

第1节　为什么骑不住黑马 / 201

第2节　交易者需要一个图腾 / 205

第3节　通关秘籍——技术分析的形态结构 / 211

第4节　波动原理——有效结构 / 215

第5节　日内交易的钱被谁赚走了 / 218

第6节　日内交易——机器人的战争 / 223

第7节　无所住而生其心 / 227

第8节　宁可错过也不做错 / 231

第 9 节　现实中的传奇交易员 / 234

第 10 节　操作资金曲线 / 237

第 11 节　成功的交易系统能否复制 / 243

第 12 节　从感觉交易到自觉交易 / 247

第 13 节　让利润去保护你的持仓 / 250

盘后阅读 4：口红效应 / 256

股软技巧 7：条件选股——近日创历史新高 / 257

股软技巧 8：条件预警设置 / 258

股软技巧 9：历史回放功能 / 259

后　记 / 261

第一章

THE GAME OF PROBABILITY:THINKING LIKE A TRADER

认识市场

本章主要内容

第1节　用庄家的思维占胜庄家

第2节　如何找到"圣杯"

第3节　技术有效性与技术无用论

第4节　所有消息都反映到价格上

第5节　传说中的炒单和曲线拉直

第6节　炒股与赌博

第7节　盘感到底是什么

第8节　为什么说波段操作是最合理的

盘后阅读1：丁蟹效应

股软技巧1：自动叠加对应的大盘

股软技巧2：指标值显示涨跌箭头

这（赚钱）不是够不够的问题。这是场零和游戏。一些人赢，一些人输。钱本身不会变多或变少，它只不过是简单地从一个人手里转到另一人手里。……我不去创造，但我能拥有。

——《华尔街：金钱永不眠》

第1节 用庄家的思维占胜庄家

绝大多数投资者对于庄家都是只有耳闻，而从未亲眼得见。通常越是"无形"的并且具有神秘力量的事物就越是使人心生敬畏甚至是心生向往。

庄家隐藏于幕后，散户则活跃于台前。有人认为，散户与庄家是对立的，是"人为刀俎，我为鱼肉"，散户就像是庄家案板上的生肉一样，任庄家宰割。不过，也有人认为，散户需要跟紧庄家才能赚到钱，散户就像是犀牛背上的犀牛鸟一样，与庄家共栖共存。那么散户与庄家究竟是什么关系呢？

这要由对庄家的定义说起。资历比较老的股民会更经常提到庄家，这是因为，早期股市的资金规模比较小，市场监管也存在许多需要完善的地方，当时中小投资者的投资水平又普遍比较低，所有这些因素决定了庄家有很大的操作空间。而对于新股民，尤其是对于90后的新投资者来说，庄家这个词好像越来越远了，这不是因为庄家不存在了，而是因为庄家的可操作空间大不如从前，股民对庄家的热情和神秘感也不比从前。

简要来说，庄家就是在资金、信息、人力、技术上有优势的机构或团队。目前，社会上的闲置资金不断增加，民间的投资机构大量涌现。资金达到上亿规模的机构基本就可以被看作是有一定实力的庄家，而现在能动用到达这个资金规模的机构可以说是司空见惯，甚至有些个人都能调动上亿家族资金随时进入市场。市场的资金总量在剧增，投资个体数量也在剧增，控盘所需的资金规模和成本也都在增加。

明确了庄家其实是有实力的机构之后，投资者应该把庄家从无形的地位放到有形的地位上来。庄家与做其他实业公司一样，只是庄家做的是资金的生意，是用钱赚钱而已。从现在开始，我们可以把庄家等同于机构，把散户等同于个人投资者，这样来看更容易理解市场中的博弈关系。很重要的一点是，还要知道，市场上有很多庄家。很多投资者一谈到庄家就把它归结为唯一一个无形的神秘力量，其实庄家是很多个有形的机构。在有些股票上，潜伏着不只一个机构，机构之间也会"打架"，也会博弈，机构不只"吃"散户，实力强的机构也会在实力较弱的机构上占得利益。

庄家（机构）相对于散户（个人投资者）来说，其优势是全方面的，不管在财力、智力还是管理上，都不是一般散户所能企及的。下面我们来列举双方在股票操作方式和操作理念上的一些区别。

（1）庄家用几个亿、几十亿的资金只做三五只个股；散户用几万、十几万的资金做十多只个股。

（2）庄家不是一个人在战斗，并有组织地进攻和撤退；散户孤军奋战，并跟着感觉走。

（3）庄家在一只个股上可以等几个月甚至一年；散户做一只股只做几天或几周，除非被套。

（4）庄家做足一波行情吃一年；散户把一波行情做得七零八落，把赚得的利润很快又还给市场。

（5）庄家在有资金、信息优势的基础上，还要在各种技术分析上寻求支持，相互验证；散户连K线都没看懂就开始宣扬技术无用论。

（6）庄家做一波行情赚一波，大势不好时知道休息；散户一年四季在股市里搏杀。

（7）庄家不仅倾听散户声音，分析散户行为，而且分析并总结自己的行为与得失；散户总是认为自己船小好调头，不研究对手，不直面自己的错误。

（8）庄家也要敬畏大趋势，知道"覆巢之下安有完卵"的道理；散户不知趋势为何物，总是在逆势死扛。

（9）庄家永远会留有剩余资金以备不时之需；散户永远重仓出击想一口吃成个胖子。

（10）庄家进场前已经对可能的走势有了各种对策；散户进场前只认为这只股票必然上涨。

从以上列举的这十个区别就可以看出，以平均水平看来，通常散户确实全面处于劣势，处于任人宰割的地位。那么散户该如何做才能变劣势为优势呢？很简单，在散户的客观条件基础上，用庄家的思维进行操作。

庄家在市场中的地位，如同在丛林里的食肉动物，他们体型彪悍，性格凶猛，比如著名的国际投资家索罗斯就被誉为"金融大鳄"。我们不否认，多数散户的宿命必然是食草动物，是要被猎杀的。这是市场的规则，是自然规律。市场中一直流传着"一赚二平七亏"的说法，意思是说，平均在十个人里，只有一个人最终是赚钱走出市场的，其中有两个人持平，另外占多数的七个人是以亏损收场。这七成的亏损比例就是多数散户的宿命。所以说，你要在这丛林里生存就不能做食草动物，而要做一只食肉动物，用食肉者的思维去思考，去捕获属于你自己的猎物。

这样，如果庄家是鳄鱼、狮子或者老虎的话，作为想在丛林里存活下来的个人投资者，我更希望称之为"狼"。《狼图腾》里提到过，狼是大自然里最好的战略战术大师。狼可以团队作战，也可以单独作战，它善于侦察、布阵、伏击、奇袭，对气象、地形都能很好的利用。还有一点，虽然其经常被称为独狼，但其实狼是很有亲情味、很会生活的，它的家族关系应该在食肉动物里属于比较和谐、融洽的。

所谓的"义庄"

股票市场里从来都是收益与风险的博弈，赚钱不会是没有风险的事情。市场中，经常会听到"义庄"这个词。所谓"义庄"，就是不杀散户的庄，反倒为散户抬轿的庄。直接来说，不管你信不信，反正我是不信。"义庄"等于送钱，市场上真的有这种好事吗？你见过哪个做生意的人直接发人民币吗？

"义庄"主要有以下两种表现形式：

（1）庄家提前放出消息说要拉升某只股票；

（2）庄家大量持有某只股票而在暴跌时没有卖出砸盘。

对于第一种情况，这种消息往往是在股票论坛中透露出来的，而当股票真的得到快速拉涨或拉涨停之后，就会被众多不明真相的散户称之为"义庄"的行为。实际上，如果你是一位经常活跃于股票论坛的投资者，就应该知道这种预测贴每天都有成千上万个，这就像是在地震论坛预测地震的贴子一样，由于预测的人数众多，所以总会在某一天有一个人正好言中，这是纯属巧合。尤其是在牛市行情中，个股上涨当然是大概率的事情。

现在的庄家都能通过网络水军或是营销广告机构来散布关于一只股票的利好消息，这样做的目的无非是引起更多人的关注，掩护庄家出货。庄家有时候需要的仅仅是更多人的关注，帮助它固定一部分流动筹码，以减少抛盘，好让自己出货。庄家就怕你不看它，你只有在这只股票中，它才有机会进行所谓的"养套杀"（冲高诱惑散户出手，高位快速下跌套牢散户，在逐波下跌中使散户绝望割肉）。

对于第二种情况，庄家往往有很多持股账户，披露出来的没有抛售的只是众多账户中的一个，这个大可不必太过敏感而把它当作"义庄"。

识别它的真正目的最好方法就是持续关注这支股票，时间会给你答案。

如何跟庄

市场如同战场，在这里是资金的博弈，我们中小投资者能做的就是利用自己灵活机动的优势，从市场中分得一杯羹。

丛林中的所有食肉动物都是嗜血的，不会存在消耗自己而为别人提供食物的情况，也就是说，没有白白抬轿的庄家。庄家会像驱赶羚羊一样驱赶散户，让散户在一只股票中"忙碌"起来，然后急速收口，套住多数不那么灵活或体弱的羚羊。很多散户会在一波行情的短线拼杀中陷入被催眠的状态，享受着奔跑的乐趣，而一旦庄家真把散户养肥了，想"杀"的时候，散户就很难再跑掉。

前面我们提到过，聪明的个人投资者，若想赚钱就要用庄家的思维做股，做一只"狼"，而不是"羊"。食肉者的思维与食草者的思维肯定是不同的！下面我们要提到的跟庄方法就是要用庄家的思维做股票。从市场的本质层面去思考市场。

散户想跟庄家，那么庄家跟什么呢？庄家为什么会做一只股票呢？你有没有站在庄家的角度考虑过这些问题。这些才是最核心、最重要的问题。

首先，庄家并不是财大气粗到无所顾忌、为所欲为的程度。庄家也有自己的做股原则，它不会在大势不好的时候发动大行情，因为这样很难吸引跟风盘。在市场冷清的时候，庄家更知道休息。

其次，庄家借助自身的实力优势更能认清和识别趋势，并且顺大势发动个股行情。我们经常见到的情况是，在大的经济复苏的时候，股市经过了长期的下跌调整，很多散户已经在低位割肉出局，这时先知先觉的大资金就开始在低位收集筹码，准备发动下一次大行情了。

最后，庄家在低位做足准备之后，万事俱备，只欠东风。东风是什么呢？就是题材、概念！一旦外部环境成熟，庄家就会在强烈的题材炒作背景下启动股票，这时候的个股已经经过了充分调整，没有多少套牢盘，多数筹码集中在庄家手中。受题材影响很容易吸引大量散户资金介入，股票从而得到大幅拉升。

我们中小投资者应该如何应对呢？和庄家一起潜伏吗？并不是这样的，由于庄家资金量大，它必须借助在收集和解读信息方面的优势，在整个底部区域进行分批建仓以收集筹码。这可以是很长一段时间，可以是数周或是数个月，这取决于该股的流通盘大小和当时市场环境如何。中小投资者可以让大资金先进场，让它为我们做准备，我们只管"坐轿"。

我们的原则只有两条：

一是，跟随趋势。

二是，遵守信号。

跟随趋势，指的是顺大势而为，即所谓的看大盘做个股。在牛市中，几乎有八成的个股是上涨的，或者九成的股票不会下跌；而在熊市中则相反，几乎有八成的个股是下跌的，或者九成的股票不会上涨。请记住，趋势永远是你的朋友。在牛市中，以持股为主，可以适当重仓。在熊市中，以空仓为主，可以轻仓试探性介入强势个股。

遵守信号，指的是依据个股的买入信号进场，依据卖出信号出场，无信号则不操作。对于买入与卖出信号，新手可能还没有概念，不过没有关系，所有你现在不了解的重要定义，在随后的内容中都会重复出现，并在适当的地方做深入的解释。买入与卖出信号是通过买入与卖出条件的满足与否发出来的。关于买入与卖出条件，我们推荐使用可以量化的指标来触发，可以是K线形态、价格的支撑与阻力位或者技术指标，等等。有明确的信号更有助于执行。

在这里，我们整理一下思路。庄家是在大势向好时，选择优质的个股建仓拉升。而我们是在大势向好并且等庄家拉升时，在行情图中发出操作信号时再介入。我们在本书中会不断讲到一些作为买点与卖点的买入与卖出信号。每一组操作信号对应一种操作方法。这些信号是通过历史经验证明的具有较高胜率的信号，是实战经验的总结，也是用真金白银换来的。

我们的战略有些"螳螂捕蝉，黄雀在后"的意味，让大资金先布局，我们只等它拉升之后再"坐"上去，然后让它送一程，在合适的地方下车。我们下面由一个简单的均线信号判断买卖点的实例来更具体地说明如何跟庄并且跟随趋势操作，如图1-1所示。

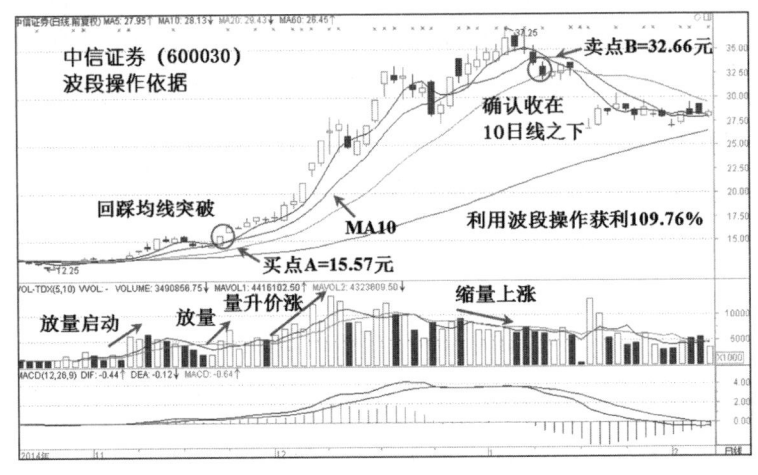

图1-1 中信证券（600030）波段操作

图1-1显示的是个股中信证券（600030）。以多头趋势作为首要买入依据，即同时期的上证指数站在60日移动平均线（MA60为牛熊分界线）之上，MACD指标的DIF线位于0轴之上；券商板块整体出现放量启动迹象作为第二个买入依据；回踩10日线之后向上突破作为第三个买入依据。在2014年11月21日达到买入条件时，以15.57元买入该股，在图中用买点A表示。在2015年1月13日，该股连续两天收在10日线之下，确认跌破10日线，以32.66元卖出，在图

中用卖点 B 表示。通过简单地利用 10 日均线作为操作依据，这一波行情盈利幅度高达 109.76%。值得注意的是，券商板块是我一直建议需要重点关注的板块之一，该板块在每波大行情中通常都会有很好的表现，并且通常是发动行情的领涨板块。在 2015 年的这轮牛市中，同样如此。

我们再来看当时的大盘情况如何，如图 1-2 所示。

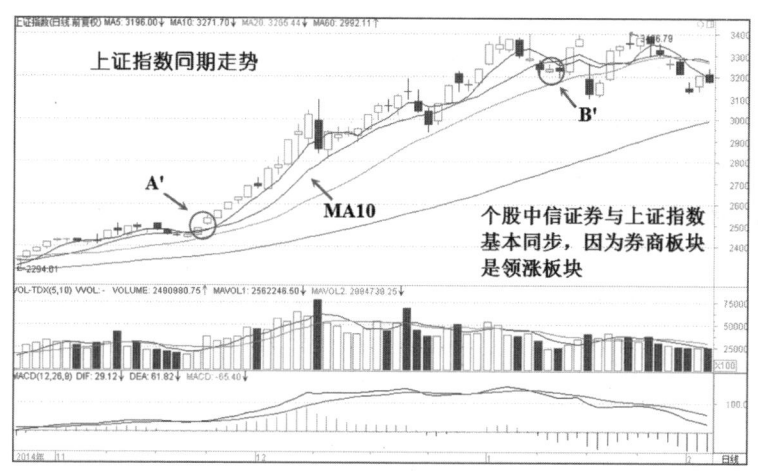

图 1-2　上证指数同期走势图

图 1-2 与图 1-1 相比较，可以看出，上证指数在 2014 年 11 月 21 日同步完成了回踩均线和向上突破，图中 A′所示，但个股中信证券要比大盘更加强势，该股属于领涨的券商板块。我们做股的原则之一是在大盘处于多头趋势之中时，介入领涨板块的龙头股，中信证券无疑满足了我们的要求。上证指数在 2015 年 1 月 13 日同样是连续两天收在 10 日均线之下，图中 B′所示，说明大势转弱。图 1-2 中的 A′与 B′分别对应着图 1-1 中 A 与 B 的位置。

上证指数与个股同期对比，在同一期间，上证指数从 2486.79 点上涨到 3235.30 点，上涨了 30.1%，而图 1-1 中的个股同期上涨了 109.76%，涨幅是指数的 3 倍还多。这除了说明个股比大盘活跃之外，还说明了所选的券商板块是这波行情的领涨板块。

举例中的波段操作，就是一次完美的自上而下的选股操作过程，投资者需要认真领会。跟庄就是跟随趋势，庄家从来都是"乘风破浪"，而不会"无风起浪"。中小投资者与庄家是互相博弈的关系，没有庄家的市场是不活跃的市场，但时刻要记住"醉卧沙场君莫笑，古来征战几人回"。在这场资金的博弈游戏中，要想取胜，一定要形成一个系统的交易计划，它应该包括针对不同走势的不同对策，关于系统化交易我们还将在后面的章节中进行深入讨论。

你需要去相信，生命中有些特别的东西，是可能存在的。

——《美丽心灵》

第2节　如何找到"圣杯"

这里的"圣杯"是个隐喻，代表一个能够稳定盈利的系统性方法。有了它，交易者就可以像驾驶汽车积累行驶里程一样，随着时间的推移不断积累财富。这个系统性的方法就是交易系统，就是交易者为自己打造的，能够跑出资金曲线的"汽车"。如果这个交易系统能够让资金曲线处于一个上升通道，这就是很多交易者梦寐以求的神器——"圣杯"。

寻找"圣杯"的交易者就像在江湖上寻找"屠龙宝刀"的各路英雄一样趋之若鹜。"圣杯"可能隐藏在某位交易大师的回忆录中，可能隐藏在一些技术分析方法中，也可能隐藏在国学哲学中，还可能就是高手说的只言片语。"圣杯"是交易哲学下的具体方法，它不一定复杂但一定能有效地区分行情并实现持续盈利。

海龟法则（海龟交易系统）就是一个例子。简单介绍一下海龟法则的由来，它最早是由丹尼斯建立的一套交易法则。20世纪80年代，他和老友埃克哈特进行了一场辩论或者说打了一个赌，争论点是伟大的交易员是天生的还是后天培养的。于是丹尼斯决定招募一批毫无交易经验的学员，就像新加坡人养育海龟一样培训他们，通过培训他们来证明自己的观点，当然，他认为伟大的交易员是可以后天培养的。最终，从1 000多名应征者中挑选了10位，并对他们进行培训。丹尼斯建立了一整套交易规则，包括进出场策略、操作品种的选择、资金管理方法，等等。后来，这成为了交易史上最著名的实验，这些学员获得了惊人的好成绩。从而也证明了丹尼斯的论点。

起初，丹尼斯和学员之间有过约定，任何人不能公开透露他的交易原则。但后来还是有成员没有遵守约定公开了原则。传说，其他成员为了不让伪海龟们利用海龟的招牌牟利，最终决定将原版海龟法则公诸于世。推荐投资者参考柯蒂斯·费思所著的《海龟交易法则》一书。它提供了一个交易系统的范本，对理解系统化交易很有帮助，其中的很多交易原则和经验之谈都非常实用。

有人认为，丹尼斯没有向海龟们传授所有的交易秘诀，而丹尼斯也表示过，即使把他的交易法则公布在报纸上，也没有人会遵循它们。关键在于连续性和纪律。任何人都能列出一套规则，其中的80%与他传授给海龟们的一样。但是，他们并不能完全相信它们，甚至在情况恶化时仍然坚持那些法则。

有些投资者可能会产生疑问，既然丹尼斯的规则是纸面上的，明确的，那么直接用程序化交易不就行了吗？这不就是"圣杯"吗？是的，这样的想法早就有人实现了，海龟系统的代码在网上很容易找到，但它已经失去了往日的辉煌，它的存在只能起到一个经典范例的作用。因为市场是博弈的，一旦一个有效的方法被很多人了解之后，市场就会洞悉到，并调整波动风格，其实这是由对手盘针对海龟法则改变策略造成的。不过，交易者如果可以研究透原版的海龟系统，并根据自己的经验做出修改的话，有可能生成新的"活"的升级版的海龟系统，它是属于你一个人的，如果能经受住市场的考验，它就是你的"圣杯"。

市场的"二八定律"一直在起作用，无论如何，只能是占20%的少数人赚到钱（实际上长期来看远低于20%）。因此，如果市场中很多人用同一个方法做交易或者是知道了这个方法，那么这个方法就会失效。也就是说，这个方法所能够获得的利润已经被市场中使用这个方法的早期参与者瓜分殆尽了。再后来，针对这个方法的相反策略也可能会出现。

除了海龟系统，还有很多的系统模板，其中有些可能是某位高手使用过的在交易比赛中取得过好成绩的系统，但多数是被市场废掉的系统，所以它们才会被公布出来。它们是被遗弃的"圣杯"，但你也可以从中找到一些可以利用的"零件"，甚至对它们进行更新，换上一些有效的"零件"之后，你就可能打造出属于自己的"圣杯"。

通过上面的介绍，你应该可以看出，要找到现成的"圣杯"是很难的。因为别人不会把自己好用的市场提款机无偿地交给你。况且，"圣杯"本身的价值一定超出任何人给出的价格，还有，即使别人把"圣杯"交给你，你也不能理解其中的精髓，这样你就不能无条件地执行。一个交易者本身不相信的系统是很难发挥效用的。所谓，彼之蜜糖，吾之砒霜。

一般来说，交易中没有新鲜事，你所遇到的问题，你所发现的东西，此前的交易者都会遇到过。甚至在很多年前就已经被前人总结过。我们建议交易者，在浩如烟海的典籍中，寻觅那一剑封喉。

我们建议交易者，树立系统化的交易思想，然后吸收前人的交易智慧。所谓，先辈寻常语，人间未见书。不是说书中自有黄金屋吗？当然是这样。学习他人的一些交易智慧可以少走很多弯路，当然也会给市场少交很多学费。在市场中，我们会犯的所有错误，我们将得到的所有经验，已经被前人无数次地犯过，并且总结成了现成的经验。我们不可能不犯同样的错误，但我们至少可以做到，以更小的代价，更短的时间来认识并改正错误。

经典的技术方法会一直有效，经典的技术形态也会一直发挥效用，处于不同市场阶段的交易者情绪从未改变。投资书中的只言片语都可能会给你启发，一个人在不同阶段在同一本书中所看到的东西也会不尽相同。其实，很多时候，人们是在印证自己的看法。一本经典的投资书中会包含各阶段需要打通的关口。你在自己的阶段只能看到自己眼里的宝藏，并指引你走向下一个关口。

对于打造"圣杯"的过程，打个比方，玩过网络游戏的交易者可能更容易理解，在网游中要想打造装备需要先收集各种矿物或药品或材料，然后打造出装备。打造"圣杯"也是如此，你需要先选择一种交易理念，然后打造在这种交易理念下的"圣杯"，收集各种要用到的具体材料，它包括进出场策略、资金管理策略、风险控制策略等等。这个过程并没有那么困难,"圣杯"可以是很简单的,关键在于有效性和适用性。

在我以前写的两本书《振荡指标MACD：波段操作精解》和《黑马波段操盘术》中都讲到过简单的系统建立过程和模板,有兴趣的交易者可以具体参考一下相关内容。我们经常用到的系统之一就是在均线基础上建立起来的,重要的是要增加一些独到而有效的过滤条件。

交易系统可以是量化的,也可以是一个相对固定的非量化方法。很多投资老手会记住一些通过长期观察得到的图形,这类图形往往简单而有效,但他们很少能将这种印象中的图形进行量化。比如简单的头肩底结构,投资老手能够判断行情的发展阶段,在出现头肩底形态时介入。但对于一般的交易者来说,要想将头肩底形态进行量化,甚至达到程序化交易的程度,这并不是一件容易的事情。

需要注意的是,即使不将交易系统量化,但它也一定要是相对固定的,要具备区分行情的能力。满足买入条件的股票需要具备上涨概率上的优势。我们将会在操作技术和策略部分介绍一些可以构成系统框架或者零部件的方法。我们希望交易者能够从市场的波动中找出一些普遍规律,建立属于自己的交易系统,并在执行系统时能够严格地保持纪律性。"圣杯"的一半是市场,另一半是我们自己。

只能说你没懂,不能说你没看见。

——《太阳照常升起》

第3节 技术有效性与技术无用论

现在当你看到一张行情图表的时候,是否能够一眼识别出当前投资品种的趋势并找到合适的操作位置呢?

如果答案是肯定的,那么你现在就是一位合格的技术分析者;如果答案是否定的，那么你还处于技术上的探索阶段，或者是倾向于基本面分析，进行价值投资。

技术分析是什么？简单来说，只要是以行情图表为依据做出买卖决策的操作，都是经过了技术分析。技术分析可分为很多流派、理论和方法。常用的分析方法有：K线形态（如头肩顶、头肩底、双重顶、双重底）、蜡烛图形态（如刺透形态、吞没形态、射击之星）、技术指标（如MACD、KDJ、RSI、BOLL）、波浪理论、江恩理论等等。常见的技术分析形式就不下十来种，甚至还有用周易来测市的理论。我们说，所有的技术分析都是工具，既然是工具就没有好坏与优劣之分，只有适用与不适用之分。

技术无用论

如果你是一位经常光顾各大股票论坛的投资者，那么你一定会发现一个有趣的现象：每过一段时间就会有人抛出技术无用论，然后招来一场关于技术有效性的大争论。这场争论或者这个对于技术的怀疑阶段，基本是所有技术分析者都要经历的过程。"凡理不疑必不生悟，唯疑而后悟也。小疑则小悟，大疑则大悟。"

提出技术无用论的人可以大致分三种：第一种是不学无术者，他们只学了些皮毛或者没有学习就先否定了技术分析。第二种是初步学以致用者，他们才开始学习一种技术分析，但在应用中还不得要领，所期望的与结果存在出入，从而怀疑是技术本身出了问题，而没有认识到是学习不到位的问题。第三种是精通某一部分技术的人，他们虽然熟练掌握了一项或几项技术，但在实际操作中并没有使用合适的技术分析。如果把学习一项技术分析比作学习一种刀法，那么第一种人还没有深入学习就扔下刀说，刀没有用；第二种人倒是虚心学习，可是尚未出师就开始怀疑刀不好用；第三种人是精通了刀法，可是在实战中没能做到活学活用却否定了刀的作用。最后还要说明的一点是，技术是"刀"，具体的技术分析方法是"刀法"，技术无用与技术分析方法无用是两回事。不可否认，有些"刀法"是过时的，或者说适用性较差，这是对某一项技术方法的选择问题，而不是普遍意义上的技术有用性的问题。

在与投资者的交流中，我发现多数提出技术无用论的投资者其实对所使用的技术分析方法的认识并不算深入。他们还处于学习过程中,只是遇到了一个瓶颈而已。我曾提到过运用指标分析的阶段或者说境界问题,借用的是金庸大师笔下孤独求败用剑的境界,分为"利剑、软剑、重剑、木剑、无剑"这五个阶段。使用指标与使用所有技术方法的道理都是相同的,都要经过一个漫长的探索过程。这是一个从简单到复杂,再从复杂到简单的过程,所谓"为学日益,为道日损"。

技术分析的有效性

技术分析听起来好像很复杂、很专业,而实际上,并不如想象的那样复杂,它可以是简单的。比如,我曾见到过一位老股民,根本没有看过多少股票技术分析书,但对行情图上的K线有很好的感觉,他的判断往往是八九不离十。只要是让他看上一眼某只股票的行情图,他马上就能给你一个与专业分析师类似的分析结果,而且结论相当靠谱。这种功力完全是靠他将近十年的看盘看出来的。在行情图上所有可能的走势他都了然于胸,那些经常出现的形态更是如数家珍。这就好像走夜路回家一样,摸黑都能找到自家家门。很多人都惊叹他的这种直觉,我们也可以叫做分析能力,而他总是带着几分调侃地说"无他,唯手熟尔"。

这位老股民的例子说明,技术可以是简单的,而且是殊途同归的。就算是专业的分析师利用各种画线、各种理念,最终得出的结论也无非是或涨或跌。用一种简单有效的技术顶过多种花里胡哨的技术。还有一些老股民喜欢看指标,指标可以做到更加简单明确。比如均线就是一个很好的指标,用均线配合K线的位置,足以应对各种走势。

技术分析不是一门科学,更像是一门艺术。

科学学科可以由已知推未知,并反复验证,而交易并非如此。我们提到过股市是资金的博弈,既然是博弈,就没有100%的结果。它不像数学那样,总是可以由1+1得到2。技术分析的结果是一个可能性,是一个概率的概念。华尔街的传奇大作手杰西·利弗莫尔曾经说过:"股价总是沿着阻力最小的方向行进。"一句话道出了股票价格波动的真相!

技术分析的结果是以概率的形式出现。即使水平再高的投资者也会有亏损单出现。但是，一次亏损单的出现，可以增加下一次出手的获胜概率。知道了这一点，优秀的投资者就更容易坚持自己的交易原则和交易系统。很多投资者的做股心态是，买了必涨，如果不涨，那么一定是市场错了，而不是自己操作失误。概率的概念很重要，如果你不能真正面对并接受自己的亏损，那么你很难在股市中生存下去。我们的目标不是从不亏损，而是小亏大盈，靠胜率和盈亏比来稳定盈利，这才是投资正途。

技术分析是通过对历史数据的分析得出最有优势的应对策略。所有信息最终反映到价格上，价格是所有市场参与者的投资行为的结果。只要是有效的市场，技术分析就会一直有效。因为只要人性不变，那么人们在一定市场环境下的投资行为就不会变，从而最终反映到行情图上，价格走势就会以一定的模式重现。这里的重现并不是复制，而是相似的重演。从这样的视角来看，你就可以站在更高的位置来看市场的表演，看人性的重现。你会发现，阳光下没有新鲜事儿。这便是技术分析的意义所在。

一种技术分析方法并不可能一直高效，更不可能立于不败之地。理由还是因为市场是博弈的，如果一种技术分析方法一直高效并被多数人了解或采用的话，那么这种技术分析方法在后面的行情中就会逐渐失效。这就好比是一本象棋的棋谱，没有一本棋谱是可以让你战无不胜的。否则的话，象棋冠军只能永远是一个人。再高明的招式一旦被破解，那么这"一招鲜"也便失效。市场中总是少数人赚钱。因此，技术分析理念可以是不变的，但具体的方法一直都是在进化着的，所谓"大道至简，小术无常"。

技术分析的有效性举例

验证技术分析是否有效的最好的方法就是实战，如果通过多次验证之后，由相同的条件可以在多数情况下得到相同的结果，那么就可以说这种分析方法的成功率比较高，它是有效的方法；反之则说明成功率较低，它是无效的方法。

投资者通过大量的学习和实战之后，大都会总结出几种有效的技术分析方法。这些高效的方法是我们在股市中得以安身立命的保障。下面我们一起来验证以"射击之星"K线形态作为判断顶部反转信号的有效性的一组例子。

首先来简单说明，什么是"射击之星"形态。

射击之星（Shooting Star）

"射击之星"：形态如同箭在弦上随时准备向下发射，长上影就像是那根长箭一样。如图1-3所示。

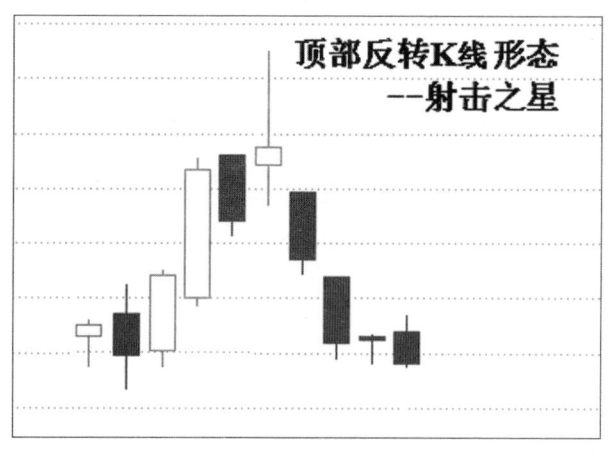

图1-3 射击之星

"射击之星"形态特征：

（1）位于上升波段顶部，开盘价在前一根K线的最高价附近；

（2）上影线长度是实体的2倍以上；

（3）没有下影线或只有很短的下影线。

"射击之星"中，如果上影线越长，下影线越短，实体的长度越短，那么向下的可能性就越大，可能的下跌空间也越大；如果向上跳空越大，短线向下的可能性越大；通常伴随放出巨量，成交量越大，完成冲顶的可能性越大。

"射击之星"的颜色不很重要，可以是绿色的阴线也可以是红色的阳线，但绿色的射击之星更有效。绿色的实体表明，当天价格收在最低价附近，长上影上的筹码已经形成短期的压力，下跌的动能在增强。

下面来看一组实例：

下图1-4显示的是古井贡酒（000596）在2011年8月15日发生的一个绿色的"射击之星"，完全符合其三个形态特征。该股之前一直呈上升趋势，回调不破前期低点。在"射击之星"之前是三个连续创新高的阳线，同时放出成交量，说明有可能启动新的一轮拉升行情，也有可能就此见顶。直到发生"射击之星"的当日，该股以略高于前日收盘价开盘，然后冲高回落，盘中一度突破创出新高。可是收盘价却不只低于开盘价收阴线，而且几乎收在了当天的最低位，仅有一个很短的下影线。带有长上影并只有小实体，是"射击之星"的主要特征，这是经常见到的顶部反转K线形态，是见顶信号。依据此信号，可以把卖点设在"射击之星"的最低价附近，一旦触及则出场。后面的走势证明，在出现卖出信号之后，该股一路下跌，证明了"射击之星"的有效性。有经验的投资者可以看出，该股最后走出了一个"头肩顶"形态，"射击之星"正发生在创出最高价的头部最高的那根K线上。

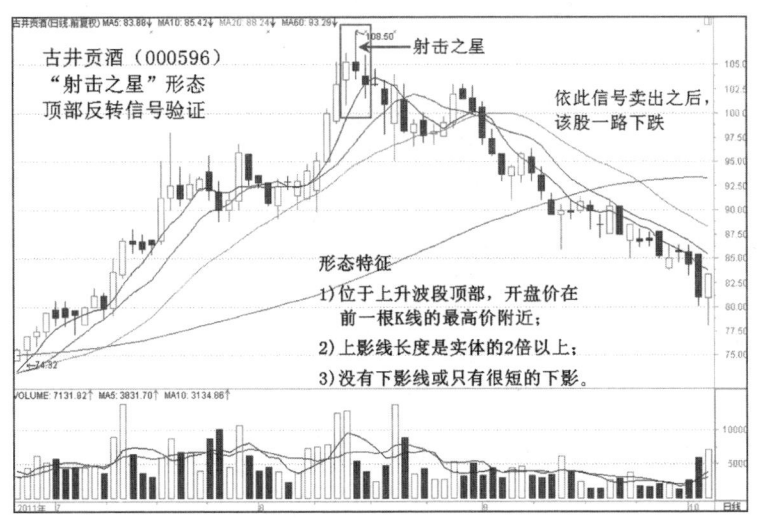

图1-4 古井贡酒（000596）"射击之星"

再来看下一只个股上发生的"射击之星"，如图1-5所示。

图1-5显示的是中联重科（000157）于2011年4月11日发生的一个"射击之星"形态，可以看到，这是一个上影线长度相对实体更长的"射击之星"。从经验来看，高开（以高于前一日收盘价开盘），光脚阴线（没有下影线，收于最低价），上影长度越长的"射击之星"，反转的可能性越大。

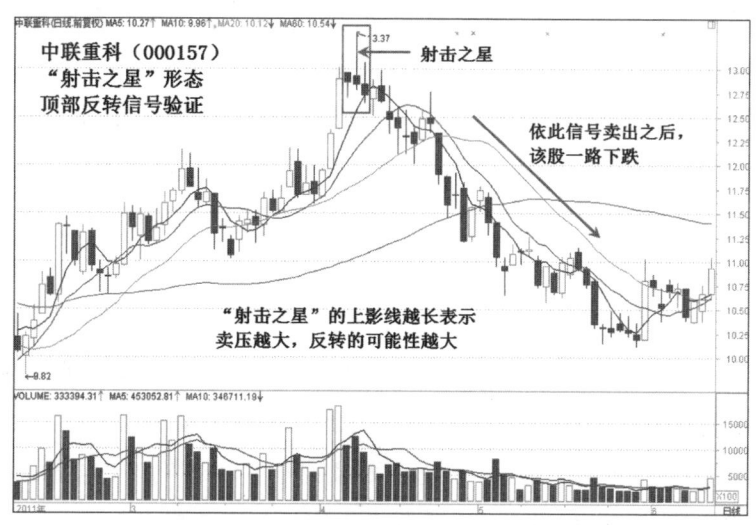

图1-5 中联重科（000157）"射击之星"

下面来看最后一个例子，如图1-6所示。

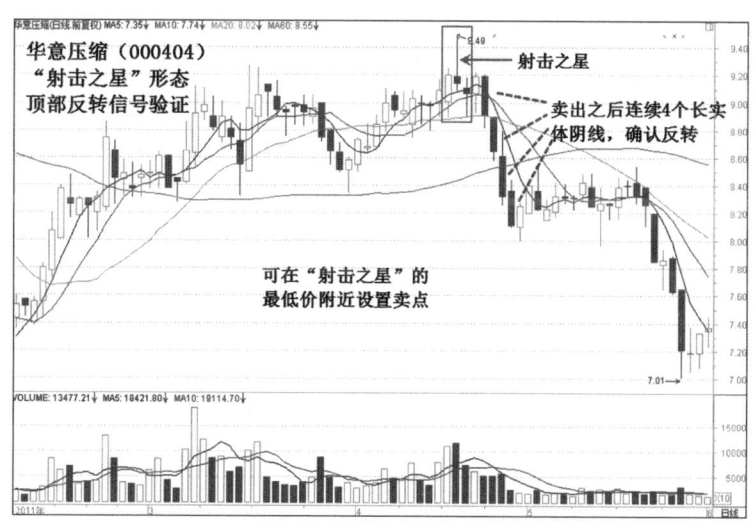

图1-6 华意压缩（000404）"射击之星"

图1-6显示的是华意压缩（000404）于2011年4月20日发生的一个"射击之星"形态，从图中可以看到，该股前期一直处于高位震荡之中，走出了一个

放大的"喇叭口"形态，这是顶部震荡加剧的表现。在发生"射击之星"的当天，该股创出新高，可是收盘在开盘价和前日收盘价之下，表示卖压强烈。并且值得注意的是，该股当天还放出了高于前一天阳量的阴量。这时很多筹码已经处于轻度套牢状态，形成了上涨压力。

判断出"射击之星"之后，可以将卖点设置在其最低价附近，比如可以直接以盘中跌破其最低价为卖出信号，稳健的投资可以以收盘价收在其最低价之下为卖出信号。

到此，从上面三个对"射击之星"形态作为顶部反转信号的验证来看，不管这三只个股在发生"射击之星"前上涨与下跌的具体过程如何，其顶部的"射击之星"都具有同样的形态。通过其特征完全可以判断出"射击之星"并预判出反转的可能性已经相当大。在实际操作中，利用"射击之星"操作的成功率可以在70%~80%，配合成交量和上涨形态、比例综合进行判断的成功率还会更高。从这一组例子可以看出技术分析的价值和意义所在。

同样的K线形态反映的是在相似市场环境下的投资者心理与投资者行为，也反映了主力资金的操作手法。市场的秩序就是通过这种非周期性的对称表现出来的，投资者找到了其中的一些"碎片"，就能够识别出市场的趋势方向。记住利弗莫尔所说的，价格总是朝着阻力最小的方向行进。找到自己认识到的市场秩序，如同在丛林里看到从枝叶繁茂的参天树冠中透过的一缕阳光，它将照亮你继续前行。

技术分析的研究永远没有止境，但殊途同归，最终判断的都是市场的"势"，抓住这个就抓住了关键。技术分析方法之间可以相互验证，但并不是越多越好，而是越有效越好。要明白"知止而后能定，定而后能静，静而后能安，安而后能虑，虑而后能得"。

不要让别人知道你的想法。

——《教父》

第4节　所有消息都反映到价格上

经常从事投资活动的投资者，即使不刻意寻找所谓的内幕消息，也会不时听到一些或是捕风捉影，或是被传言得有模有样的内幕消息。对于这些消息，我个人通常是左耳进右耳出。为什么？因为市场中有一条最简单的道理就是，没有无风险的投资！并且我们一直恪守的一个原则是，不做不熟悉的投资。

在日常生活中，一些朋友知道我做证券投资也经常会提到一些所谓的消息。朋友当然是好意，特别是在上市公司的朋友，他们有时会提到一些捕风捉影的利好消息。我也和朋友讨论过这个问题，别人告诉你一条消息，你是否应该相信呢？我的做法是，让市场来验证，像前面提到过的有两条大原则，一是跟随大趋势；二是服从交易信号。如果消息被市场验证，同时出现了你的买入信号，那么可以看作是增大了胜率。反之，就算消息传得听起来再真实，股票不启动的话也绝不动手。

市场里的消息每天都层出不穷，真假难辨！但只要记住我们的两条大原则就不会吃亏。不管是哪方面传出来的消息，无非是这几种目的：

（1）吸引关注，吸引跟风盘；

（2）利用消息让部分散户固定一些浮动筹码；

（3）借助利好出货；

（4）一些个人或公司为了收取推介费用。

不管是出于何种目的，有经验的投资者一定会发现，消息从来都是为了让投资者进场买进的，而从来不会是让投资者卖出的。为什么呢？因为谁也不会送钱给你，市场是资金的博弈。

如果你还对内幕消息抱有幻想的话，不妨这样想一想。如果这条消息是真实的，那么告诉手握10万资金的人与告诉手握100万资金的人所产生的效用是不一样的！比如通过这个消息可能获利20%，那么告诉有10万资金的人，这个消息就价值2万元；告诉有100万资金的人，这个消息的价值就成了20万元。如果是拥有500万、1 000万资金的人呢？这么有价值的消息会轻易流传开来吗？必须不能！要知道市场的容量是有限的，知道这条消息的人越多，在低位买到的机率就越小。所以发布传言的目的不可能是让你低位买进，而只能是跟风"抬轿"。

有价值的消息应该被称为"情报"，这绝不会是轻易在市场上流传的消息。

所有消息反映在价格上

根据长期在市场中操作得到的经验，在消息股中，十只有九只是很难赚到钱的。我们建议投资者最终是以技术面上的买入信号作为操作依据。上涨是消息股不可避免的结果，如果不涨，说的再好也只是消息，而不是机会。同时，投资者还需注意，买入消息股时，最好在收盘前买进，或是分批买进，牢记风险。

市场中的消息有很多种，除了所谓的内幕消息，还有很多其他种类和形式的消息，比如宏观经济态势、宏观经济数据、经济政策、货币政策、行业景气度、上市公司财务状况、管理水平等等。这些基本面的信息在时时更新，如何真实、及时、全面地获得信息是一个问题；如何正确解读这些信息也是一个问题；最终市场将如何反应还是一个问题。从消息的产生到消息的消化，有很多影响因素，中小投资者想做到面面俱到、科学合理相当有难度。因此，我们建议投资者坚持基本面自上而下选股的同时，进行技术面自上而下的选股。

基本面自上而下的选股是指，在宏观经济环境向好时做股，这很容易通过媒体新闻和一些经济数据看出来；然后，再看行业的景气度，哪个行业的投资前景好，当前的概念就会选择哪个行业的股票炒作；最后，选择该行业里面的龙头企业，这可以通过公司的综合排名查出来。

技术面自上而下的选股是指，在大盘处于牛市时做多，这可以通过60日移动平均线或是MACD指标直观地判断出来；然后，查看板块指数情况，寻找放量上涨，同期强于大盘的板块操作，这可以通过查看行业指数判断出来；最后，选择该板块内的龙头股，可以通过比较启动时间，上涨幅度，成交量放大情况，换手率等因素综合判断。

基本面与技术面应该是一致的，基本面上纷繁复杂的消息最终应该反映在股票价格上。市场会消化所有消息，并为上市公司的股票定价。市场永远是正确的，即使有时会高估企业价值或是出现泡沫，但这些都是人们投资行为与市场情绪的真实反映，市场只是表现出来而已。错的可能是投资者，但市场总是真实地反映了情况。

有些消息会让市场措手不及，比如新的经济政策、货币政策、税收政策的突然发布。越是市场没有预期的消息，市场的反应会越剧烈。相反，市场已经有预期的消息，市场反应会较为平静。我们逐个看一些消息在市场中引起的反应，通过这些实例分析，投资者对"消息最终反映在价格上"这句话会理解得更深刻。

降息利好引发券商股上涨行情

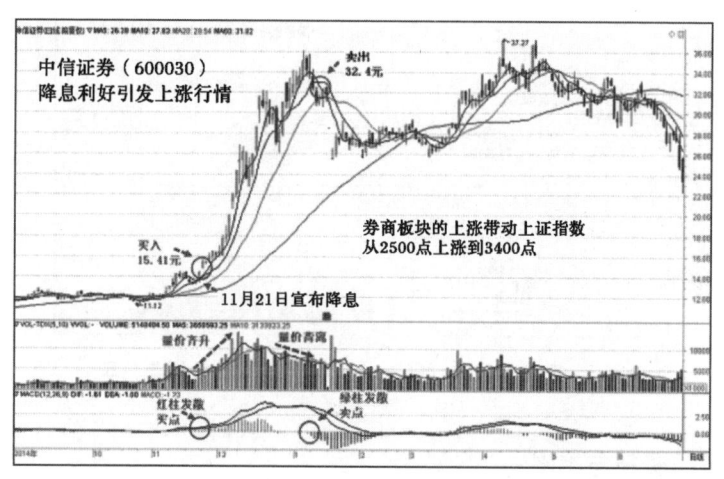

图1-7　中信证券（600030）降息利好引发上涨行情

2014年11月21日，周五央行突然发布消息，从11月22日起，贷款和存款基准利率下调。这次央行的意外降息是时隔两年再度宣布不对称降息，其中金融机构一年期贷款基准利率下调0.4个百分点至5.6%；一年期存款基准利率下调0.25个百分点至2.75%，同时结合推进利率市场化改革，将金融机构存款利率浮动区间的上限由存款基准利率的1.1倍调整为1.2倍。这一宽松行动表明央行强化货币政策宽松力度，或许预示着股市迎来新一轮大牛市。

从图1-7中可以看到,央行在21日傍晚发布的消息,当天该股已经大幅上涨了7.2%,此后,周一跳空高开,并收出一个中阳线,MACD指标红柱发散,这里是买入机会。从均线上看,这里也是均线开始发散的位置,是上涨的起始位置。降息之后,A股市场成交金额大增,券商经纪业务收入大幅增加,这使得券商板块集体拉升,带领大盘一路走高。一个多月的时间,券商股一路高歌猛进,带动上证指数从2400点上涨到了3500点,向市场传递出了强烈的牛市信号。到2015年1月12日,该股收在10日均线之下,MACD指标绿柱发散,这里是卖出区域。经过这一波上涨行情,该股股价翻倍,上涨了110%。

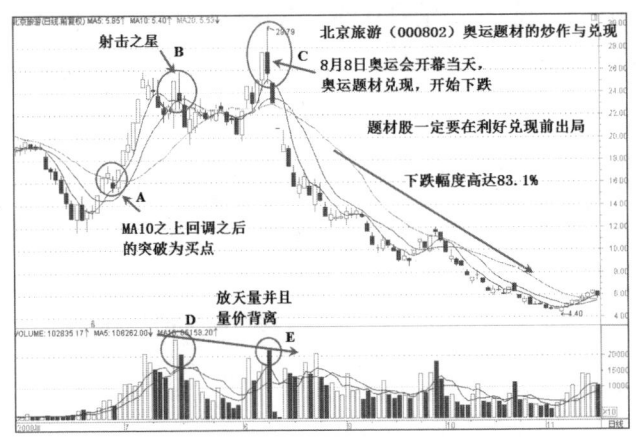

图1-8 北京旅游(000802)奥运题材的炒作与兑现

奥运股的疯狂与绝唱

图1-8显示的是2008年的奥运题材股之一北京旅游(000802)在2008年6月到11月期间的走势图。在图中所显示的行情之前,奥运概念板块已经发生过两波明显的上升行情。图中是奥运股最后的疯狂与绝唱。

从图中可以看到,该股经过一段时间的调整之后,重新站上MA10均线,并在MA10均线上发生了小幅回调,回调后的突破是一个理想的买点,如图A处所示。买进之后,该股放量上涨,并拉出了三个涨停。值得注意的是,通常情况下,如果在没有回调的情况下走出三个涨停,这时的风险已经比较大,如果没有进场的话,这时不能再追高,通常这时已经没有多少上涨空间,而回调风险巨大。费波纳奇数列中的一个重要比例就是38.2%，而三个涨停板的幅度是33.1%，已经非常接近38.2%这个重要的目标位。

在图中的B处，该股连续两根K线放出了巨量，后面的一根阴线是"射击之星"形态，表示卖压强烈，最终收在前一根光头放巨量的阳线收盘价之下，在这两天内就产生了大量的套牢盘。稳健的投资者在这时已经可以在"射击之星"的最低价附近设置止损位了。

该股经过调整，随后又急速上攻了一小波，在2008年8月8日奥运会当天创出最高价29.7元，但当天收了一根长上影并且长实体的大阴线，图中C所示。同时，放出了巨阴量，图中E所示。D、E与B、C形成了"量价背离"，即价格创出新高的同时成交量未能创出新高，这是上涨量能不足的表现，往往是波浪理论中的第5浪。

8月8日奥运会开幕当天，奥运题材兑现，利好用尽。我们来看当天的分时走势图，可以看到当天的疯狂波动，如图1-9所示。

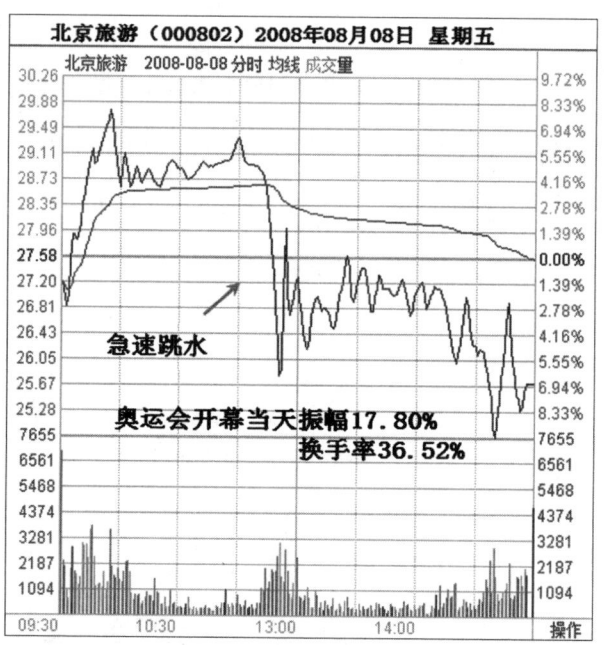

图1-9 北京旅游（000802）奥运会开幕当天分时图

从图 1-9 可以看到，该股小幅低开之后有一波急剧拉升，这时肯定会有不少投资者认为在奥运会开幕当天会有所表现，但出人意料的是，该股上冲震荡一段时间之后，便开始了一波比上涨更直接更急速的跳水，十几分钟内直线暴跌 10% 还要多。当天振幅达到 17.80%，换手率更是高达 36.52%，最终以下跌 6.82% 收盘，上演了奥运题材股疯狂的绝唱。

随后，该股一路下跌，从最高收盘价 27.58 元到最低收盘价 4.66 元，下跌幅度达 83.1%，要上涨几乎 5 倍才能再次回到顶部位置。也就是说在顶部被套而死扛的投资者要等到从底部再上涨 500% 才能盈亏平衡。

题材就是想象空间，一旦利好兑现，题材便化作泡影，一切想象都归为现实，之前的预期已经转化为上涨幅度，高涨的股价再也支撑不起不切实际的幻想，暴跌不可避免。

股指期货题材的"靴子落地"

2010 年 3 月份，"千呼万唤始出来"的股指期货经过四年的筹备终于确定于 2010 年 4 月 16 日上市，在股指期货临近推出的一年时间里，股指期货概念股一直都受到概念的支撑不断上演波段上涨行情。中国中期是中国最大的期货经纪业务公司，是最大的受益股，我们看该股在股指期货题材兑现前后的表现如何，如图 1-10 所示。

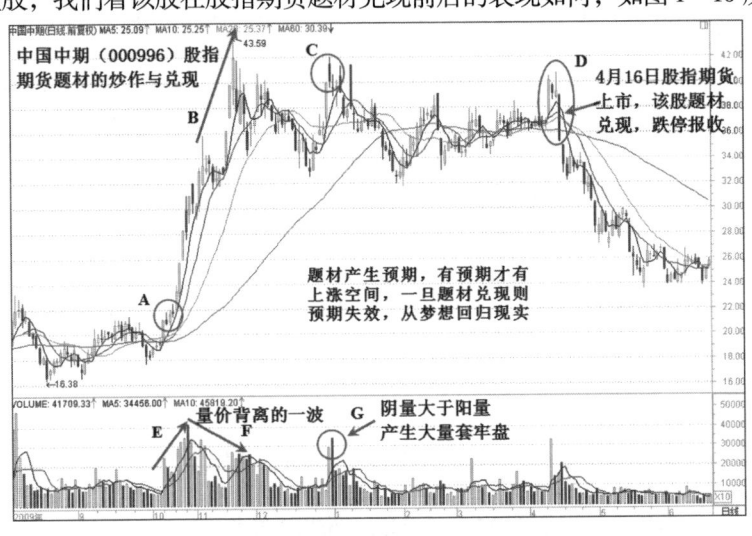

图 1-10　中国中期（000996）股指期货题材的炒作与兑现

投资者可以将图 1-10 与图 1-8 进行对比,不难看出题材股共同的规律。

市场资金总是追逐有预期的题材股进行炒作,不管是内幕消息还是公开市场消息,只要是对未来有利好预期,就会对受利好影响的股票产生想象空间。炒股炒的就是预期。投资者应重点关注那些有强烈题材背景的板块,并在该板块中锁定龙头股进行操作。配合经典技术分析、量价关系、K 线形态,找到合适的操作位置,切不可只听消息,请让市场告诉你如何做,因为消息最终应该反映在价格上。

> 疯狂的概念是什么?就是不断地重复做同一件事情,但是期望不同的结果。
> ——《华尔街:金钱永不眠》

第 5 节　传说中的炒单和曲线拉直

短线操作是被很多交易者所津津乐道的一个话题。很直接的一个原因是,短线操作的盈利兑现快,并且操作起来比较刺激,有快感。很多交易者在初入股市的一段时间,都会陷入一种追涨杀跌的快感中,虽然这样做所赚到的钱不多,但很有拼杀的快感,会变得越来越"嗜血"。周期越做越短,佣金消耗得越来越多,盈利反倒越来越少。

T+1 交易制度下的 T+0 操作

在当前 A 股的 T+1 交易制度下,是做不了真正意义上的日内交易的。不过,还是有很多所谓的专家在鼓吹盘中的 T+0 操作,即利用此前的底仓在盘中所判断的相对高位卖出,并在相对低位买进,以赚取差价并保持仓位的平衡。要知道,这是在 T+1 制度下的变向的 T+0。试想一下会有何弊端?

这种变向的 T+0 分为两种情况,一种是先买后卖,另一种先卖后买。如果想实现盘中做到差价的目标,那么交易者必须对当日的相对高位和相对低位有一个很大的把握。否则的话,假设交易者 A 在当日已经持有 1 000 股的万科 A

(000002)，盘中决定寻找机会用这1 000股做变向的T+0操作。交易者A在他所判断的低位买入1 000股，这时持有2 000股该股，之后如果该股没有上涨或在上涨中没有机会出手，反而下跌到了买进成本之下的价格，这时就很难处理当天买进的这1 000股，是认亏卖出还是继续等待反弹保本出局呢？如果当天剩下的交易时间没有保本出局的机会，那么就无法保持仓位的平衡并且会产生多余的亏损。反过来的先卖后买也会遇到同样的窘境，假设在判断的高位卖出1 000股，此后如果该股没有下跌，反而上涨，则会没有回补的机会。如果盲目回补的话，一是已经踏空了一段行情等于是亏损，二是可能追高。即使是较为稳健的投资者用半仓股票做这种操作，也是相同的道理，只是影响小一些罢了，遇到的问题还是一样的。

总之，在T+1的交易制度下做短线的变向T+0操作，是在不利短线操作的交易机制下的高难度动作。极有可能由于判断不准确而造成没有改正的机会。所谓的"滚动操作"是理想状态下的想法，实际交易时无法规避由交易机制所造成的天生的局限。此外，还有佣金上的劣势，股票的佣金是千分之一，而权证当时的佣金可以低到万分之三，甚至根据资金量和交易额还可以和经纪人谈得更低一些。在这里我们提醒交易者谨慎对股票进行盘中的T+0操作，我们不排除有些人在某一段时期内会操作的得心应手，但从理论上分析和长期的经验来看，变向T+0交易得不偿失。

炒单

炒单是在权证市场与期货市场流传的说法。炒单，顾名思义，就是频繁的短差操作。炒单指的是在较短的操作周期内通过多次反复操作，靠胜率与次数取胜的交易手法。

炒单需要具备的条件：

（1）交易品种可以进行日内交易，比如权证、期货、外汇；

（2）交易佣金相当低，比如权证的交易佣金在当年可以低到万分之三到万分之一，商品期货的佣金通常也在万分之三到万分之一的水平，股指期货的佣金更是可以低到万分之0.7；

（3）快速的交易通道，指交易者的交易账户所在券商的交易通道以及交易者自身的交易网络必须足够通畅；

（4）良好的交易环境，做日内短线交易时必须有一个安静的环境，保持专注，心态良好。

通过炒单的条件可以看出，炒单其实与股票是无关的，因为最根本的一点是，当前 A 股是 T+1 的交易制度，只能在当天买进，在次日才能卖出。本小节讲炒单主要是想介绍短线交易以及短线交易的极致，并且简要说明操作周期与波动级别的概念，这对所有交易者来说都具有十分重大的意义。

把曲线拉直

所有短线交易的目标都是所谓的"把曲线拉直"，意思是说，价格呈波浪式上下来回波动，如果能把一定周期内的上升行情都抓住，这无疑等于是把价格曲线拉直了，无形中加大了获利空间。投资者一定想到过，理论上可以把短线差价做到极致的情况。

"曲线拉直"也是波段操作的理想状态，而炒单是做最小的波段，所以炒单应该说是极致的波段操作方法。把一条曲线划分得越"细"，那么这条曲线拉开的长度就会越长。我们用一个例子来说明"曲线拉直"，如图 1-11 所示。

我们假设在只能做多的市场中，做可以 T+0 操作的交易品种 A，它以波浪理论中的 5 浪形式上涨，把上涨与回调幅度假定为"进二退一"，即每一个上涨推动浪上涨 10 个点，每一个调整浪下跌 5 个点，那么经过 5 浪之后，一共上涨了 30 个点，回调了 10 个点，净上涨空间为 20 个点，从图 1-11 中可以看到 5 浪末处于纵坐标上 20 点的水平线上。

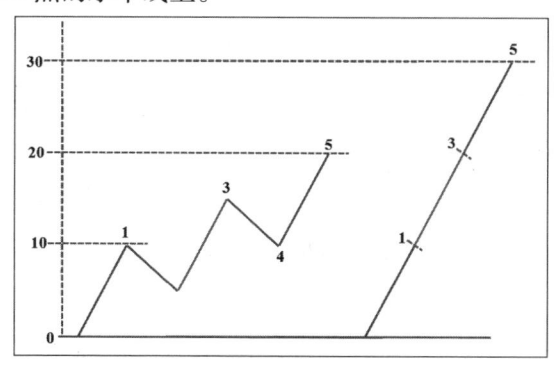

图 1-11 曲线拉直图示

如果按理想状态把图 1-11 中左侧的 5 浪曲线中的上升浪都分离出来拼接成一条直线，则如图中的右侧直线所示，3 波上涨，每波上涨 10 个点，一共上涨了 30 点。这样，把曲线拉直之后，理论上的上涨空间为 30 点，比左侧的曲线多出了 10 个点。这就是波段操作的理论依据，也是炒单者所构想的理想模型。

实际操作中，由于高低位的判断，不可能买到最低点并卖到最高点，只能买到一个相对低的底部区域并卖到相对高位的顶部区域，再加上佣金与交易中的"滑点"的影响，最终的"拉直"结果会与理论值有很大的出入。但是，只要找到合适的操作周期并运用合理的技术方法进行波段操作，所取得的盈利通常会比没有计划的、不分波段的操作要多。

从图 1-11 中可以看出，"曲线拉直"波段操作的结果与曲线的上升浪与下降浪的幅度、角度以及比例相关，如果回调的比例越大，那么做波段操作越"划算"。比如是涨 10 个点并回调 10 个点，按"进一退一"的比例"震荡"，那么经过 5 浪之后，上涨幅度仅相当于最后一浪即第 5 浪的 10 个点，而"拉直"之后，还是 30 个点，这样的"震荡"行情，做波段是较"划算"的。

炒单和操作周期相关，谈到操作周期就要谈到价格波动的级别。请交易者注意周期与级别这两个概念，这是两个非常重要的概念，不管是以后在你自己建立严格的交易系统时，还是在分析行情时都要用到这两个概念。可以说，不区别周期和级别就谈不上涨跌。因为涨跌只有在同一周期的同一级别上才能明确定义。一个大周期的牛市，包含着很多个小周期的牛市与熊市的循环。熟悉波浪理论中的浪级概念的交易者更容易理解周期循环的概念。

周期与级别

道氏理论把股票市场的趋势形象地比喻成"潮汐、波浪、涟漪"三种级别，潮汐代表主要趋势，就是通常所说的牛市或者熊市，可能持续几年甚至十几年；波浪代表次级趋势，是比潮汐低一级别的趋势，可能持续数周或数月；涟漪代表日间杂波，是最小的波动级别，体现出的是杂乱和无序。一个主要趋势包含很多个次级趋势循环。

按照道氏理论，涟漪级别的日间杂波的波动是没有呈现趋势性的。这是放在潮汐与波浪的大级别背景之下观察的。但是如果把观察的波动级别背景放小一些，那么日内的波动也会呈现出趋势性，只是不如大周期那样稳定。越大周期下的趋势性越强；越小周期下的趋势性越差。

有经验的交易者会发现，其实趋势是逐个周期环环相套的，较小周期的趋势带动较大周期的趋势，趋势总是从较小的周期开始发生变化。这也是自然的规律。随着周期的不断减小，日K线—60分钟—30分钟—15分钟—5分钟—1分钟，趋势的时间、比例都在成比例地缩小。最后小到1分钟周期上。如果想再缩小还能小，比如30秒、10秒周期，但已经很难再有趋势性，或者说趋势性已经很弱。

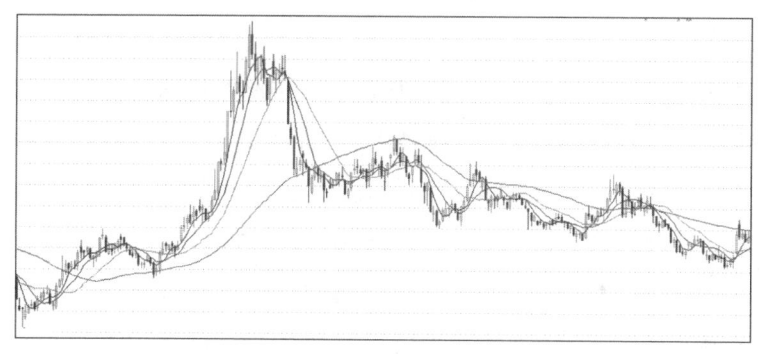

图1-12　K线图1

我们把观察的角度细微到可观察并体现出一定趋势性的最小级别上，来看日内的分时价格线，或者1分钟K线。我国A股一天的交易时间为4个小时，1分钟K线图中就含有240根K线。而一年平均有250个交易日（均线是250日移动平均线），在日线上有250根K线。我们来看以下两张K线图，图1-12与图1-13，交易者可以先自己观察一下有何异同。

图1-12与图1-13从形式上是相同的，同样是K线图，同样的一组均线。仅从图中所显示的交易品种的图形上，你能看出其中有什么区别吗？图1-12中有大概250根K线，是个股南方航空（600029）的日K线图，时间从2010年7月1日至2011年7月1日。图1-13中有大概240根K线，是股指期货IF1111合约在11月1日的1分钟K线图，时间从2011年11月1日的9点30分至15

点，图中也有 240 根 K 线。

图 1－13　K 线图 2

现在的问题是，如果只给你这两张 K 线图，你能找到适合自己操作的点位吗？如果能找到，那么你就是一个唯技术图形的交易者，因为任何 K 线图在你眼里是一样的，不管是什么周期的，你都能根据技术上的信号进行操作。

两张图的走势大致相似，都有一波明显的上涨行情，然后下跌进入调整。图 1－12 是个股的日线图，是一年的走势，上升走势从 9 月份到 11 月左右，发展了两个月的时间。图 1－13 是股指期货的 1 分钟图，上升走势从 9 点到 11 点左右，只持续了两个小时。但从图形上看，都可以进行一波做多的波段操作。这便是不同周期，不同级别的波段操作的道理。

从某种意义上说，做权证或者期货这些可以进行日内短线操作的品种的一天就等于做股票的一年。在这里要着重提示一下做权证与期货的风险。权证目前已经全部退市。当时在行权之前的波动相当疯狂，风险极大。期货是双向保证金交易，既可以做空又可以做多，还有资金杠杆，对交易者的操作水平与控制能力的要求都比较高。在这里，我们主要讨论并理解关于周期与级别的概念。

在各个周期都有相对应级别的波动，就可以进行与之对应的波段操作。对于日内交易的炒单手来说，可以做日内的波段，也可以做波动。做波段就是前面讲的，做微小级别的趋势。做波动的要求更高，波动做的是趋势的惯性。一次持仓时间可能只在几分钟或是几十秒钟。当年权证交易活跃时，我也试过这种操作手法，一段时间内平均每天可以做到 200 笔交易。有时买入和卖出就在一分钟内完成，做最小的惯性差价。这需要极强的专注度和灵敏的感盘，最重要的是铁一般的纪律性。

炒单是短线交易的极致，应该说是手动交易的极致。现在随着计算机的发展，程序化交易不断发展壮大，计算机进行的所谓"高频"交易可以是微秒级的，这种频率是人工所无法企及的。真正的"高频"交易需要有好的算法和急速的交易通道的支持，目前能做到这种水平的交易者还是很少，国内的交易通道也很难支持得了"高频交易"。

再回到炒单，炒单更多的是增加了认识市场的机会。要知道，如果是操作股票的话，一年可能也操作不到百笔（股票并不是操作得越多，效果越好），但如果是做日内品种的话，一天就可以操作十笔甚至上百笔。这样说我们并不是在鼓励炒单或是频繁交易，目的是说明，这是一种认识市场的途径。感兴趣的交易者可以下载期货的模拟交易软件，进行一段时间的日内交易模拟操作，一段时间之后你会发现自己对市场的认识会有所改进，盘感也会有所提高。

如果说普通波段操作中的成功交易员是百里挑一的话，那么职业的炒单员几乎是万里挑一。这是一种需要很多条件支持的操作手法，普通的交易者都不宜追求炒单。主流的交易员还是以波段操作的系统交易者居多。操作周期越小，交易的成绩越不容易稳定。我们进行交易的主要目标还是赚钱，并不是为了寻找刺激。炒单只是一个美丽的传说，极少数能成为长期稳定的炒单交易员，多数是经纪人为了多赚取佣金而编织的神话。

越是短线的操作，受市场情绪影响越大，越容易受到贪婪与恐惧的影响。有时候明知道是错的，就是控制不住自己的手。这只有在一定的压力和情境中才会如此，事后都明白怎么回事。有句话讲，盘后诸葛亮，盘中猪一样。

即使是一度成功的短线炒手也有向中长线波段操作转变的趋势，随着操作资金、身体状态、市场容量、风险偏好的改变，对稳定性的追求会越来越高。炒单操作可作为模拟练习认识市场的手段，它仅适合很少一部分人；日内波段操作是职业交易员追求的合理目标；多数的普通交易者做好日线上的波段操作才是王道。

庐山烟雨浙江潮,未到千般恨不消。

到得还来别无事,庐山烟雨浙江潮。

人生就像赌博,玩的就是心态。赢的时候要放胆,输的时候要果断。

——《教父》

第6节　炒股与赌博

市场中流传着这样一句话,说"股市就是一个大赌场",还有投资者说过"我国股市连赌场都不如"。尤其是在市场状况不好的时候,有股民调侃道"开着宝马进去,推着自行车出来"。那么,我国股市真的像一些股民所说的那样险恶吗?

我们已经讲过,所有的股市都是资金的博弈场,有赚钱的就有亏钱的,这是必然的。因此,哪一个国家的股市都会有输得一文不名的投资者,每一个国家的股市也都流传着一些财富传奇。另一方面,我国股市从1990年成立以来,毕竟只有20余年的历史,而美国的纽约证券交易所可以追溯到18世纪末,已经有了200多年的历史,著名的道·琼斯指数发布于1884年,也已经有了130多年的历史。我国A股市场成立时间较晚,发展迅速,在各种制度上难免要经历一个不断摸索和完善的过程。在这个过程中也会出现漏洞,一些聪明的投资者会利用一些所谓的漏洞来获利,但随着制度的不断健全,这种漏洞会越来越少,市场也会越来越公平。

炒股可以使人迅速暴富,也可以使人倾家荡产,这种后果让人容易把炒股与赌博联系起来。在大多数人的意识里,股票的风险被过于高估或过于低估了。这与我国投资者投资水平普遍较低有很大关系。实际上,股票和债券一样,都是一种投资品种，虽然股票的风险比债券要高且回报率不稳定，但只要能把握经济大势，遵循一定的原则，通常都能享受经济成长带来的成果。其中的风险很大部分来自于对股票交易的不了解和对自己的失控。

对于赌博的定义，如果把赌博定义为一种投注的游戏，那么炒股与赌博有很多相似的地方。我们希望投资者能够正确并积极地看待这一节的话题。炒股与赌博其实都是博弈游戏。在赌场中可以把参与者称为赌徒或投机者，但在这里，我们要讲的是如何做好股票，如何参与好这场博弈游戏。这里赌博的参与者指的是理论上的聪明的游戏者，而不是赌徒。我们要找的是合理的并且理性的，以获取盈利为目的的投注方法。当然，如果你在股市中失控的话，你就是一名"赌徒"。我们的目标是做一名理性的博弈高手，避免成为一名非理性的赌徒。

炒股与赌博从博弈游戏的角度来看，两者有如下相似的地方：

（1）都需要明确游戏规则。

炒股与赌博游戏都是入门容易，赚钱难。点几下鼠标就能开始炒股，翻几张扑克牌就可以赌博，但要想最终赚到钱可不是件容易的事。这就像股神巴菲特所说的"It is simple, but not easy!"（简单却不容易）。了解赌博游戏的规则相对容易，而了解股市的规则要困难得多，了解股市规则的过程就是认识股市的过程。很多人之所以很难在股市中赚到钱，其根本原因其实是连最基本的游戏规则都没弄明白。

（2）都需要明确自己和庄家的优势与劣势。

参与游戏的人需要了解自己如何取胜，如何不亏钱。很多投资者进入股市之后，一心想的是如何赚钱，却很少有人从一开始入市就重视到如何不亏钱。赌博中，庄家有自己的优势与劣势，参与游戏的人也有自己的优势与劣势。比如在"21点"游戏中，游戏者可以通过算牌、加注来增加自己的优势，而庄家可以通过用多副牌或者洗牌来增加自己的优势。

（3）都需要掌握合理的下注方法。

不管是炒股还是赌博，参与者都可以先试错，然后在最有利的时机加注。比如投资者可以在上升趋势的启动点加码，赌博游戏者可以在几轮下小注的牌局之后又没有重新洗牌时，通过算牌来寻找大概率的获胜机会下大注。

（4）用输得起的资金参与。

用闲钱炒股，这是很多专家的建议。投资都是有风险的，投资者可以在掌握了游戏盈利诀窍之后再加大投入资金。在此之前，一定要用输得起的资金参与。

（5）做到有盈利则按时出金。

没有走出股市的投资者与没有走出赌场的赌徒一样，即使暂时赚到再多的钱，都还不能算是赢家。只有当你从市场中提取现金出局的时候，才能说，你笑到了最后。在股市中，按时出金是很好的习惯。

炒股与赌博都是博弈游戏，需要根据对方的行为不断调整自己的策略，发挥自己的优势。博弈游戏的参与者在每次行动之前，都需要判断出取胜的概率大小，从而有针对性地采取下一步策略。对于炒股来说，最需要判断的就是市场趋势对自己是否有利。

很多投资者对市场的一些观念以及一些操作习惯是错误的。举例来说，很多刚刚进入市场的投资者认为那些价格低、跌得多的股票看上去安全，上涨的空间大。其实这种观点是错误的。股票是由市场参与者共同定价的，这就像是菜市场的菜一样，价值高的菜自然价格高，如果价值高的菜却价格低，也会很快被人买进从而再次把价格抬高，这是市场对价值的认可。那些价格低的股票就像是"廉价菜"一样，是被别人抛弃的，而与安全和上涨空间无关。投资者最好是选择那些价格适中，股性活跃，波动性好而且平滑的股票来做，放弃那些价格很低，很少波动的股票。

还有一些投资者认为下跌的股票上涨空间大，这也是一种认识上的误区。股票是有趋势性的，一旦进入下跌趋势，在短时间内很难再转势。对于波段操作者来说，在下跌时买入是很不合理的操作。合理的操作方法是在上涨的初期买进，即"买涨不买跌"（也有抄底方法，在下跌浪末端买入，后面的章节会讲到）。在上升通道时买进是省力省心的波段操作方法。

趋势让概率倾斜

我们不断提到顺势而为，这是因为趋势是我们的朋友，趋势让获利变得容易起来，趋势让获胜的概率朝着对我们有利的方向倾斜。

成熟的投资者总是等待那些不可避免的上涨时机。在他们心里有一些倾向于上涨的有效形态。在这些形态中的买点，其上涨的概率最大，对他们最有优势。这是理性投资者的表现，只做那些有利的机会。有些在一段时间做得很差的投资者，他们问我解决办法时，我都会告诉他们，从找到一个最有利的图形入手。这样，起到了降低操作次数，提高操作胜率的作用。如果你在操作中也遇到同样的问题，就请回到最简单的起点，从最有优势的那个形态做起。

跟随趋势的波段操作是利用趋势的概率优势，让规律去发挥作用。在牛市中以持股为主，在熊市中学会休息。这与春播秋收的道理是一样的。读懂市场的语言，让市场告诉你趋势的方向，不必主观猜测，一条均线，或是一个通道线，或是一个指标都能清楚地指示出当前的市场趋势方向。顺势操作，让概率站到你的一边。

技术指标是概率的总结

技术指标是对股票行业历史数据的统计，是对涨跌概率的最好总结。很多技术指标的使用原则就是建立在大概率事件的基础上的。比如经常用到的指标，有"指标之王"之称的MACD指标就是一个用来判断多空大势的很好的用法。如图1－14所示。

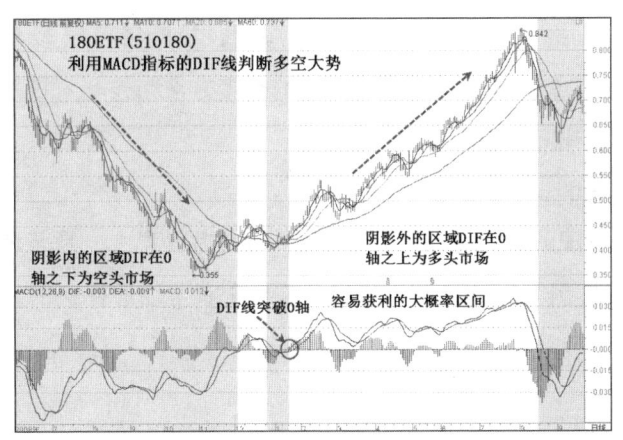

图1－14　180ETF（510180）利用MACD指标的DIF线判断多空大势

图1－14中显示的是180ETF（510180）从2008年7月到2009年9月期间的走势图。主图是180ETF的日K线图，下面的副图指标就是MACD指标。在MACD指标中的DIF线是判断多空大势的利器，非常直观、明确。副图中的MACD指标由三部分构成，分别是DIF快线（白线）、DEA慢线（黄线）与MACD柱状线。

0轴是多空分界线，当DIF线运行在0轴下方时，表示处于空头市场中，应以空仓或做空为主；当DIF线运行在0轴上方时，表示处于多头市场中，应以持股或做多为主。

从图中可以看出该股前期的DIF指标线一直位于多空分界线0轴之下，很明确地表示出了空头市场，市场一直处于下跌趋势中。此后在图中用圆圈标出的位置，DIF线又一次向上突破0轴，表示进入多头市场，此后DIF线一直运行在0轴之上，市场保持良好的上升趋势。DIF指标线很好地起到了指示市场多空的作用，它的使用原则是对历史行情数据的总结，正确地使用该指标能让我们站在大概率的一边，让我们在市场中积累优势。

很容易得出结论，只要在图中DIF线指示空头市场时休息，在DIF线指示多头市场时进场就很容易获利。这是指标的作用，也是趋势的意义。

同理，其它技术指标的使用方法与原则，以及一些形态特征也都是在概率基础上进行的总结。关于MACD指标的详细应用，投资者可以参考我的另一本书《MACD振荡指标：波段操作精解》。其中的很多方法与技巧对识别趋势和寻找买卖点都有很好的借鉴价值。

范·K.撒普的选择题

《通向金融王国的自由之路》的作者范·K.撒普先生，是著名的交易心理大师，在他的辅导资料上有这样两道选择题。投资者可以选择一下，看看自己选择哪个答案。

先看题目1：

A. 确定的900美元亏损。

B. 有95%的概率亏损1 000美元，但有5%的概率没有任何亏损。

请问你是选择 A 还是 B？

现在来看题目 2：

A. 确定的 900 美元盈利。

B. 有 95% 的概率盈利 1 000 美元，但有 5% 的概率没有任何盈利。

再一次，请问你是选择 A 还是 B？

这两道问题我问过很多投资者，很多人的答案都是第一题选择 B，第二题选择 A。在确定你的答案之前，请你想一想，如果是在交易过程中，你会如何选择，并想一想出于什么理由做出如此选择。

下面来揭晓答案。正确的答案与很多人的直觉刚好相反，应该是第一题选择 A，第二题选择 B。

对于第一题，很多人选择了 B，是想赌一下试试运气，万一自己是那 5% 里的就可以避免亏掉 900 美元，而如果是那 95% 里的则只比选择 A 确定性的亏损 900 美元多亏了 100 美元。用 100 美元以 5% 的概率去博 900 美元，很多人认为很划算。但如果是选择 100 次呢？你的答案还是 B 吗？A 的数学期望为：$-900 \times 100\% = -900$（美元）；B 的数学期望为：$-1\,000 \times 95\% + 0 \times 5\% = -950$（美元）。A 的数学期望值高于 B，如果进行足够多次的选择，A 应该为合理的选择。

对于第二题，很多人选择了 A，直接获得确定性的 900 美元。不愿或害怕尝试 B，因为有 5% 的可能一无所获。人们的普遍心理是认为用 900 美元以 5% 的概率去博多出 100 美元显得不划算。同样，如果是选择 100 次或更多次呢？你还会坚持这样选择吗？这道题中 A 的数据期望为：$900 \times 100\% = 900$（美元）；B 的数学期望为：$1\,000 \times 95\% + 0 \times 5\% = 950$（美元）。B 的数学期望值高于 A，如果进行足够多次的选择，B 应该为合理的选择。

通过这两道题目的选择可以看出，很多人倾向于喜好确定性的盈利。第一题所反应的心理在被套牢的熊市中经常见到，很多人选择继续抱着大亏的单子不放，对于他们来说，确定性的亏损更不容易被接受，宁愿以小概率赌回本。第二题所反应的心理在持有盈利单的上涨中比较常见，很多人选择先获利了结，而不愿意站在大概率的一边看盈利继续增长。

我们希望投资者以多次重复操作的概率眼光来看待这两道选择题，只有用历史的眼光来看，概率才会发挥作用，你的每一次操作都是 N 分之一。坚持概率就是坐拥市场规律，让概率去发挥作用，赌的最高境界就是不赌，坚持你的交易系统，你最终的盈利幅度会比无序的直觉操作高得多。

没有痛苦和牺牲，就没有收获。

—— 《搏击俱乐部》

第 7 节　盘感到底是什么

有一定经验的投资者一定有过这样的经历，曾经在一段时间的感觉超级好，买什么什么涨，卖什么什么跌，真可以用"如有神助"来形容！可是还有些时候，情况却恰恰相反，好像主力在看着自己的操作一样，反向操纵着股票走势，自己买哪只股，哪只股票就跌；卖哪只股，哪只股票就涨。有感觉时做得顺风顺水，没感觉时做得一塌糊涂。

依靠感觉操作的人，不是新手就是高手。新手"看山是山"，心里没有杂念，不动心的感觉通常是对的；而一旦操作一段时间之后，由新手变成了老手，就会开始变得"看山不是山"了，心里也会开始有想法，开始猜测，有时会偏执于一端，这时是动心则乱的状态；经过很长时间的磨练之后，再由老手转变为高手，又回归到"看山还是山"，心里能控制杂念，辨清真伪，这时是真正的开悟阶段，这时的感觉已经升华到了直觉。

盘感，顾名思义，就是对盘面的感觉。给你一张股票 K 线图，你看一眼就能感觉到趋势的方向，下意识地判断出应该在哪里买进，买进之后市场会有哪几种可能的走势，你会如何应对。比如，乒乓球运动员在打乒乓球的时候，通常是看到对手的击球动作之后，下意识地进行回接球，他在接球之前不会产生明确的

"上旋球"或是"下旋球"的概念,他在对手击出球的一瞬间,通过对手的位置,击球的动作,就可以对击出球的方向、速度、力量、落点做出直觉的反应。这就是乒乓球的"球感",与交易中的盘感同理。

很多投资者问过这样的问题,盘感是不是天生的?为什么他们对盘感不敏锐呢?

我们不排除有极少数的交易者有特殊的素质,他们在交易时对盘中的走势有相当敏锐和良好的直觉,但多数人还是通过后天训练、积累培养出来的感盘。好比有的孩子有打乒乓球的天赋,反应速度快,手感好,但是要想成为职业运动员或是世界冠军,还是要通过大量的训练才可以。有天赋是好的基础之一,但不是充分必要条件。

俗话讲"熟读唐诗三百首,不会吟诗也会吟",意思是说熟能生巧,天天受熏陶,自然会提高素养。盘感的培养也是如此。有些老股民到营业厅看一眼大屏幕上的大盘走势图就知道最近有没有操作机会,为什么呢?因为他天天看,几年如一日地看!他不认识上涨形态,上涨形态都能认出他了。话说得可能有些夸张,但道理就是这么简单。只要投资者坚持用心看盘,多看盘,看盘的功力自然会提高。这是体现交易的艺术性的一面。不同的眼光看同一张图表,所看出的内容是不一样的。

盘感是通过对大量图表的观察形成的对各种形态的直觉反应。这种感觉与围棋上的定式相似,看到定式不必进行长时间的思考与计算,自然会落子在最有利的位置。但定式是要学习和不断推演的,直到让它的形态深入脑海,刻入骨髓。交易中的定式就是形态,我所知道的很多交易者都是形态迷,他们有自己总结出的不同效用级别的形态。对于那些一段时间表现不佳的交易者,我也总是建议他们从自己最擅长最有把握的一种形态做起。如果你掌握了一种属于自己的最擅长的形态,那么就可以说你对这一种形态有了盘感。使你感到困扰的是,你还不能把这种形态从众多形态中一直很好地区分出来,并坚持操作最有效用、最容易赚钱的形态。一旦经过足够多的练习,你能从容应对绝大多数的市场走势之后,这时的K线图在你眼里就是不同形态的串联,而每段形态的走势在你脑海中都会下意识地反应出是否值得操作。如果这时有新手问你在这个位置出手的胜率,你甚至可能说出它的百分比，并调出几张类似的行情图给他看。当你把"定式"了然于胸的时候，你会感觉天空如此晴朗，一切应对自如。

训练与培养盘感的方法：

（1）经常翻看大量历史图表。

既然是训练就要上量，没有量的积累很难有质的提高。假设有100张写有数字0～10的幻灯片，其中有60张是数字6，其余的40张分别是数量相当的另外10个数字，如果不断地在你眼前快速播放这100张幻灯片，那么在你的脑海里应该会对数字6留下很深的印象。

（2）回放模拟训练。

现在股票软件的功能越来越多，有些股票软件已经有了历史数据回放功能。专业的交易者还可以利用外汇交易软件，导入更多的历史数据进行模拟训练。模拟训练是必要的，实盘的训练也是必要的，因为实盘与模拟的心态是完全不一样的。有了真金白银的压力和诱惑，再加上激烈的行情，你的心态很容易失控。在失控的状态下，你的技能水平会急剧下降。记得最初做权证时，我每天实战平均就可以操作100笔到200笔，经过一个月之后，对波动的认识和感觉焕然一新。我们并不鼓励用实盘练习。在你经过了模拟盘的训练之后，上实盘感受金钱的压力是一个必然的过程。

（3）每天坚持复盘。

每天收盘之后的经验最直接、最深刻，在盘中的感觉记忆犹新的时候，做好复盘工作。复盘就是从头到尾真实回放或是在脑海中回放K线走势图，回想自己当时的盘中判断与之前的经验或是交易系统是否有出入，是否需要改进完善。把当天的得与失记录下来。分析当天的亏损单错在哪里，是系统之内必然的亏损，还是在执行或者判断上面出现的问题。同时，还要分析盈利单，很多投资者认为盈利就是对的不需要再看，但盘后看盈利单能正强化你的正确的方法，这也是有益处的。

（4）奖励与惩罚。

用奖励正面激励你的正确判断和行为，在良好操作之后可以给自己买一件一直想要的东西作为对自己的奖励。并且用惩罚负面激励你的错误判断和行为，比如，发生冲动性交易可以罚自己做20个俯卧撑，或者为家里做一次彻底的扫除，既惩罚了自己又锻炼了身体或改善了居住环境。当你没有意识到追高的风险时，会受盘面诱惑，情不自禁地追高，主观期望这次会有好运气，可是往往事与愿违。你会一次又一次地后悔管不住自己的手，事后还会一次又一次地追进。有一种说法是，21天能改变一种习惯。我们需要像军人那样靠一些手段重塑自己的交易习惯。

盘感是可以后天培养的，它需要时间从内心看透一些道理，这样才能形成犀利的眼光。盘感是一种功力，只要功夫深，铁棒磨成针。培养盘感取巧不得，一瞬间的正确直觉，是无数次复盘形成的下意识反应。没有下过功夫得到的盘感，由于没有足够"样本"支持，很难靠得住。宝剑锋从磨砺出，盘感也是如此。盘感是无形的交易系统。

飓风过岗，伏草惟存。天之将明，其黑尤烈。

——《大秦帝国》

第8节　为什么说波段操作是最合理的

价格波动像波浪一样以"一波三折"的形式推进。波浪理论中的一组上升浪是由三波向上的推动浪和两波向下的调整浪组成，每一波上升浪的波峰逐个抬高，每一波调整浪的波谷也逐个抬高，这样，价格的平均水平一直是呈上涨趋势。

投资者可以想象一下，在一组上升浪的操作中，可以从1浪的起点低位买进，之后随着价格上涨一路持有，直到5浪顶端的高位卖出，我们现在是假设可以准确地判断这一组上涨浪的相对低位与高位，那么，这一单就吃到了整个大波段。另外的一种操作方法是，把这一组上升推动浪再进行细分，同样假设能通过技术手段判断出更小一级别的相对低位与高位，那么这一组上升浪可以分为3个小波段来做，就是如图1-11所讲的"曲线拉直"的效果。

我们可以把第一种方法叫做"吃大波段"的方法，把第二种方法叫做"微分化"的波段方法。前者的优势为：不必浪费太多精力关注走势，容易抓住大波段行情，避免踏空。前者的劣势为：可能需要忍受较长时间的调整行情，同时要容忍在高位失去很大一截浮动利润。后者的优势为：只做主要的上涨行情，利润兑现迅速，不必忍受回调的煎熬。后者的劣势为：要花较多的精力关注走势，可能把一个大波段做得零乱而错失一部分利润。

我们已经知道，趋势的级别是相对的，"吃大波段"方法所操作的趋势也是在一个更大级别的趋势之内。我们这里说的"大波段"是相对适合做中长线的趋势级别，一般指可以持续数周或数月的上涨行情。"微分化"的波段是相比"大波段"低一个级别的趋势，一般指可以持续数天或数周的上涨行情。

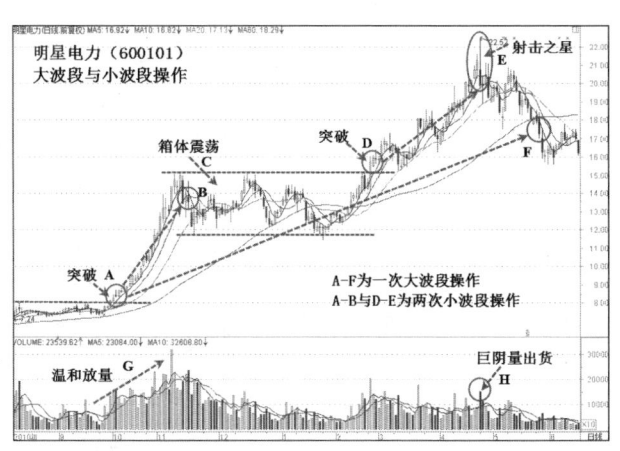

图1-15 明星电力（600101）大波段与小波段操作

图1-15显示的是个股明星电力（600101）在2010年9月到2011年6月期间的K线图。我们一起来分析一下如何在该股中进行波段操作。

该股前期处于小幅横盘整理之中，直到图中用A标出的位置处，该股于9月30日突破前期高位，当天收盘在MA10均线之上并且放量突破，可作为买点，当日收盘价为8.11元。买入之后，该股以连续的阳线走出紧凑的上涨行情。直到图中的B位置处，该股确认收盘跌破MA10均线，这里可作为短线小波段的卖点，当日11月16日收盘价为13.52元。到此，从A到B完成了一次小波段操作，计算盈利幅度为66.71%。

在B点之后，该股进入了箱体震荡行情，很长一段时间内，向下没能有效跌破B点之后的回调低位，即图中箱体下沿所处的较低水平线的位置；向上也没能有效突破前期高位，即图中箱体上沿所处的较高水平线的位置。这时的中长线波段操作还可以继续持股，因为没有明显迹象表明中长线趋势反转。

该股在箱体中震荡了接近三个多月之后，终于在2月24日这一天突破了箱体的上沿，创出阶段新高，当天收盘价是15.69元，此处又可作为一波短线操作的买点。买入后，该股的震荡明显比第一波要加剧，一波三折地不断创出新高。最后在4月25日这一天再次创出最高价22.52元，但是，当天收了一个"倒锤头"并且是"刺透形态"，如图中E所示，带有长上影的大阴线，同时放出巨大成交量，如图中H所示，这明显是一个卖点，当天收盘价为19.90元。到此，从D到E又完成了一次小波段操作，盈利幅度为22.83%。

在E点之后，该股再也没能创出新高并在5月26日形成了向下推动浪，跌破了前期回调的低点，当天收盘价为17.25元，这是中长线的合理卖点。到此，从A到E完成了一次大波段操作，盈利幅度达112.7%。虽然从幅度上来看，这次大波段的盈利高于两次小波段的盈利之和，但是并不能就此得出结论，认为大波段操作一定优于小波段操作。我们再来看一个例子如图1-16所示。

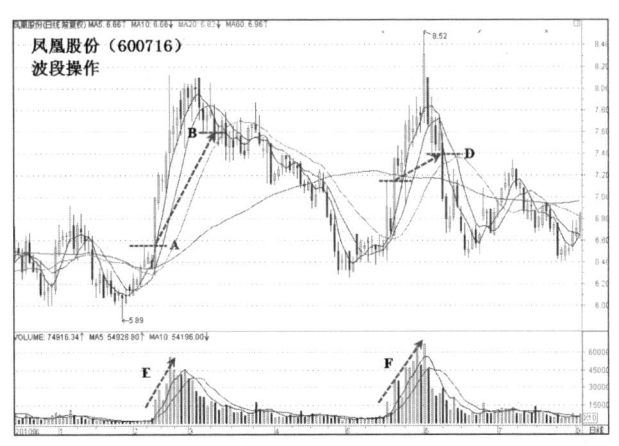

图1-16　凤凰股份（600716）波段操作

图1-16显示的是个股凤凰股份（600716）在2010年1月到7月期间的K线图。我们按照一个统一的波段操作方法来判断买卖信号操作。具体的方法是，短线当股票在MA10均线上回调并放量突破前高时买进；当其在MA10均线下反弹并跌破前低时卖出。依据此方法，我们可以在图中进行从A到B和从C到D的两次短线波段操作，分别对应E、F两次放量过程。每个波段的持股时间大约在15个交易日左右，其中放量的K线大概在8根左右，上涨放量与下跌缩量基本对称。

从图中可以看出，这两次波段属于小波段操作，其间没有明显的回调再创新高的过程，基本是直线上涨，在判断转势的位置卖出。这里提醒一下，有些投资者可能习惯在高位止盈，也就是高抛的左侧交易，而不习惯在转势之后的右侧交易。在这里，我们为了便于说明，统一用的短线右侧交易方法，虽然在第二次波段操作中错过了很大一截高位利润，但这增加了我们方法的稳定性。

投资者可以试想一下，如果在操作该股时没有依据技术信号进行波段操作，而是坚持长期价值投资或是长线波段操作的话，很难获得利润。图中从最左端的K线开始到最右端的K线结束，用了将近8个月的时间，价格反复震荡，最终还是在6.8元附近（期间包含多个小级别的涨跌循环）。从这个例子中又可以看出中短线波段操作的成绩有时会高于中长线波段操作。这是因为在大的箱体震荡区间中，小波段的操作方法可以"微分化"大波段，把回调过深的大震荡行情分成几波次一级别的小波段。通过大小波段的讨论，投资者应该更能理解"大级别的震荡行情中包含着较小级别的趋势行情"这句话。

波段操作注意要点：

（1）选择好交易品种。最好选择那些历史行情走势较为平滑有较好趋势性，并且流通盘大小适中的股票进行操作。要注意有些个股是注定很难进行波段操作的。如果不想耗费精力在选股上，可以直接操作ETF指数基金，中级以上的行情都不会错过。

（2）以K线发出的交易信号为准。一切以价格为准，信号由价格触发。猜测的目标位是主观的，长期来看，这样做很容易错过大行情，或者把一波完整的行情做得散乱，而使利润减少。

（3）保持方法尽量简单。常用的技术分析有：蜡烛图、K线形态、均线、MACD指标、支撑位与阻力位、成交量等等。找到精通的一两种方法，总结出尽量简单、明确的交易原则。

（4）合理使用止损。注意是合理使用止损，不合理的止损只会越止越损。具体的止损方法在后面的小节中还会陆续提及。

（5）坚决执行，严守纪律。我们建议投资者做一名系统化的交易者，把自己的方法形成一个固定明确的交易系统。有了系统之后，再进行复盘或是执行会相对容易一些。交易如作战，纪律再如何强调也不过分。

（6）保持耐心。在主要趋势向下的市场中学会休息，在主要趋势向上的市场中学会持股。常言说耐心是美德，在市场中耐心就是金钱。当别人忙进忙出时，他们是在为你创造下一次出手的机会。

波段操作的最高境界应是能吃到既定级别上涨的中段行情，每一次波段操作对应一个级别的一波上涨行情。波段操作并不能截取100%的行情，因为波段的操作信号要等行情启动时买进，在行情终结后卖出。所操作的点位是顶部区域和底部区域，能吃到70%左右的行情就是成功的波段操作。如果能配合其它一些技术和经验进行综合判断则有可能吃到更多的行情，但永远不要试图吃到100%的行情，要做到"把头尾刺多的地方留给别人"。真正做到"知势知止"。股票的K线是有生命的，投资者应该尽量顺应它的"势"，用历史的眼光来看，"生命从来不喧哗"，能做到自然流淌、挥洒自如的才是高手。波段操作才是王道。

▷▷ 盘后阅读1：丁蟹效应

丁蟹效应（Ding Hai Effect，又称秋官效应），是股票市场的一个奇特现象。每当由郑少秋主演的电视剧播出后，股票市场便会有显著下跌。从1992年的

《大时代》到2012年播出的《心战》预告片，凡是播出郑少秋主演的电视剧，恒生指数或A股均有不同程度下跌。

1992年10月，无线电视台播放由郑少秋主演的电视剧《大时代》。该剧中由郑少秋饰演丁蟹，他经常在股票市场的熊市中借着做空恒生指数期货而获取暴利，恰巧当时香港股市正值暴跌阶段，令不少股民产生了严重亏损。此时便开始有"丁蟹效应"一词，而在接下来近二十年，几乎每当郑少秋主演的电视剧播放时，股票市场也会有显著下跌。

有人统计过，从1992年开始，郑少秋主演的电视剧播出之后，股市有明显下跌表现的记录多达32次。1992年10月5日，《大时代》首播，恒生指数一个月内跌幅达20.6%。1994年10月，《笑看风云》香港首播之后一个多月内恒指跌幅多达1 976点（20.5%）。1997年12月，《江湖奇侠传》一经播出，恒指便跌破一万点，跌幅达26.4%。2000年9月，《世界之战》首播之后股市在八个交易日内急泻2 469点（14.5%）。2004年3月，《血荐轩辕》首播之后恒指在四个交易日内下跌843点（6.2%），一个多月内累计跌幅更曾多达1 482点（10.9%）。"丁蟹效应"屡屡应验，"丁蟹一出，股市就泻"，这句香港股民屡试不爽的规律被广为传播。

不光在港股市场，近年来"丁蟹效应"也波及到欧美股票市场和A股市场。2007年8月，《大时代》在美国无线卫星电视台播放，期间道琼斯工业指数在6个交易日狂挫1 202点；2010年5月10日，《神医大道公》在央视首播，次日沪指大跌，深成指刷新年内新低。

令人费解的是，"丁蟹效应"甚至可以"遗传"，在郑少秋女儿郑欣宜身上同样出现了有剧播映必定令香港股市下跌的"魔力"。有股民戏称郑欣宜是"丁蟹效应2.0加强版"。

2012年5月5日，《心战》预告片一经播出港股便连跌五天，跌幅达10%。郑少秋曾预测《心战》首播时，恒指会下跌300点。不过在该剧播出次日，恒指不跌反升116点。网友们也在微博上奔走相告，"丁蟹逆袭了"，感慨"郑少秋终于脱难"了。

"丁蟹效应"其实是"预言自我实现"的一种，由于部分投资者相信这种特殊的股市现象，唯恐相关预期实现，从而令他们手中的股票造成损失。于是，部分投资者便进行非理性减仓，导致股票市场出现暴跌的情况。

从客观经济环境来看，郑少秋主演剧集的播放档期也正巧碰上外围投资环境走坏。如1997年的亚洲金融风暴，2000年的科技股泡沫破裂，2007年的美国次贷危机等，加上不少剧集也是在市场成交清淡的时期播放，市场较容易受少量因素影响就产生大幅波动，众多的巧合造就了"丁蟹效应"这种奇特的市场现象。"丁蟹效应"更多的是心理上的暗示作用。就像迷信中的鬼一样，事实并不存在，但由于心里存在，恐惧由此而生。对于股市上的种种奇谈怪论，投资者不妨当作笑谈，不可当真。

股软技巧1：自动叠加对应的大盘

在股票软件的个股分时图上，点击右键可以填加对应的大盘指数线，方法为：右键——"叠加品种"——"自动叠加对应的大盘"，如图1-17所示。

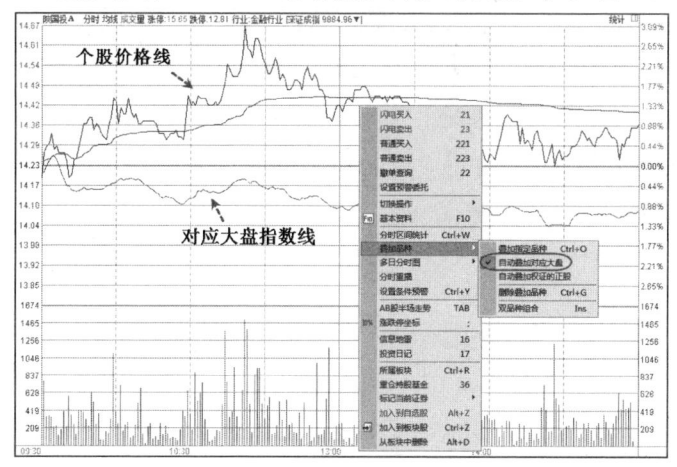

图1-17 叠加对应的大盘

▷▷股软技巧 2：指标值显示涨跌箭头

如果在行情软件上看不清指标线的方向，可以在指数图中调出显示箭头，如图 1-18 所示。

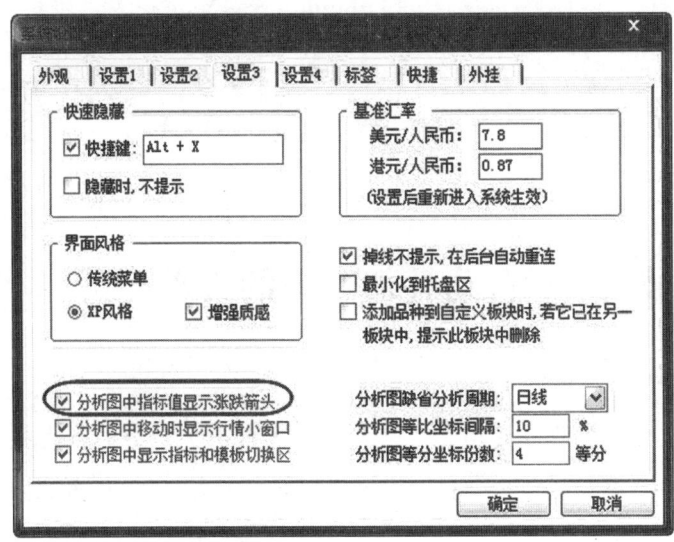

图 1-18　显示涨跌箭头

方法：按组合快捷键"Ctrl + D"，在弹出的"系统设置"对话窗口中选择"设置 3"，再勾选"分析图中指标值显示涨跌箭头"。

第二章

THE GAME OF PROBABILITY : THINKING LIKE A TRADER

操作技术

本章主要内容

第1节　学会看大盘做个股

第2节　绕不开的震荡与趋势

第3节　指标只是价格的变形

第4节　成交量也会骗人吗

第5节　买在起涨点

第6节　追涨停和做波段

第7节　撑起一波行情的关键K线

第8节　压倒一波行情的关键K线

第9节　如何追击上涨趋势

第10节　有那么一种赚钱形态——假阴线

第11节　你的世界我曾经来过——123法则与背离

第12节　下跌缺口的意义

第13节　做熟悉的形态更容易赚钱

盘后阅读2：木桶原理

股软技巧3：多日分时图

股软技巧4：提示分析图中的最新缺口

你知道，有些鸟儿是注定不会被关在牢笼里的，它们的每一片羽毛都闪耀着自由的光辉。

——《肖申克的救赎》

第1节 学会看大盘做个股

大盘分时走势是我们看盘时的重要参考指标。通常所说的大盘是指上证指数和深证综指。其中参考上证指数的人更多，因此它的影响力也更大。在没有特别说明的情况下，大盘指的就是上证指数。

打开大盘分时图你会看到，图中有两条曲线，投资者应该能发现，其中的白线走得比较"粗糙"，而黄线走得比较"平滑"。两者的相对位置也并不总是一样，有些交易日白线在上，有些则是黄线在上，有时在一个交易日内两条线还会发生交叉。这些盘面特征都在说明什么呢？它们的位置传达了什么信号？我们将在本节解答这些问题，并说明操作盘子适中的股票的重要性，最好是操作那些股性活跃，波动较为平滑的股票。

黄线与白线的意义

上证指数图中白线和黄线的含义。

白线：指所有股票按各自权重进行加权计算得出的指数，因此，股本较大的股票能左右白线的走势，如中国石油、工商银行、农业银行等。

黄线：指所有股票只按价格而不进行加权计算得出的指数，因此，价格变动较大的股票对黄线的影响较大。

简单来说，白线代表权重股、大盘股；黄线代表中小盘股。黄线与白线请见图2-1。

下面的图2-1和图2-2显示的是个股对上证指数的贡献度，分别显示了2012年5月25日截至中午收盘时对上证指数的贡献度排名最靠前和最靠后的个股，它们最能说明权重股的涨跌对指数的影响。

品种代码	品种名称	贡献点数	涨幅%	昨收盘	参与计算股本(万)	权重	名次
600528	中铁二局	0.14	10.04	6.670	145920.00	0.06	1
600048	保利地产	0.14	1.19	13.450	594832.88	0.50	2
601390	中国中铁	0.12	1.82	2.740	1709251.00	0.29	3
601186	中国铁建	0.12	1.77	4.530	1026124.50	0.29	4
600111	包钢稀土	0.11	0.69	43.400	242204.41	0.65	5
601299	中国北车	0.11	1.61	4.360	1032005.63	0.28	6
600028	中国石化	0.10	0.14	6.960	7003974.00	3.03	7
600221	海南航空	0.09	3.31	4.830	394076.78	0.12	8
600256	XR广汇股	0.09	1.99	15.040	194686.80	0.18	9
600011	华能国际	0.08	0.91	5.490	1102000.00	0.38	10
601002	晋亿实业	0.08	5.95	12.440	73847.00	0.06	11
600614	鼎立股份	0.08	10.02	12.080	44675.97	0.03	12
600383	金地集团	0.08	1.79	6.710	447150.84	0.19	13
600406	国电南瑞	0.08	1.78	19.150	157553.81	0.19	14

图 2-1　个股对上证指数贡献度

我们看图 2-1 中，个股对上证指数贡献点数的前两名，中铁二局已经涨停，涨幅为 10.04%，保利地产仅上涨 1.19%，但由于保利地产 0.50 的权重远高于中铁二局 0.06 的权重，两者对上证指数的贡献点数同为 0.14。

品种代码	品种名称	贡献点数	涨幅%	昨收盘	参与计算股本(万)	权重	名次
600036	招商银行	-0.13	-0.43	11.630	1766613.25	1.28	954
601699	潞安环能	-0.13	-1.46	26.770	230108.41	0.38	955
601318	中国平安	-0.13	-0.45	42.040	478640.94	1.25	956
600031	三一重工	-0.14	-0.88	14.740	759370.63	0.70	957
601808	中海油服	-0.15	-1.83	18.550	296046.81	0.34	958
601989	中国重工	-0.15	-1.21	5.790	1466770.63	0.53	959
601928	凤凰传媒	-0.20	-5.97	9.050	254490.00	0.14	960
600016	民生银行	-0.25	-1.09	6.400	2423845.50	0.96	961
601933	永辉超市	-0.28	-8.07	31.100	76790.00	0.15	962
601988	中国银行	-0.29	-0.33	3.000	19552506.00	3.64	963
601398	工商银行	-0.38	-0.24	4.190	26251940.00	6.83	964
600104	上汽集团	-0.55	-2.23	15.280	1102556.63	1.05	965
601628	中国人寿	-0.64	-1.20	17.560	2082353.00	2.27	966
601857	中国石油	-0.71	-0.32	9.510	16192208.00	9.56	967

图 2-2　个股对上证指数贡献度

我们再看图 2-2 中，个股对上证指数贡献点数的最后两名，中国石油跌幅为 0.32%，实际上只下跌了 0.03 元，中国人寿下跌 1.20%，但由于中国石油 9.56 的权重高于中国人寿 2.27 的权重，对上证指数的贡献点数仍高于后者（指绝对值的影响 0.71 大于 0.64)。因此说,白线受权重股影响较大。

再来看两者的位置关系,它们分为四种情况:

(1) 上涨过程中,黄线在上,白线在下,表示中小盘股的平均涨幅高于大盘股。

(2) 上涨过程中,白线在上,黄线在下,表示大盘股的平均涨幅高于中小盘股。

(3) 下跌过程中,黄线在下,白线在上,表示中小盘股的平均跌幅大于大盘股。

(4) 下跌过程中,白线在下,黄线在上,表示大盘股的平均跌幅大于中小盘股。

我们选取某一天的分时图来看,如图 2-3 所示,这一天就属于第一种情况。黄线在上,白线在下,表示中小盘股表现好于权重股。

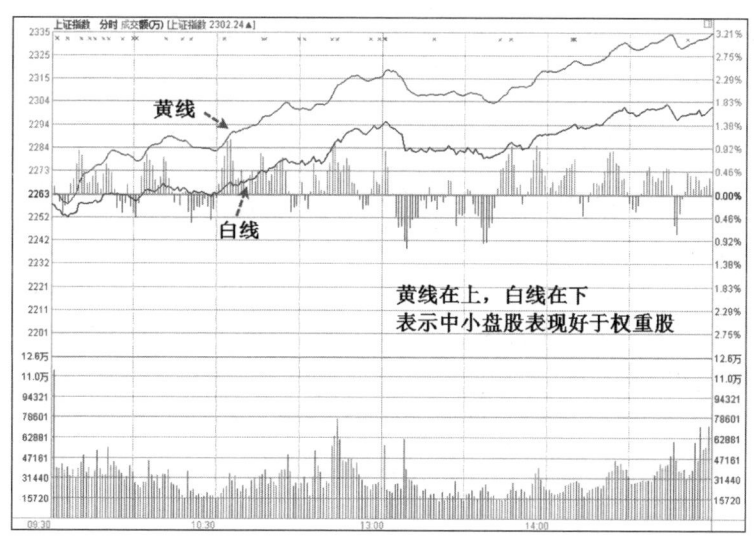

图 2-3　上证指数分时图

我们再选取某一天的分时图来看,如图 2-4 所示,可以看出,这一天就属于第四种情况。白线在下,黄线在上,在下跌中表示,在这一天,权重股比中小盘股跌的更多。

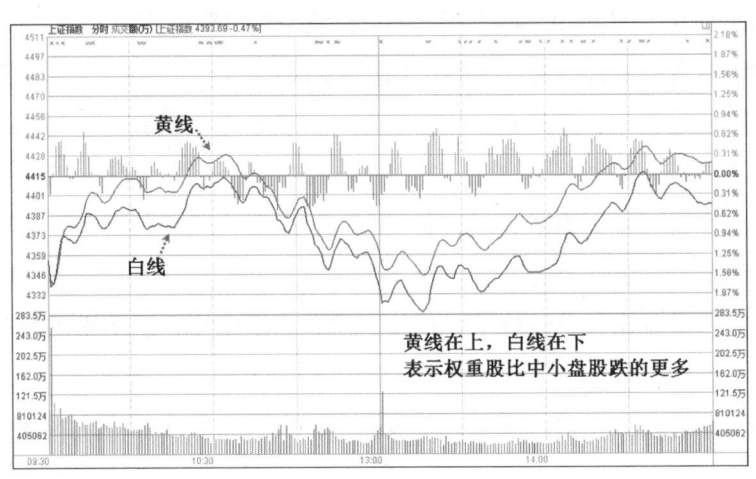

图 2-4 上证指数分时图

二八现象

常见的"二八现象"可以很直观从指数上看出来,白线当然代表"二"类股票,即个数占20%的大盘股;黄线代表"八"类股票,即个数占80%的中小盘股。仔细观察这两条指数线,除了波动幅度不同之外,波动形态基本是一致,但也还可以看出一个区别,那就是代表更多股票的黄线更平滑,而代表较少股票的白线有更多小的"波折"。

由于权重股"体积"庞大,所以"二"类通常不如"八"类股票活跃,涨跌幅相对较小。但当牛市发展到最热烈的阶段时,"二"类股票也可能会走出波澜壮阔的行情,通常是优质的地产股和银行股,也就是传说中的"大象起舞",比如说,"招宝万金"(招商地产、保利地产、万科A、金地集团)这类地产股,以及"中工农建"等银行股。不过,即使是"大象起舞"的情况下,通常也是与大盘股处于同行业板块中盘子较小的一些股票涨幅更大,比如像以往的银行板块中的北京银行、南京银行等。

宜挑选波动流畅漂亮的中小盘股操作

股票的上涨从根本上来说都是由资金推动的,同样多的资金量,更易于炒作并拉升中小盘股票;拉升同样大的涨幅,中小盘股则需要更少的资金量。但也要注意，并不是盘子越小越好，一定要挑选那些以往波动较为流畅的个股，也就是一眼看上去，过往的图形更"漂亮"的股票。如果流通股本规模过小的话，往往会出现价格空档，成交稀少，较长的影线等诸如此类的情况。

上证指数与深证指数的涨跌幅有时也会有明显差别，图2-3显示的这一天正是发生了这种情况，上证指数上涨了1.74%，而深证指数大幅上涨了3.17%。这是由于上证指数中的"大象"更大，也就是说，虽然沪深两个市场指数都是由权重股进行加权计算出来的，但沪市的大盘股盘子更大，更加不活跃。

看大盘做个股

关于看大盘做个股，再顺便提一下，把所有个股看作是"鱼群"，构成指数的权重股就是"大鱼"，它们的方向代表了"鱼群"的方向，我们要想捉到"鱼"的话，一定要先看懂"大鱼"集团的方向，即大盘的方向。试想一下，是从一群鱼中捉到鱼的机会大，还是从几条鱼中捉到鱼的机会大呢？无疑是前者的机会更大。

不管什么时候，总会有游离于鱼群的个体，但想抓住它们并不很容易。有句话讲的好，"善猎者，必善等待"。做交易是要做大概率的事，等鱼们养肥了，成群结队地朝着有利于捕捉的方向行进时再下手。想想这样一个情景，你一定在电视上看到过棕熊捕捉大马哈鱼的场景。夏季是大马哈鱼产卵的季节，棕熊站在瀑布上游的岩石上，等待逆流而上跃出水面的鱼直接跳进嘴里。做股也是同样的道理，等待股票自己涨起来，它们必须经过我们等待的关口，也就是起涨点（通过我们讲过的技术条件判断）。比起下河摸鱼来说，这是最有效、省力的方式。不仅如此，那些能最先跳出水面的，一定是体力好、速度快、有潜力的鱼。让黑马涨起来，让鱼跃出来，是我经常提到的理念之一，这都是一个道理。

再观察下面两幅图2-5和2-6：

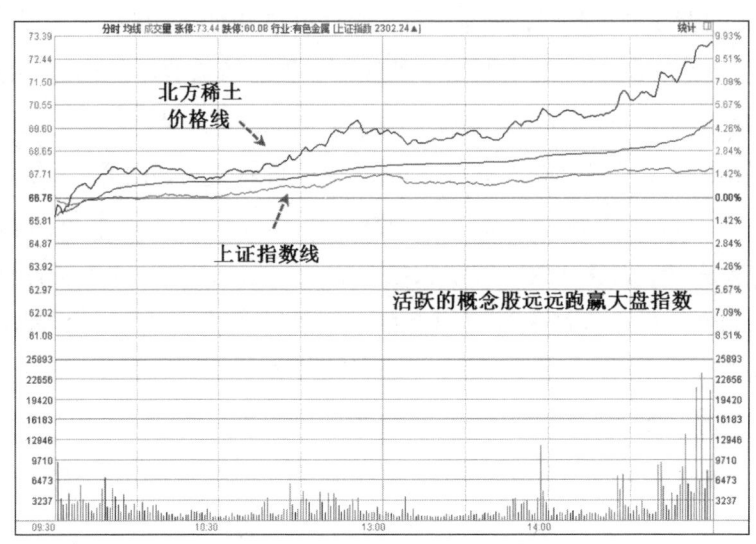

图2-5 北方稀土（600111）分时图叠加上证指数

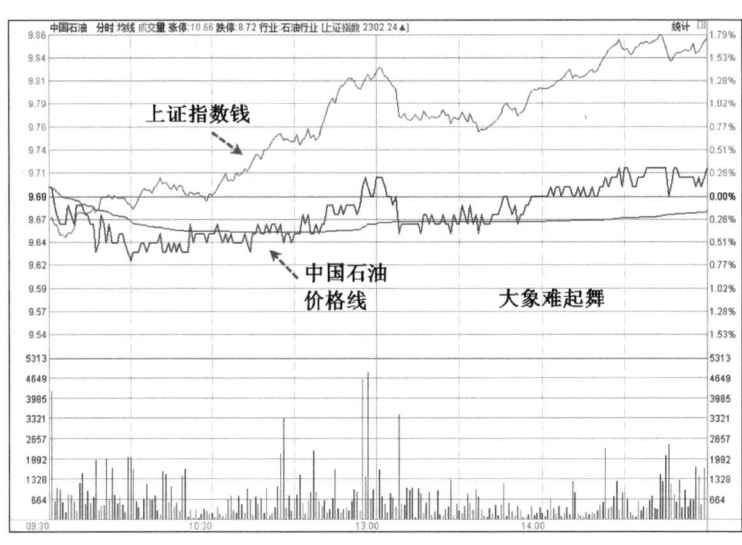

图2-6 中国石油（601857）分时图叠加上证指数

为了说明个股与大盘的关系，举了两个较为极端的例子，最近一直受到关注的概念股北方稀土（600111）明显远远跑赢大盘。在图2-5中，个股价格线远高于上证指数线。而大盘股中国石油（601857）明显连大盘的涨幅都赶不上。在

图2-6中，个股价格线明显低于上证指数线。仔细观察，从图形形态上来看，两只个股与大盘的波动形态相似，但比例明显不同，活跃的概念股相当于放大了上涨比例，而大盘股相当于缩小了上涨比例。基本上八成的股票与大盘的波动形态会相似，只是在波动幅度上会有差别。同理，在日线上也是一样，这也印证了看大盘做个股的道理。当大盘打开上涨时间窗口时是最佳做股时机。

> 老实说，我觉得这世界只有一小部分人知道自己是谁。
>
> ——《华尔街：金钱永不眠》

第2节 绕不开的震荡与趋势

混沌初开，乾坤始奠，此为震荡；势如破竹，气贯长虹，此为趋势。

震荡与趋势是所有交易者都绕不开，避不及的话题。市场的两个方向，一个是横盘震荡，一个是单边趋势。有些交易者总是想既抓住大单边的趋势行情，又想抓住连绵不绝的震荡行情。最后的结果是在趋势行情中赚得盆满钵满，而又在震荡行情中把盈利如数返还给市场。为什么呢？因为从长期来看，市场处于一个相对的平衡中，"横"与"竖"通常是相似等长的。也就是在股市中常说的"横有多长，竖有多高"。

那些有经验的交易者会耐心等待市场的横盘结束，等市场启动并发出买入信号时再进场。这样就过滤掉了区间震荡行情，能抓住主要的趋势波段行情。震荡与趋势，从来都是交易者要面临的选择，所谓"鱼与熊掌不可兼得"。这一节我们主要讨论的就是震荡与趋势，这是交易中最重要的问题之一，如果能合理地判断它们，也就掌握了盈利的关键。

震荡行情指的是在既定的波动周期与级别内围绕一个价格中枢上下波动的价格走势，股票价格在一个箱体内反复波动，当价格碰触到箱体上沿时会受到压力而回调,当价格碰触到箱体下沿时会受到支撑而反弹。如图2-7所示。

上升趋势行情指的是在既定的波动周期与级别内波峰与波谷逐个抬高的价格走势,股票价格总体呈现上升趋势,通常回调不会跌破前高,很少跌破前低,而上涨会突破前高,不断创出新高。下降趋势行情反之。如图2-8与图2-9所示。

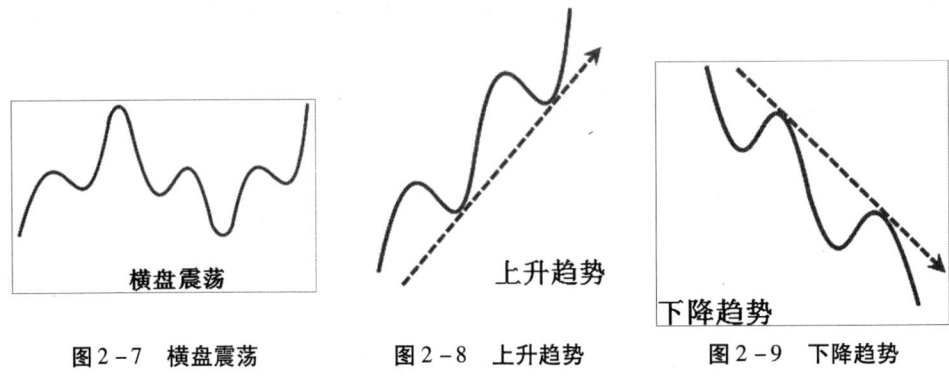

图2-7 横盘震荡　　图2-8 上升趋势　　图2-9 下降趋势

市场总是由一波震荡行情接着一波趋势行情周而复始地发展,并且价格总是沿着阻力最小的方向发展。震荡行情中孕育着趋势行情,它是在为后面的突破做准备。趋势行情以震荡调整结束,修正趋势行情并为下一次趋势行情储存量能。突破的方向由价格阻力决定,突破总是向着阻力最小的方向。上升趋势与箱体震荡,如图2-10所示。

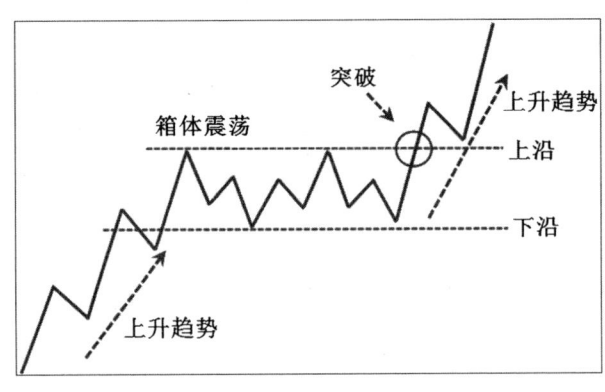

图2-10 上升趋势与箱体震荡

从图2-10中可以看出,价格前期呈现一波三折的上升推动浪,波峰与波谷逐步抬高,是严格的上升趋势。此后,价格开始进行横盘震荡,价格在前高向下回调,在前低向上反弹,横盘区间形成了一个箱体。箱体的上沿为压力,下沿为支撑。调整一段时间之后,价格突破了箱体上沿,再次积蓄能量上攻,形成上升趋势。

在观察趋势与震荡行情时,也要分清周期与级别的概念。一个级别的趋势行情中,会包含着次一级别的若干个震荡区间;同样,在一个级别的震荡区间内,会包含着次一级别的若干个趋势行情。如果放大周期来看,那么一个级别的趋势行情一定包含在一个更大级别的趋势行情或震荡区间之中;同样一个级别的震荡行情也一定包含在一个更大级别的趋势行情或震荡区间之中。

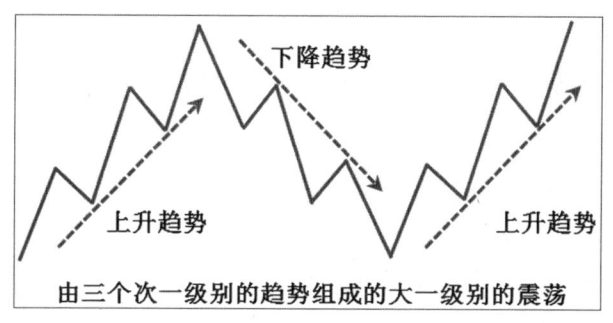

图 2-11　趋势与箱体的级别

从图 2-11 中可以看出,由三个次一级别的趋势组成了一个大一级别的箱体区间。假设次一级别的趋势适合中短线操作,那么,中长线的交易者会一直看着账户资金反复起落,而没能兑现波段收益。中短线的交易者在这个大级别的箱体中,可以进行两波次一级别的上升波段操作(两波上升趋势)。

上面对趋势与震荡的定义以及级别进行了讨论,千万不要小看这些简单的涨涨跌跌的几个曲线,它们是组成市场的微小分子,在此基础上,只要把级别和周期确定好,什么技术都可以在股市的涨跌中运用得游刃有余、恰到好处。

针对趋势与震荡行情,交易者需要确定一种操作理念,是抓趋势行情,进行顺势操作;还是抓震荡区间,进行"高抛低吸"。在操作理念确定之后,再寻找合适的波段操作技术,以及寻找高效的顶底操作方法。把理念与方法明确并固定下来,最终可以形成独一无二的交易系统。可以看出,交易系统也分为趋势交易系统与震荡交易系统两大类。

一个优秀的趋势交易系统能捕捉到单边行情，遇到大单边行情应该能吃足7成以上的幅度，同时能过滤掉大部分的震荡行情。一个优秀的震荡交易系统应该能够在大的震荡市中来回获利，虽然没有明显的单边行情，但资金却是在不断地积少成多。在此再次强调，我们建议交易者树立顺势的交易理念，建立趋势交易系统。理由很简单，趋势交易相对比较容易，且获利丰厚。

没有单一的一个系统既能很好的捕捉趋势行情又能很好的捕捉震荡行情。鱼和熊掌不会都让你吃到。舍弃一类行情，你会收获另一类行情。如果想兼得，往往是事与愿违，"用心一也"是关键。还有一些投资者，虽然是用了趋势交易系统或是震荡交易系统中的一种，但是他试图不断地优化他的系统，总想把一波行情做得再足一些，吃得再多一些，这样的结果往往是把刀磨得太锋利了，市场波动风格一旦发生微小的变化，这个系统就可能被废掉。越是灵敏的系统，它的适用性越差；越是简单的系统，它的适用性越强。

市场即将走出的行情是趋势还是震荡，这并不能在行情走出来前事先知道。你所能做的是根据历史经验，制定出交易原则，过滤掉不想要的行情，只做适合自己操作的行情。过滤条件靠平时实战的积累。同时要注意，过滤条件不是越复杂越多越好，而是越简单越有效越好。

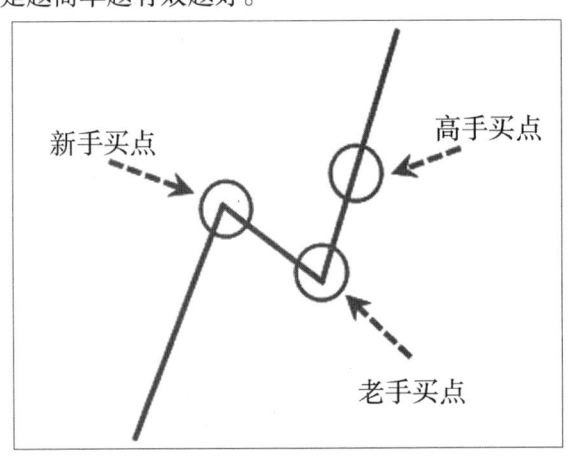

图2-12 新手、老手与高手的买点

图 2－12 显示的是不同水平的交易者对于一波上涨趋势行情的买点。新手买在前一波上涨行情的高位；老手买在大涨之后的回调的相对低位；高手买在大涨之后回调并突破前高之时。

趋势操作是"追涨杀跌"，认为市场延续上涨惯性，买在趋势初长成的位置（启动位置），追涨追的是势，而不是追高！震荡操作是"高抛低吸"，认为市场会遇阻力回调，遇支撑反弹，试图买在下跌趋势尽头，卖在上涨趋势末端。

不管一个人活了多久，他都无法超越他所处的时代。他不可能比这个族群最优秀的人知道的更多。

——《这个男人来自地球》

第3节 指标只是价格的变形

在本节将对价格与指标的关系进行深入探讨。

我们平时经常看到的 K 线其实也是一种指标，在日线图上，它记录了当天的最高价、开盘价、最低价和收盘价，即"高开低收"价格。最简单的价格表现形式是收盘线，如图 2－13 所示。

图 2－13 显示的是个股旭日股份（600353）从 2011 年 5 月到 8 月期间在日线周期上的收盘线。收盘线是每个交易日的收盘价格连线。副图上的是 MACD 指标，它包括根据收盘价格按指数平均算法计算出的长期与短期指数移动平均线的差值 DIF（快线），对 DIF 再进行指数平均计算出的 DEA（慢线），以及 DIF 与 DEA 的差值 MACD（柱线）。MACD 被称为"指标之王"，虽然是被最多人参考和使用的指标，但也很少有人能准确说出它的具体算法。简单来说，MACD 指标就是对收盘价的平滑，以便更稳定地反映趋势。

对 MACD 指标应用最多的方法之一是看快线 DIF 与慢线 DEA 的交叉。快线向上穿越慢线为金叉，做多有利；快线向下穿越慢线为死叉，做空有利。我们已经知道，MACD指标是由收盘价计算出来。不只是MACD指标，实际上，绝大多数指标都是依据不同算法由不同形式的价格计算而来的。所以说，指标是价格的变形。它只是为了便于我们观察，并便于总结一些价格波动规律。它具有统计学上的意义。

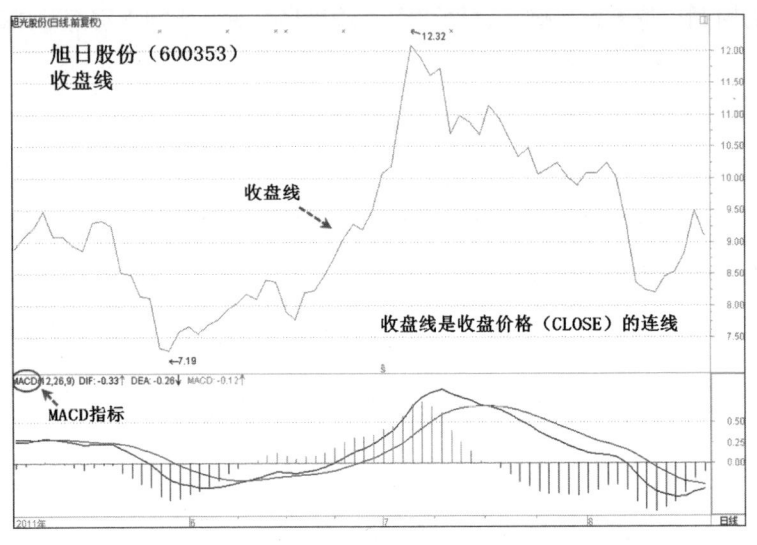

图2-13 旭日股份（600353）收盘线

为了揭示价格与指标的关系，我们可以构造一个最简单的快慢线指标。这个指标也包括两条指标线，其中一条指标线就是收盘线（价格）本身，另一条指标线是向后偏移两个交易日的收盘线。如图2-14所示，在图2-13的基础上又多出了一条指标线（把收盘线向右平移两个交易日）。

图2-14中的快线就是收盘线（最真实的价格），慢线是向后平移两个交易日的收盘线。在当前日期上，慢线是两个交易日前的收盘价格，相当于落后于快线（实际收盘线）的慢线。有了新指标，我们看看效果如何。我们看主图中间那部分上升行情，在其中标出了两条线的交叉位置。用同样的定义，A处发生的是金叉，B处是死叉；C处是金叉，D处是死叉。只看这两组交叉，可以判断为两组买点和卖点，进行两次波段操作。再来看副图中真正的指标，MACD指标，

我们也标出了它的金叉 E 和死叉 F，只有一次波段操作。

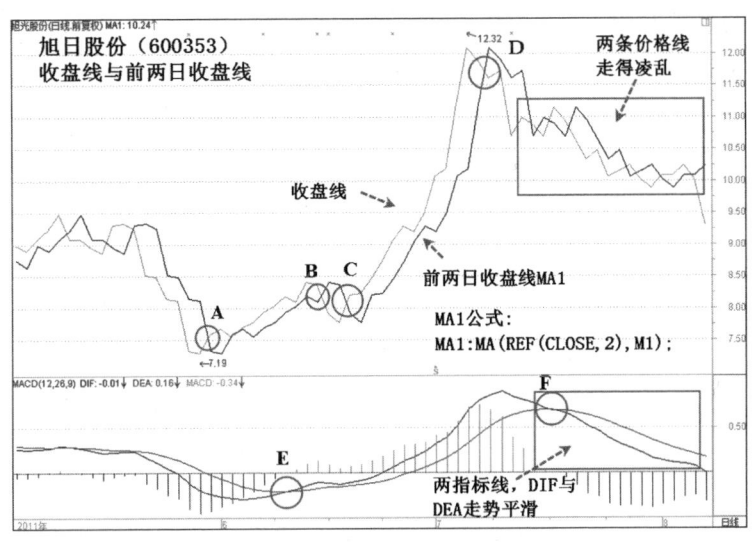

图 2-14　旭日股份（600353）收盘线与前两日收盘线

再比较主图和副图中金叉和死叉发生的位置。明显可以看出主图上的 A 提前于 E，D 提前于 F，这是为什么呢？因为副图 MACD 指标是价格经过平滑计算出的移动平均值，它会落后于价格。再来看 B 和 C，死叉之后不久又发生金叉，但在副图上的 E 之后并没有发生交叉，只是快线 DIF 向慢线 DEA 靠拢了一下。这又是为什么呢？还是因为 MACD 指标的平滑作用。平滑去除了价格上的"毛刺"。单从 A—B，C—D 和 E—F 这段的比较来看，我们构造的指标还能用，并且是比较领先的（灵敏）。

好了，看看随后的情况，观察图中 D 之后和 F 之后在方框中发生的情况。很明显，主图上的指标凌乱了，它们在短时间内反复交叉了 8 次，而副图上的 MACD 指标由于平滑的作用，去除了"毛刺"的影响，没有再次发生交叉，一直处于死叉状态，非常平滑。

再回过头来，理解一下这两句话，价格是最本质的，指标是价格的变形。我们看到主图上的两条快慢收盘线领先于副图指标。但由于主图上的指标接近价格的原本形式（其实就是收盘价），它显得过于灵敏了，短期的剧烈波动就可能引起交叉。副图上的 MACD 指标用移动平均的算法抹去了"毛刺",更能反映一般的价格趋势,但正是由于平滑作用会稍显滞后。

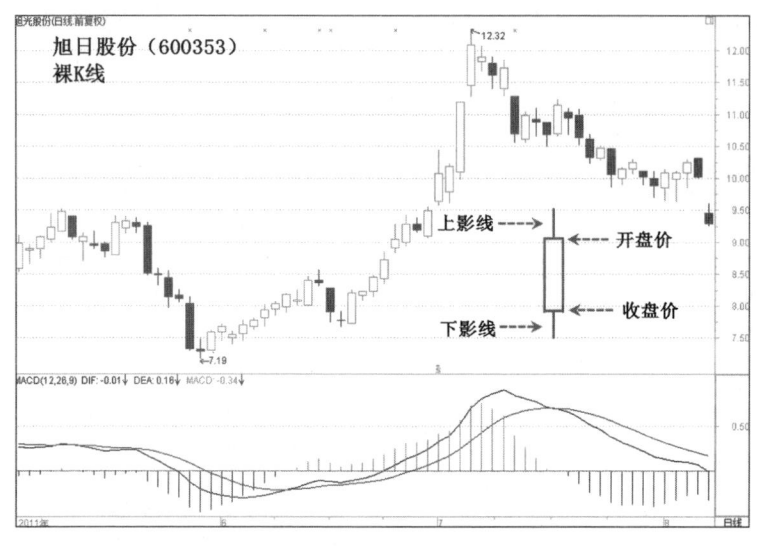

图 2 – 15　旭日股份（600353）裸 K 线

图 2 – 15 是与前面两幅图同一时期的裸 K 线图。主图上只有 K 线,没有均线指标。功力深厚的投资者看裸 K 线也能识别出趋势。K 线"高开低收"的价格,它们之间的位置关系,形态结构,这些都能透露出趋势发展的信息。指标具有统计学上的意义,使用它们是为了让我们更直观地观察价格形态。

图 2 – 16 是我们经常看到的日线图。我们在图中标出了 MA5、MA10 与 MA20 均线。当三条均线呈多头排列的时候,也就是短期均线在长期均线之上时有利于做多。向上开口的均线带无疑看上去更直观一些。实际上,价格本身在上涨时才会出现这种均线形态。我们可以看到,MA5 与 MA10 金叉的位置 A 和 DIF 与 DEA 金叉的位置 D 几乎处于同一时间,可以作为一个买点。死叉的位置 C 和 E 也是如此,可以作为一个卖点。均线在 B 处发生了一次粘合,DIF 与 DEA 由于计算周期更长,只是在 D 之后相互靠近了一下,没有发生交叉。所以说,指标是价格的变形,扒开指标的外衣看到的应该是价格。

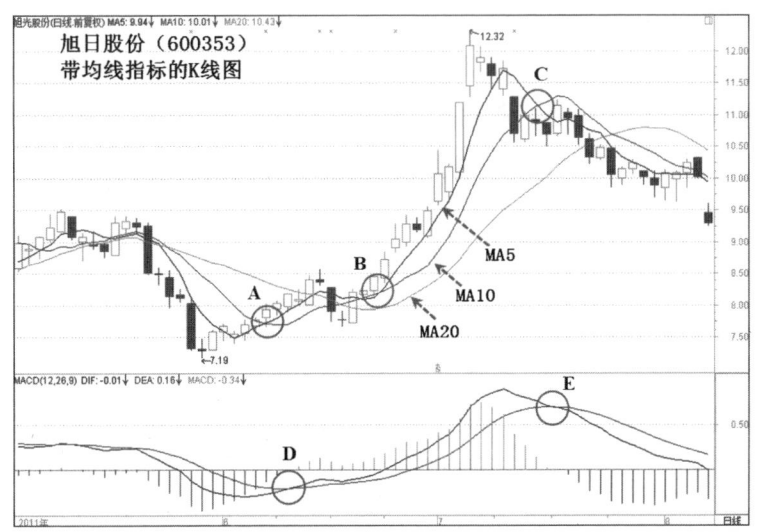

图 2-16 旭日股份（600353）带均线指标的 K 线图

人们只想忘掉坏的东西，而去相信那些捏造的好的东西，那样做很容易。

——《罗生门》

第4节 成交量也会骗人吗

一打开股票行情软件的行情图，几乎所有的软件都默认有三个图表，最上面的是 K 线图，中间的是成交量，最下面的 MACD 指标。K 线图是主图，显示的是股票或指数价格由"高开低收"价格呈现的 K 线图，以及价格均线指标；成交量指标是第一个副图，显示的是以柱状线表示的成交量，以及成交量的均线指标；MACD 指标是第二个副图，显示的是由 DIF、DEA 以及 MACD 柱状线组成的指标。如图 2-17 所示。

绝大多数的指标都是价格的变形，也就是根据收盘价，通过一定的算法计算出来的结果形成指标。包括 MA（简单算术移动平均线），EMA（指数平滑移动平均线）、RSI（相对强弱指标）、KDJ（随机指标）以及前面介绍的 MACD（指数平滑异同移动平均线）等等。不过，计算成交量的变形指标相对较少，最常用的就是副图指标上的 VOL（成交量）指标，即成交量柱线以及成交量均线。这一小节我们主要讨论的正是成交量以及成交量指标。

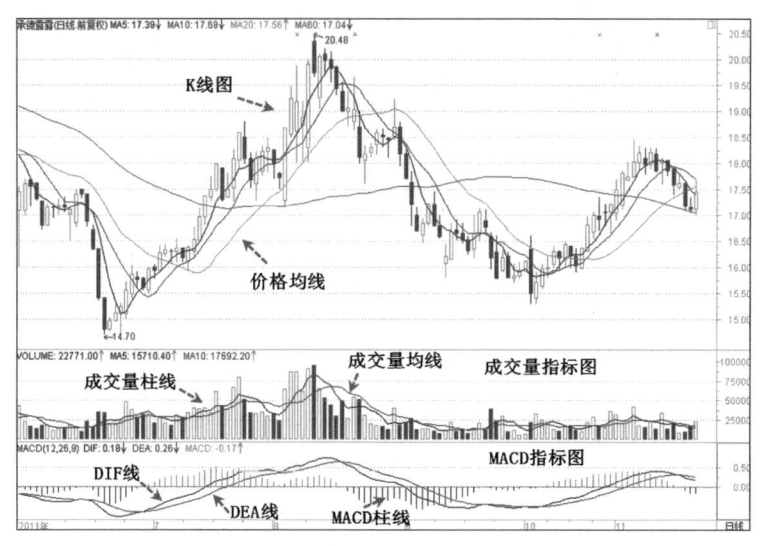

图 2-17　股票软件上的默认图

市场中流传的一种说法是"价会骗人，量不会骗人"，事实真的如此吗？

首先肯定成交量是仅次于价格的指标，交易者通过在价格上的低位买进与高位卖出以赚得利润，所以说价格是最重要的。而没有成交量配合的上涨通常不会维持很久，价格是成交量的堆积，成交量是价格的依托。

价格会骗人吗？这要看对骗人二字如何定义。许多交易者最烦的就是骗线，所谓骗线是指，价格稍微突破一个关键点位，触发一次交易信号，而使得严格遵守交易信号的交易者必须依据信号执行相应操作。可是，在这次交易信号发出之后不久，价格就朝着与预期相反的方向发展，这时不是踏空就是被套牢。如果这样理解的话，确实是存在价格的骗线行为。但是，交易信号的触发与否是由交易者自己的方法决定的，如果你的方法能过滤掉这些"毛刺"，那么就不会被骗线。市场是博弈的，当一种方法被屡试不爽的时候，市场往往会给这种方法以打击。

成交量会骗人吗？会，但是很难！因为价格的触发可以是主力资金通过盘中的一波急拉或急跌再或是通过做收盘价实现的骗线。但成交量要作假是相对比较困难的，只要是有效的市场，市场参与者足够多，那么成交量往往是真实的。投资者看得最多的是日线上的成交量，一天的交易时间相对较长，主力资金很难伪装缩量或放量来达到他的骗线目的，否则的话会消耗很大的操盘成本，这不是明智的选择。因此，价格更容易在短期受大资金的影响，而成交量所受的影响相对要小的多。

量增价升

温和放量并且量增价升是最好的量价配合形态，如图2-18所示。

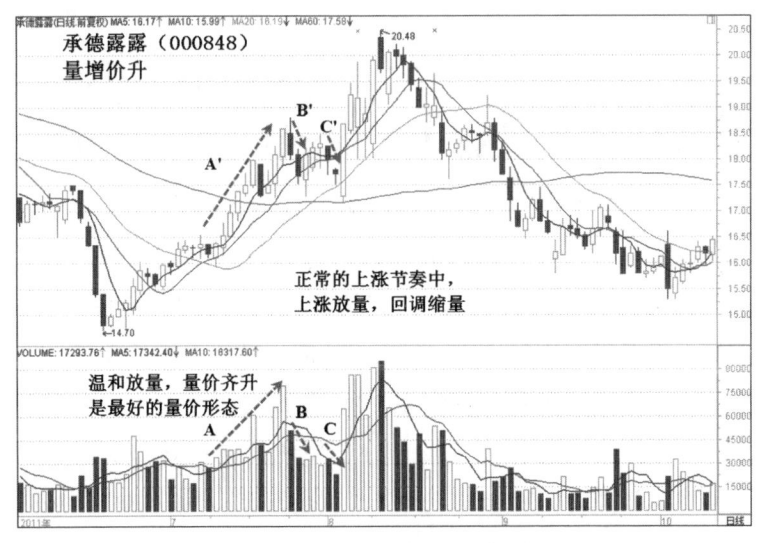

图2-18　承德露露（000848）量增价升

图2-18显示的是个股承德露露（000848）在2011年6月到9月期间的走势图。从图中可以看到，标注的上升箭头A与A'对应的是温和放量，量价齐升的量价形态，此为最好、最健康的上涨走势。这时该股成交活跃，成交量逐渐放大，这说明该股受到更多投资者的青睐，受到更多资金的追捧。随后，该股在B'与C'处发生了两次阴线的回调，对应着下面成交量图表上的B与C的两个下降

箭头。在正常的上涨节奏中，通常是上涨放量，回调缩量，这说明多数投资者不愿意在这个位置卖出，即使价格下跌也是惜售的，并对未来该股的良好预期充满信心。

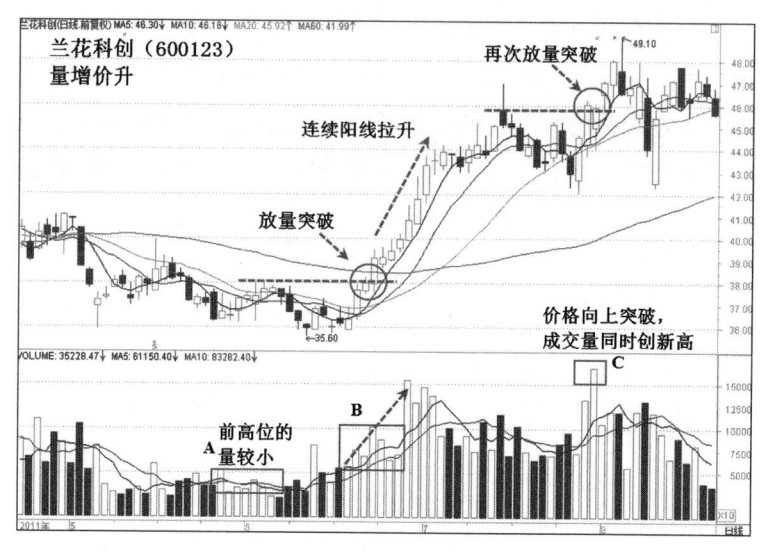

图2-19　兰花科创（600123）量增价升

图2-19显示的是个股兰花科创（600123）在2011年5月到8月期间的走势图。从图中可以看出，该股前期呈现低点逐波下降的调整走势。在图中A方框对应的位置，K线形态是连续的小阳线，成交量没有明显变化。经过再次回调并创出新低35.5元之后，该股开始放量。在图中的B方框处，成交量高于前期的A方框中的水平，并且成交量均线形成了"黄金交叉"。该股放量突破前期高位，连续走出阳线的拉升行情。这是靠量堆积出来的价格，是实实在在的上涨。最后在图中的C位置处，该股再次突破前期高位，成交量再次创新高，这说明每次的突破上涨理论上都需要量能的配合。

天量天价

"天量见天价"是股市中的一种说法，这种情况经常可以在波段的顶部见到，如图2-20所示。

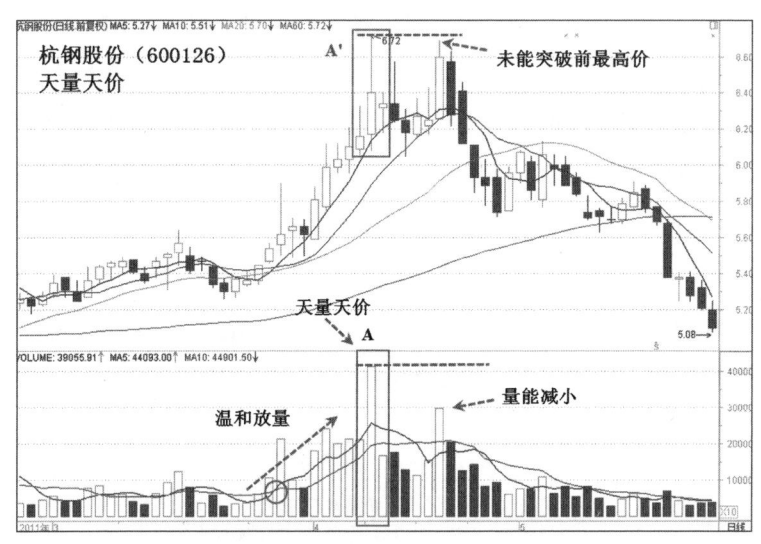

图 2-20　杭钢股份（600126）天量天价

图 2-20 显示的是个股杭钢股份（600126）在 2011 年 3 月到 5 月期间的走势图。从图中可以看到，经过前期的小幅上涨并回调之后，该股形成量的"黄金交叉"，如图中的圆圈位置所示。此后，该股温和放出成交量，价格也一路攀升。随后在图中 A 方框标注的位置当天，该股成交 412 282 手，而前一交易日仅成交 210 359 手，当天的量几乎是前一天的一倍。这就是常说的"天量"，即放出非同寻常的巨额成交量。见到这种情况时，投资者应该意识到该股极有可能见顶。巨量说明在波段顶部的多空分歧加大，价格波动也同时加大，可以看到当天的 K 线收的是一根带有超长上影线的阳线，虽是阳线，但长上影线代表的却是巨量的套牢盘，想要再次创出新高，必须再放出比当天还要大的成交量。事实证明，随后该股在挑战前高时，量能急剧减小，未能突破前期最高点。就此，该股冲顶完成，开始反转下跌。

量价背离

量价背离是指价格创出新高的同时而成交量未能创出新高的量价形态，往往是顶部反转的信号，如图 2-21 所示。

图 2-21 显示的是个股北京城建（600266）在 2011 年 3 月至 5 月期间的走

势图。从图中可以看出，该股前期放量上涨并不断创出新高，随后价格回落，量能减小。当价格再次突破前高创出16.45元的新高价格时，成交量未能同时创出新高。连接连续两个价格波峰的直线方向是向上的，而连接两波成交量顶点的直线方向是向下的，由此形成"量价背离"的现象。量价背离之后的放量下跌确认趋势的反转。

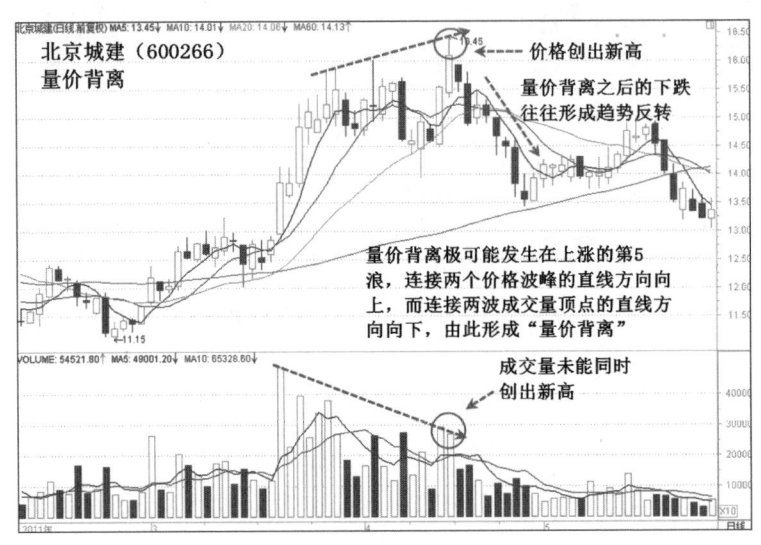

图2-21　北京城建（600266）量价背离

放量下跌

放量下跌是指下跌的成交量大于此前上涨的成交量，这时极有可能发生价格趋势的反转，如图2-22所示。

图2-22显示的是个股ST新材（600299）在2011年7月到8月期间的走势图。从图中可以看出，前期该股是放量上涨，直到图中的A位置处，出现了一个巨量的阴量线，随后又接二连三地出现了B、C、D、E一共五个阴量大于前一个阳量的K线。B到E这四个K线都是上涨趋势转弱的信号，说明高位的抛压严重。每一次的阴线跌穿前面的阳线，都有大量的套牢盘出现，再次上涨的可能性越来越小。放量下跌往往是下跌趋势开始的信号。请记住，价是量的积累，量是价的依托。

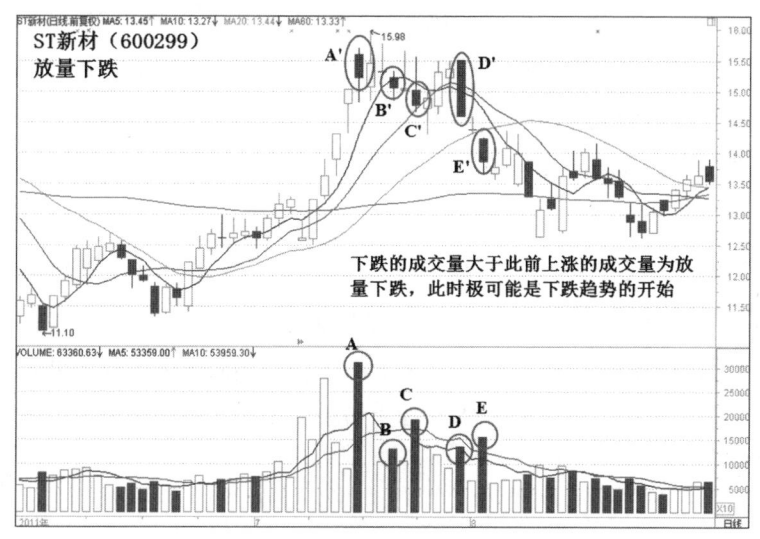

图 2-22 ST 新材（600299）放量下跌

莫那，好的猎人要懂得等待时机。

——《赛德克·巴莱》

第5节 买在起涨点

每一次的波段上涨行情都对应着一个具有相对优势的买点价格区间，这个区间我们称之为"起涨点"。起涨点不是波段的最低点，每波调整或下跌的低点只有一个，以多次操作的角度来看，很难每次都买在波段的最低点，这是神仙才能做到的事情。起涨点是一个上涨概率较大的价格区间，它可以是一天也可以是一周内的价格区间。价格区间的大小取决于行情的级别和空间。

起涨点是最有可能买了就涨的买点，但也并不能保证100%的胜率。交易是胜率与盈亏比的游戏，没有人能做到100%的胜率。通常情况下，只要使胜率与盈亏比满足正期望，就能使资金稳步增长。比如交易者找到了一种方法，它的胜率是50%，盈亏比是3∶1，也就是说，只要严格按照这种方法操作，那么平均每两次出手会出现一笔盈利和一笔亏损，盈利是亏损的3倍，假设平均亏损是10%，那么平均盈利就是30%。胜率越高，盈亏比越大，利润则越高。不过，通常随着胜率的提高，盈亏比会降低。

存在胜率高达80%以上的方法，高胜率意味着小止盈，偏重靠高胜率取胜的通常是偏短线的方法。反之，也存在胜率低于40%的方法，低胜率意味着大止盈，偏重靠大盈亏比取胜的通常是偏长线的方法。

提到起涨点，应该是在顺势理念之下的方法所判断出的买点。我们以波浪理论中的5个上升推动浪和3个下降调整浪为例来说明一个级别上的起涨点，如图2-23所示。

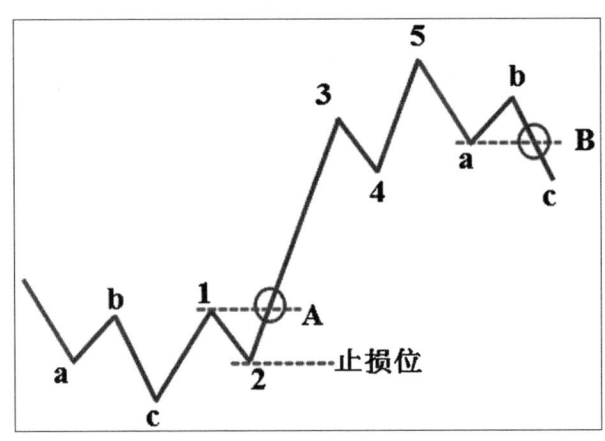

图2-23 波浪结构中的起涨点

上图2-23显示的是波浪理论中的标准价格波动结构。从左到右依次为，abc调整浪，12345上升推动浪，接着又是abc调整浪。我们以这个标准结构来说明起涨点和下跌点的位置。

按照图中的形态，如何操作能获得最大利润？我们在图中标出了每一波的名称，很明显地，第一个c是整个结构的最低点，5是最高点。那么是否要买在c的位置卖到5的位置呢？也就是说，是否要买在调整的最低点，卖在上涨的最高点。这两个极值点是理论上能使利润最大化的买卖点，但这是在事后的图上看出来的，实际操作中，我们不知道 c 和 5 具体会停在哪个位置。你可能认为买在了低点，但实际的价格走势却可能继续下跌，甚至还可能走出下跌延长浪。

虽然这是一张静态图，但我们要像看动态行情那样去分析思考。我们不知道第一个调整浪 abc 到哪里停止；但我们知道，在下跌中进场的是左侧交易，而顺势买在起涨点应该是右侧交易。下跌不测底，不管它跌到哪里，总会有一个底，然后走出第条一腿，突破下降通道，这就是图中的第 1 浪。当出现突破下降通道的第 1 浪时，我们知道，下跌趋势被打破了。然后发生回调，出现第 2 浪。同样，我们不知道第 2 浪到哪里结束，如果它跌破 c 的低点位置，那么这个第 2 浪就不成立。

起涨点出现在 2 浪结束之后，3 浪突破 1 浪高点的位置，图中标出的 A 处。同时，把止损设置在 2 浪结束位置，这是我们为博 3 浪所愿意付出的代价。我们在前面提到过，起涨点也不是 100% 会上涨的，但它一定会有概率优势。假设我们在 A 位置买进，那么也存在走不出第 3 浪的可能，前面的 1 浪（或可能是 a 浪）与 2 浪（或可能是 b 浪）可能是又一个三浪构的调整浪，如图 2-24 所示。

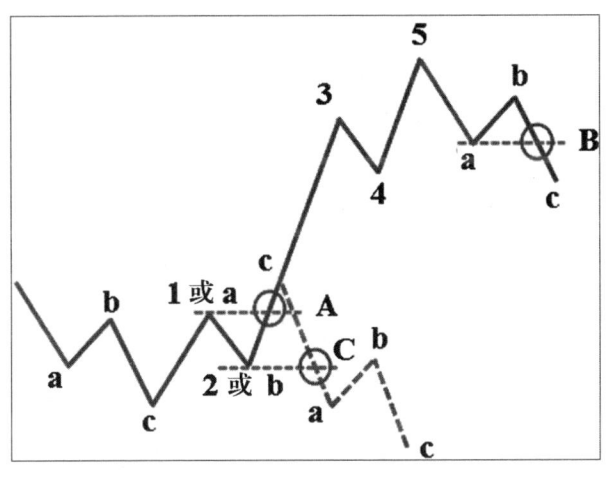

图 2-24　可能的止损

图 2-24 显示的是可能走不出主升 3 浪的情况。在 A 买进之后，到 c 转头向下回落。我们的止损设在原来的 2 浪，也就是"2 或 b"的终点位置。当价格跌

破 C 处的价位时，就要出局接受亏损。图中用虚线画出的 abc 浪是可能的新一波调整。

继续回到图 2-23 中走出第 3 浪并且起涨点成立的情况。在 A 买进之后，后面完成了一波上升 5 浪结构，然后又开始一波 3 浪调整。与起涨点同理，下跌浪 a 跌破上升通道，打破上升趋势，然后在跌破前低 a 的位置（下跌点）离场。这样，从 A 到 B 就完成了一次波段操作，买在起涨点 A，卖在下跌点 B。同样，我们也不知道 5 浪结束在什么位置，在形成下跌点之前，只需要跟随趋势，趋势没有完结就继续持股。在静态图中，你会知道卖在 5 浪顶端的利润最大，但 5 浪在实际操作中也可能走出延长浪。B 位置是右侧交易的卖点，如果是选择左侧卖点，你可能运气好，卖在高于 B 位置；也可能运气不好，卖在上涨途中。平均来看，实际效果与 B 位置大致相同，甚至靠感觉不如一致性地执行按 B 点卖出，而且靠感觉操作很容易做乱。

最后总结一下这个完整的模式，它可以作为一个标准的理论模式。我们假设这一模式的胜率和盈亏比符合前面提到的，胜率是 50%，盈亏比是 3∶1，并假设平均亏损是 10%，平均盈利是 30%。我们用 10% 的止损（A 到 C 的距离）来博 30% 的盈利（A 到 B 的距离）。在 50% 的胜率下，平均每两次出手会赚一次 30%，亏一次 10%，两次出手的利润是 20%，一直这样做下去肯定是盈利的。

这两幅图能够透露出很多信息，细心的交易者还可以观察一下，前面的底部和后面的顶部形态，它们分别是头肩底和头肩顶形态，这也是两种常见的底部和顶部反转形态。一些形态、比例、结构、级别、周期、循环，还有操作策略等，都在图中有所体现，我们应该反复思考领会其中的含义。

我是想站着，还把钱赚了。

——《让子弹飞》

第6节　追涨停和做波段

做短线有很多种方法，我们这里仅讨论最有代表性的一种，追强势股或追涨停。做强势股的目标是追到一至三根长阳线，或者是在第二天冲高达到心理价位时出局，或者是在几个交易日内达到心理价格时出局。极端的做法是追涨停然后次日出局的操作方式，做的是成功率。

这种想法有点把曲线拉直的意思，甚至更厉害的是，把不同个股的最强曲线部分合并到自己的曲线中。想象一下，如果能在一定的盈亏比的基础上，保证50%以上的胜率，那么这只由每天选出的强势股拼成的"操作股"应该会一直保持在上涨通道中。不管大盘是涨还是跌，"操作股"都应该是由多数的长阳线和不时抓到的涨停板组成的一波持续的上升行情。其中只有少数会有一定幅度的回调。

经过试验，我们最终还是否定了这种做法。不过，既然这是在理论上成立的做法，那么现实中就有成功的可能性，只是概率大小的问题。对于这种方法不能完全否定，但其中会遇到很多问题，我们可以共同探讨。

追涨停

简要列出追涨停时会经常遇到的几个问题，供参考：

（1）选股上，需要关注上千只个股的涨幅排行榜，从中选出强势股加入股票池，或者可以用公式筛选满足条件的强势股。

（2）T+1机制，如果是在上午买进，下午发生变盘，则没有出逃机会。T+1是最大的障碍。但如果没有T+1，很多股票也许不会以这样的方式上涨。对强度判断和买入时机要有很好的把握。

（3）佣金，简单算一笔账，如果以千分之一的交易成本来计算，交易100笔就是10%的成本，所以要开低佣金账户。

(4)胜率和盈亏比,当大盘向好时,涨停股票数量多,胜率会提高;当大盘走坏时,涨停股票数量少,胜率会降低。

(5)判断封住涨停的可能性,追涨的反应速度,注意日线上的位置。

(6)合理的买进及卖出策略。最大的风险来自于次日快速一波拉升之后收长阴线,只有一次卖出机会,甚至有时直接低开收长阴线。

以下是一个追涨停的综合例子。

第一种情况,追在一波上涨的起始位置,次日又成功封住涨停板,这是追涨停的理想结果。如图2-25所示。

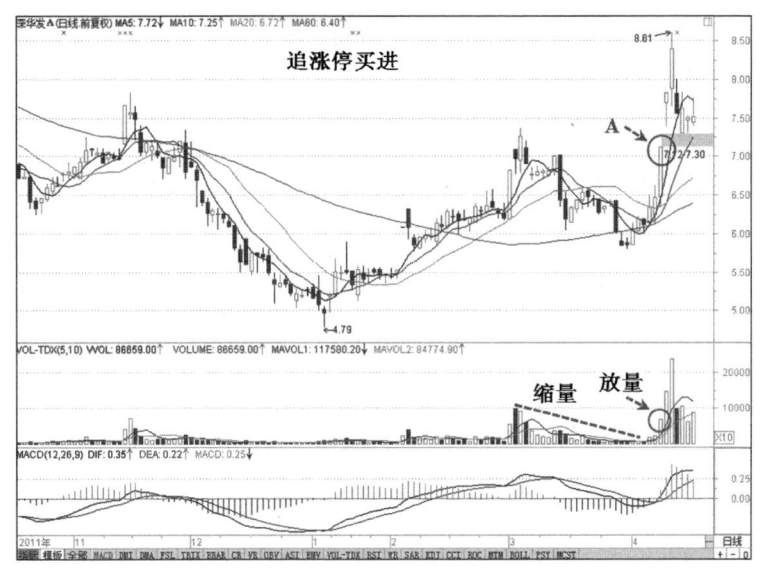

图2-25 追涨停买进深华发A(000020)

从图2-25中可以看出,该股在A处所圈出的位置,当天明显放量并冲击涨停,从下面的分时图2-26中可以看到,2012年4月12日,该股在尾盘急速拉升直击涨停。通常我们在涨幅超过8%的时候就要随时准备追涨,一旦放量,判断出极可能封住涨停板时要毫不犹豫地出手。这里还是要提醒一下,涨停并不总是能封住,时机和位置的把握很重要。

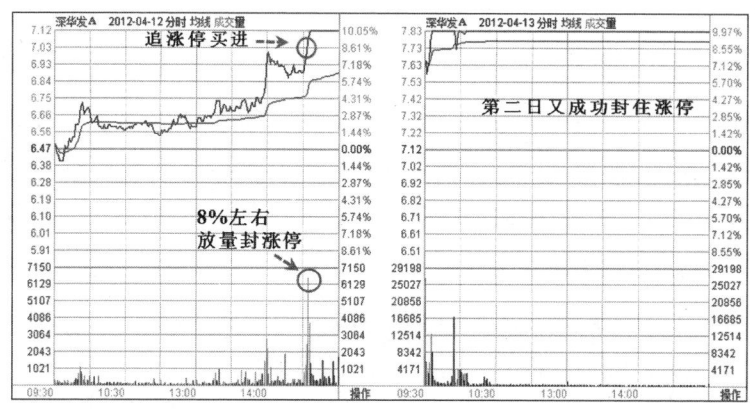

图 2-26　深华发 A（000020）涨停分时图

从图 2-26 中看到，第二个交易日该股又成功封住涨停，此时，追涨停操作基本算是大功告成，只需等待后面不能封住涨停时出局。

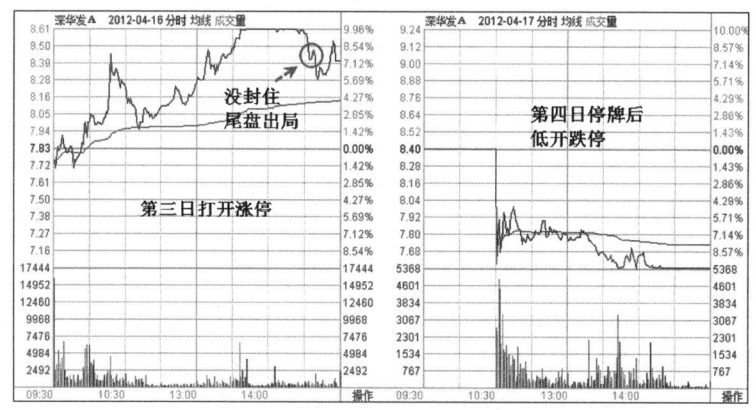

图 2-27　深华发 A（000020）分时图

第三个交易日低开之后，该股逐波拉升，下午又一度封上涨停，但在尾盘时抛盘涌现，最终没能再封住涨停板。在形成向下的推动浪时或收盘前应该出局。最后看第四个交易日，由于股价异常波动，当日停牌一小时。复牌之后，该股大幅低开，最终以跌停板收盘。从前一天的涨停板 8.61 元到当天的跌停板 7.56 元，跌幅为 12.2%。

从第一天 7 元左右追进，到 8.50 元左右出局，实现盈利 21.43%，相当于两个涨停板多的幅度。单从这个例子就可以看出来，虽然是连续三天冲击涨停，但三天的效用是各不相同的，当然越是往上发展回调的可能性就越大。经验来看，通常是三板不追，即涨到第三个涨停板时，再追进的风险就相当大了。本例中也是如此，如果在第三个涨停板还在追的话，那么可能出现第三日的 12.2% 的亏损。

另一种情况是涨停发生第 5 浪或反弹的 C 浪，这些位置都是上涨行情的末端。我们还是从深华发（000020）这支股票发生的涨停上来看，仔细观察图 2-28，看看还有哪些位置发生了放量和涨停，考虑之后的出场点应如何选择。

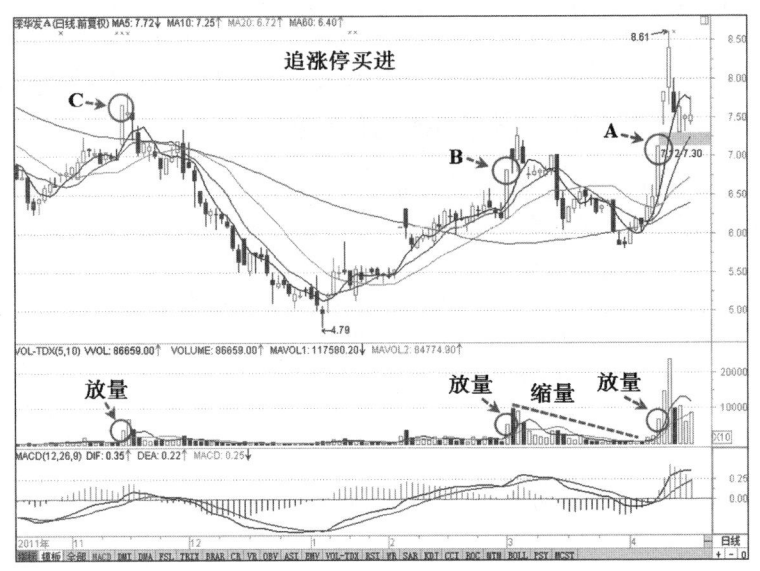

图 2-28　深华发 A（000020）日线图

图 2-28 是与图 2-29 同一时期的行情图，从中可以看到，B 和 C 位置也出现了放量涨停，两个位置的分时图如图 2-29 和图 2-30 所示。

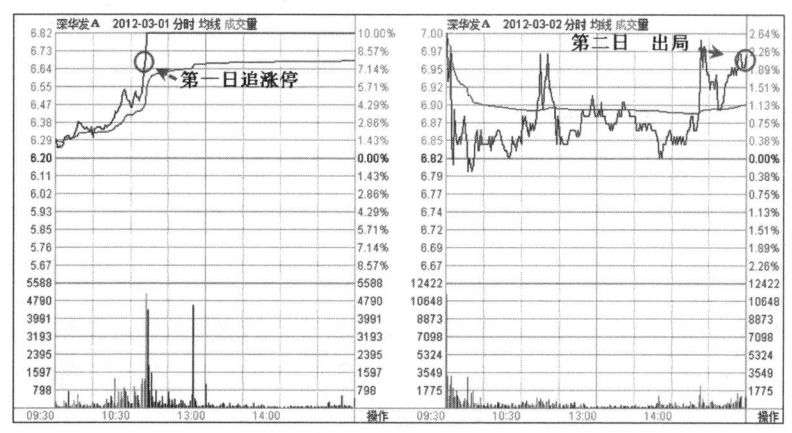

图 2-29　深华发 A（000020）分时图

图 2-29 是 B 位置，2012 年 3 月 1 日和 2 日的分时图。左侧的图显示，涨停当天在放量直线拉升时追击涨停的买点。右侧的图显示，第二个交易日收盘无条件卖出，最终获利 5% 左右。

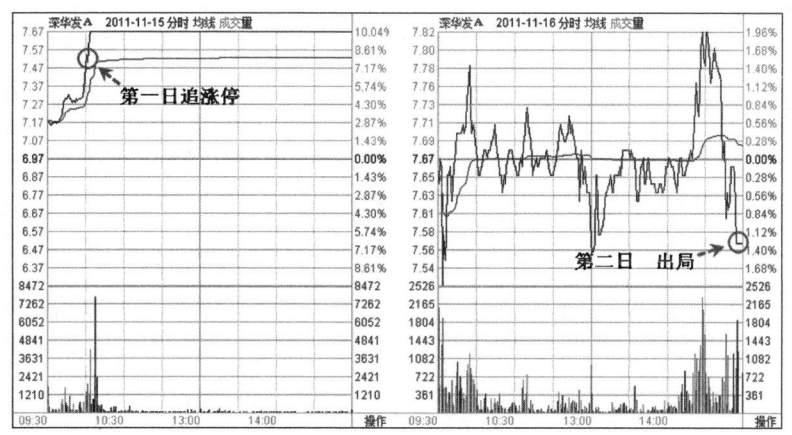

图 2-30　深华发 A（000020）分时图

图 2-30 是 C 位置，2011 年 11 月 15 日和 16 日的分时图。左侧的图显示，涨停当天在放量拉升时追击涨停的买点。右侧图显示的是，第二个交易日收盘无条件卖出，最终小有获利。

回过头来，看在图 2-28 中，B 和 C 发生的位置，它们分别在上升 5 浪和反弹 C 浪的位置。如果对波浪理论不熟悉，从与均线金叉的相对位置也能够看出，A 是在金叉之后不久，而 B 和 C 都是在远离金叉的位置。从 MACD 柱线上看，A 发生在第一根红柱，B 发生在第 32 根明显红柱，C 发生在第 12 根明显红柱，这也说明了在上升走势末端追涨停的风险比较大，而且上涨空间有限。

还有从成交量上来看，A、B 和 C 都是明显放量，放量是涨停的必要条件。而在 A 位置，是突破前期高位的位置，后面的两 K 根线也是明显放量的。

深华发 A（000020）的三组追涨停操作是成功的例子，在实际操作中会遇到一些没走出预期的情况，比如追涨当天没能封住涨停板，或者次日低开长阴，这种情况是追涨停不可避免的风险，也是这种操作方法的成本。再次提醒注意位置、时机，以及退出策略。

追涨停是短线操作的极端例子，是做日线上的"跳动"而不是"波动"。涨停是日线上最短最有力的一波惯性，而波段则是具有趋势的一整波上升推动浪。

做波段

顺势而为，这是波段操作理念之一。势，即为趋势。在上涨时，我提到过"追势不追价"。可以理解为，在买进时，只要上涨趋势确立就可以不计较几档价位。对于波段而言，几档价位无碍大局；相反，如果计较几档价位，用限价买入的话可能需要付出更多的代价。在以突破买进时，挂单在买入五档往往需要不断反复挂单撤单再挂单，这样很可能还是一直买不到，因为盘口刷新较慢，你看不到即时的成交价格，还不如开始就高挂几档，用高挂价格之下的市价成交。在卖出时同样如此，一旦下跌趋势确立就可以不计价位的抛出。需要明确的是，这是在有合理的交易方法的前提下，买在波段低位，卖在波段高位。在头脑中想象一下，DIF 与 DEA 从金叉到死叉，或者 MA5 与 MA10 从金叉到死叉，中间是均线带，主要利润来源于主升浪。

有了趋势之后，下面的问题就是选择做中长线（波段）还是做短线。完美的答案是，小趋势做短线，大趋势做中长线。可是，在行情走出来之前我们并不能完全确定趋势的级别。这样，做长还是做短，就取决于你对行情的判断和你的操作理念了。

我们直接把中长线统称为波段,对应的也就是一波有始有终并且在起点与终点之间能拉开一定波动幅度的行情。而有时候,行情是急涨急跌的,连续上涨几根阳线,然后就又回到这波的起点附近或是继续下跌。这样的行情通常只有两到三根长阳线。在这种波动中,MA5 与 MA10 的金叉与死叉拉不开距离,做波段往往会被止损。

如同追涨停一样,做波段也同样需要判断位置。波段低部的效用性大,波动平滑且能拉开空间的个股较适合波段操作。

看一个波段操作的例子,如图 2-31 所示:

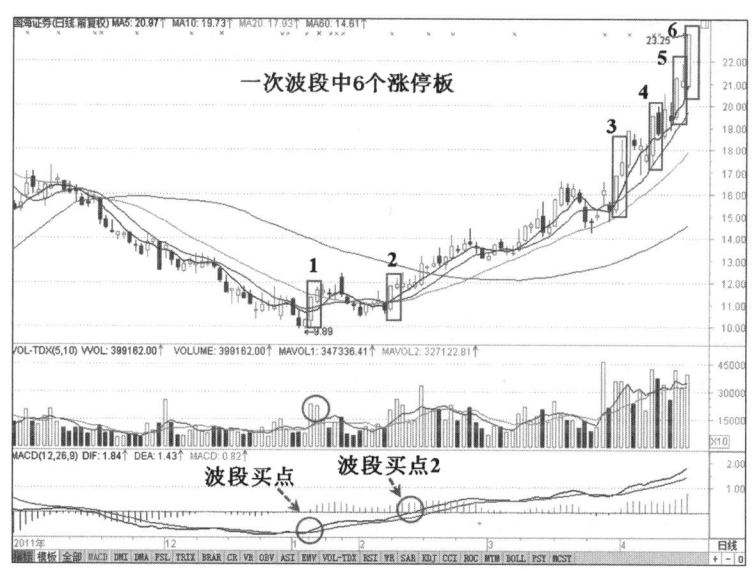

图 2-31 国海证券(000750)波段操作

图 2-31 是国海证券(000750)从 2011 年 11 月到 2012 年 4 月的行情图。从图中可以看到,该股经过前期下跌之后,依据 MACD 指标判断,形成了两个买点,一个是 DIF 线与 DEA 线的金叉,一个是 DIF 线突破 0 轴。两个位置都是放量并涨停,即方框 1 和方框 2。此后该股逐波向上,在此期间一共发生了 6 次涨停,分别用 6 个方框标出。这 6 个涨停如果用前面提到的追涨停的方法操作,当

日买进，次日卖出，那么只能得到有限的一点利润，可能连相当于一个涨停板的盈利都没有。可是，如果用波段操作，至少能抓住后面的四个涨停板，只在涨停板上就可以盈利40%以上。

这是在一只强势个股上做波段的例子，但从中能看出做波段与做涨停的区间。做涨停只是做日线上最短的一跳，而做波段是做日线上的一波趋势。

有些时候在强势个股上可能会错过最初的买点，但一旦大盘的上升趋势确立，每次个股回调MA10都是分批进场的机会。由于趋势的惯性作用，上涨的概率大，低吸是合理的进场时机，因为在波段操作中，即使是追高也要忍受后面的回调，这样还不如在回调时进场，试错的成本也会降低。

强者恒强，强势的板块一旦发动攻势就会有强大的上涨惯性。守住一个强势板块中的龙头股，做波段的效果就要好于不断换股追强势股做短线。短线抓涨停不如中线做波段。做股时要做到，"他强由他强，清风拂山冈，他横任他横，明月照大江，他自狠来他自恶，我自一口真气足"。

人一生中出人头地的机会不多，一旦有了一定要抓住机会！

——《阿凡达》

第7节 撑起一波行情的关键K线

本节主要讨论市场的本质，或者说是技术分析的本质——价格，其表现形式就是K线。接下来我们会谈到一个最朴素的道理。

我们经常会听到关于市场本质的讨论，这样的话题总会产生无休止的争论，并且以不置可否的结论告终。市场的本质是什么？这个问题可以有无数个答案，也可以没有答案。在市场中"唯一不变的是变化"，由于人们所处的立场不同，看问题的角度、观念、知识背景的不同，看到的本质也会不同。市场可以是供求关系，可以是价格围绕价值上下波动，也可以是趋势。

这有点像是波浪理论中的数浪，千人千浪，一千个人就有一千种数法，可谓是每个人心中都有一个哈姆雷特。不过，道与术总应该会有些不同，大道至简，小术无常。

下面我们从技术分析角度来看一下，市场中最本质的是什么？

以技术分析者的角度来看，市场中最本质的当然是价格，无论形成定价的原因是什么，其结果都是当前的价格，我们要做的就是赚取差价。而价格的表现形式就是K线，也被称为蜡烛线、阴阳线。每天"高开低收"的价格才是市场最本质的东西，也是最能说明问题的。看山是山，那么我们看的是什么，就是价，就是这红红绿绿的K线。看出的"山"又是什么，就是势，价格趋势。你看到K线之后，映射到心里，反映出来的就是你对所看到的K线趋势的理解。看山是山，容易吗？容易，那是对于初学者和成功者来说；也不容易，那是对于大部分人来说。

价格与趋势，前者是形，后者是神。市场有生命，它通过K线来向我们传达它想表达的信息。所以说，K线是语言。如果只见其形，而望文生义，那么你就是在误解市场信息。谁能证明是误解还是正解呢，就是时间，市场永远是对的。不管你认为市场应该如何走，市场都自有它的规律，如果它的走势与你的预期不一样，那么错的一定不是市场。

回到正题上来，看完下面的内容，有人可能会说，这不是很明显嘛，但你需要问一问自己真正做到看山是山了吗，或者只是视而不见？

既然从技术分析上来说，市场最本质的是价格，那么，最重要的就是K线。我们投资者要想盈利需要做什么呢，很简单，买涨！这里要明确一下操作理念，即我一直提倡的"顺势+波段"的操作。请注意，波段操作的买涨不是追高，是买在起涨点。

波段操作不需要解释，就是买在一波上涨的底部，卖在这波上涨的顶部。或者说，买在上升的起始位置，卖在下降的起始位置。

打个比方来说，像坐火车一样，我们要看到火车启动，再追上去，当然是在刚启动的时候。那么在火车启动的时候，一定会有动能很大的一个启动时刻。这样的位置是我们波段操作的最佳进场点。看到火车向前移动再上车，看到价格向上提高再进场。

几乎在每一次的波段操作机会当中，都会有撑起一波上涨行情的那一根K线。一次波段中的这一根K线就是启动列车的"按钮"。找到它，你就不会错过主要的快车，并且是迅速发车，不需要等待多久就会进入平稳的前进状态。

以下列出的是上证指数从1 664点以来的一些关键的底部K线发生的时间。可以分别对照行情图仔细观察一下，你会发现一些共同特征。

表2-1　　　　　　　　关键底部K线统计表

日期	上涨幅度	缺口
2008年11月10日	7.27%	1 762.23～1 782.31
2009年1月6日	3.00%	无
2009年3月4日	6.12%	无
2009年10月9日	4.76%	2 803.86～2 834.62
2009年11月2日	2.70%	无
2010年3月29日	2.09%	无
2010年7月19日	2.11%	无
2010年10月8日	3.13%	2 656.00～2 677.99
2011年2月14日	2.54%	无
2011年6月24日	2.16%	无
2011年10月26日	0.74%	无
2012年1月10日	2.69%	无
2012年1月17日	4.18%	无
2012年4月12日	1.82%	无

最近出现的三次波段行情中的4个关键底部K线（统计表中列出的后4个），如图2-32所示。

图2-32显示的是上证指数从2011年6月到2012年3月的走势图。在图中标出了四个关键底部K线，它们分别是：A对应2011年6月24日，B对应2011

年10月26日，C对应2012年1月10日，D对应2012年1月17日。由于这段时间正好是处于大级别的下降趋势之中，因此它们都出现在反弹行情的底部。

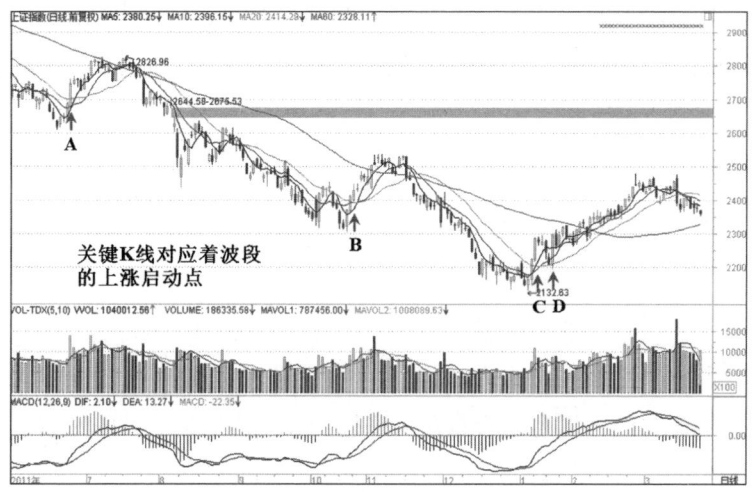

图2-32　近期关键底部K线标示图

图2-33标出的是1 664点以来的3个关键底部K线（统计表中列出的前3个）。

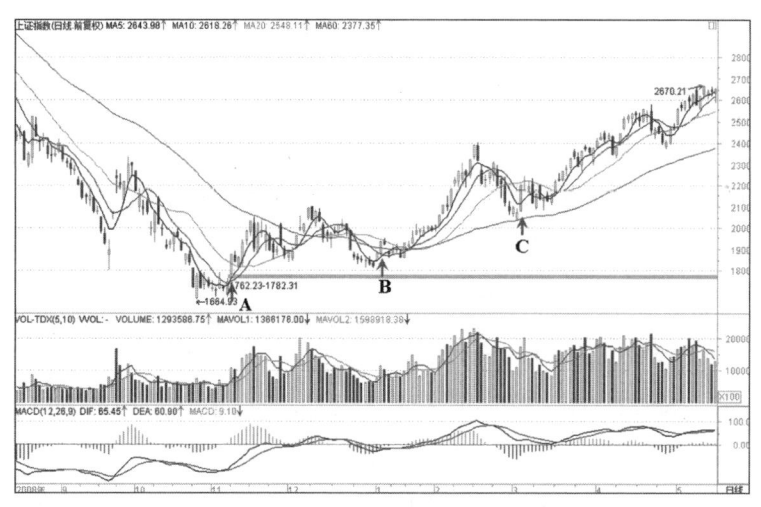

图2-33　大底之后的关键K线标示图

图2-33显示的是上证指数从2008年9月到2009年5月期间的走势图。在图中标出了自1 664点以来的三个关键底K线，它们分别是：A对应2008年11月10日，当天在1 762.23~1 782.31点产生跳空缺口；B对应2009年1月6日；C对应2009年3月4日。这三根长阳线支撑起了三波行情，它们均处于波段底部。

判断关键K线的方法：

(1) 看涨幅，一句"废话"真理是，涨了才是涨了。

(2) 看位置，背离后或是上穿主要均线。

(3) 看成交量，上涨是量的堆积。

(4) 看时间周期。

(5) 看形态，时间周期和形态在江恩理论和波浪理论中讲的较多，这些都是需要重点考虑的因素。

(6) 如果经验不够丰富，就紧盯下跌中发生的大阳线，当同时满足站上黑马线（MA10）时，一般是比较安全的位置。

有意义的上涨，大阳线就是支撑，不会轻易地被跌穿。其原因是，当成本迅速脱离一个价格区间之后，人们很难在这个区间之下再买到筹码。也就是说，这个大阳线是启动上涨的开始，错过它的人，几乎很难再有机会从启动前的位置上车。市场的规律也就在于此，有一股"抢不到筹码"的力量在推动价格上升，从根本上说，这就是需求。

再次提一下，这些位置是波段操作的起始点，如果是以几个交易日为周期的短线，那么上涨的关键K线会有更多，这里不再一一列举，不过道理是一样的。通过这些上涨K线，并结合随后会讲到的关键顶部K线，着重理解波段操作的周期概念：波段是分波次的，并不是每时每刻都要在市场中。假设适合操作的市场氛围和适合农耕的气候一样，那么应该春天买进，夏天等待上涨，秋天收获，冬天休息。注意一定要有休息的时间，而且冬天一定会到来。

撑起一波上涨行情的K线，是市场向交易者发出的信号语言。最朴素的道理就是，当市场处于一波行情上涨的初始位置时，就是我们进场的大好时机。如果在顺势理念下，定义一下波段操作的买点效用，那么在这些K线发生的位置是效用最高的区间，是第一买点区间。支撑起一波行情的关键K线位于上升波段启动位置。

顶部的关键K线也是同样的道理，可以用同样的方法，在相反的位置找出来，并作为卖点。并且顶部的大阴线更加明显，后面还会讲到找顶部关键K线的方法。

通常，你需要花费数年的时间工作才能到达27层，但是只需30秒的时间你就又回到大街上游荡了。

——《桃色公寓》

第8节 压倒一波行情的关键K线

这是"撑起一波行情的关键K线"的姐妹篇，从最本质的价格形式——K线中寻找规律。

市场之美在于它的对称，K线有阴线也有阳线，市场有上涨也有下跌。没有只涨不跌的市场，也没有只跌不涨的市场。而波段操作也正是契合了这种对称之美，在上涨之初买进，在下跌之初卖出。从均线上看，完美的一个波段是一段封闭的均线带。均线从底部的多头排列开始（向上开口），拉出一条由短期均线在上，长期均线在下，依次排列的均线带，直到顶部形成均线的空头排列为止（封口并向下开口）。

我们来看一波发生在2012年的接近完美的波段示例：

图2-34中，个股冠城大通（600067）显示了一波完整且完美的波段，教科书一般的上涨模式。在底部，MA5与MA10形成均线金叉，MACD指标的快线与慢线同时形成金叉，这里是波段起点。在顶部，形成均线死叉，快慢线死叉，这

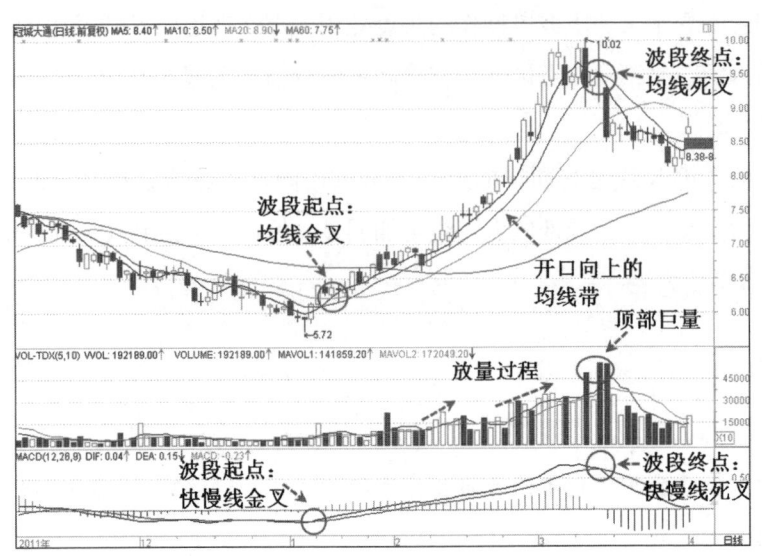

图 2-34 冠城大通（600067）

里是波段终点。借助均线与 MACD 指标的快慢线的交叉很容易看出来。

如果不用指标线的话，从底部与顶部的 K 线反转形态上，也应该能够判断出来，底部创新低 5.72 元那天形成的是"锤头线"，见底的 K 线形态。顶部创新高 10.02 元那天形成的是"吞没形态"，顶部反转形态，从成交量上也可以判断出接近顶部。很多技术手段可以相互验证，这是一波标准的上涨模式。

投资者可以对照行情图看一下，2012 年 1 月 10 日那天，是我们之前讲过的撑起一波行情的关键 K 线，放量站上 MA10 线。2012 年 3 月 12 日当天，是我们将要讲到的压倒一波行情的关键 K 线。顶部长阴线放巨量，扭转了一波上升趋势。

如果上升波段起点是"阳"的话，那么上升波段终点（下降波段起点）就是与之对应的"阴"。它们像大自然一样，循环往复，生生不息，此消彼长，又互为因果。

很多人希望自己的股票一直不断上涨，但是它总会有个尽头，否则就会打破应有的平衡。俗话讲，会买的是徒弟，会卖的才是师傅。如果你把大部精力放在了买点上，那么证明你还在入门阶段。注意到卖点，也就是退出策略，这是做股的关口之一。当认识到退出策略的重要性时,你的功力就又提升了一个档次。最终你应该把买卖点同等看待,因为它们是一组策略。

我们知道股票只有涨平跌这三种状态,如果市场在一年中是平衡的话,也就是说涨平跌应该平均各占三分之一的时间。因此,从时间上来看,只要你在市场中的时间超过了一半,那么你就可能是过度交易了。超过一半时间之后,你的成功率会降低,因为你在挖掘那些劣等机会。这是在理论的平衡市场中的情况,不过道理是正确的,如果股市上涨了一年,你可以一直在市场中跟随趋势,但后面应该会有对称的下跌的一年,所以平均来说,在不能做空的市场当中,你应该至少有三分之一的时间是休息的。

做空思维同样是关口之一,一颗看多的心一定是在不断寻找上涨的理由。由于A股只能做多不能做空,所以很多人没有看空的习惯。推荐一种改变这种思维惯性的方法:把行情图倒过来看,看看你在倒转的图中是看多还是看空,如果是看多,那么说明在原图中应该是看空的。

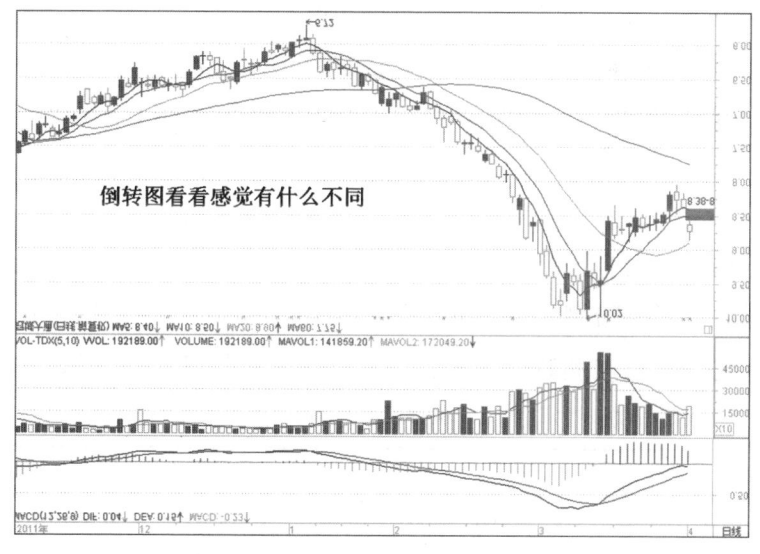

图 2-35　冠城大通（600067）倒转图

上图 2-35 是前面讲到的个股冠城大通（600067）的倒转图,看看感觉有什么不同?主图的K线价格图和副图的MACD指标图都是倒转显示的。成交量还是和原图一样。从图中可以看出，是明显的下降趋势，均线带开口向下，只不过下跌K线的波动比例是越来越大的。

假设这是一只真实股票的行情图，那么，当该股长期下跌之后，股价站上10日线，MACD指标的快慢线指标形成金叉的时候，很多人会选择做多。但是，换到前面原图中上涨的情况下，当很多人在看到股价跌破10日均线，快慢线死叉的时候可能会选择继续留在场内。这就是由于习惯性看多造成的。

仔细阅读前面的内容，仔细回想看到两幅图时的感觉，理解"对称"的意义。

了解了对称之后，把撑起一波行情的关键K线"倒过来"看就是压倒一波行情的关键K线。

判断关键顶部K线的方法：

（1）看跌幅，有些是大跌的长阴线，还有高开的长阴线。在顶部大跌的K线反应了多空分歧。

（2）看位置，形成顶背离或是跌穿主要均线。

（3）看成交量，高位放量说明先知先觉的资金在卖出。

（4）看时间周期，通道上轨和前期主要压力位是关键顶部K线经常出现的位置。

（5）看形态，比如双顶形态或头肩顶形态的右肩位置。

（6）还可以紧盯阶段高位发生的大阴线，当同时满足确认跌破黑马线（MA10）时，通常是下跌的起始位置。

以下列出的是上证指数从1664点以来的一些关键的顶部K线发生的时间。

表2-2　　　　　　　　关键顶部K线

序号	日期	涨跌幅
1	2008年11月18日	-6.31%
2	2008年12月9日	-2.54%
3	2009年2月17日	-2.93%
4	2009年4月22日	-2.94%

续表

序号	日期	涨跌幅
5	2009年7月29日	-5.00%
6	2009年11月24日	-3.45%
7	2010年1月11日	0.52%
8	2010年4月19日	-4.79%
9	2010年8月3日	-1.7%
10	2010年8月10日	-2.89%
11	2010年11月12日	-5.16%
12	2011年3月29日	-0.87%
13	2011年7月25日	-2.96%
14	2011年11月3日	0.16%
15	2011年11月16日	-2.48%
16	2012年2月27日	0.30%
17	2012年3月14日	-2.63%

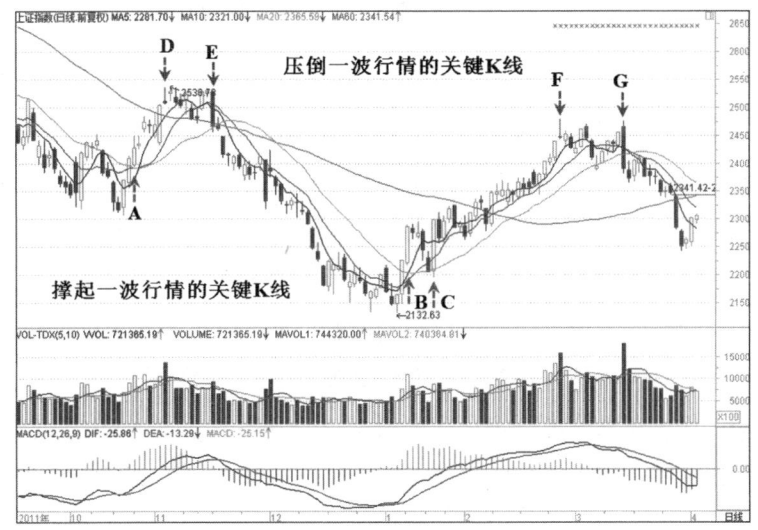

图2-36 两组对称的关键K线

图 2-36 显示的是 2011 年 10 月以来的两组关键底部与顶部 K 线。其中的 A、B、C 标出的是突破 MA10 的关键底部 K 线，D、E、F、G 标出的是见顶放量 K 线和突破 MA10 的长阴线。这两个顶的相似性在之前曾提到过，先是放量出现一根"射击之星"，然后由一根长阴线确认跌破 10 日线。其实趋势的变化有它内在的规律，还是那句话，价格总是朝着阻力最小的方向行进。撑起行情与压倒行情的关键 K 线使得波段"波波相扣"。压倒一波行情的关键 K 线是下跌起始位置。

贪婪是好的，贪婪是对的，贪婪是有用的，贪婪可以厘清一切，贪婪是进化与进步的精髓，贪婪就是一切形式之所在。对于生活，对于爱情，对于知识我们都会贪婪，贪婪激发人类向上的动力。

——《华尔街：金钱永不眠》

第 9 节 如何追击上涨趋势

在股票强劲拉升之际的买入操作最好是重势不重价。前提是，你在之前已经做好了分析，准备买进这只股票，而不是临时决定的追涨。追涨应该建立在充分分析的基础之上，再加上对自己方法的信心。一旦满足既定的进场条件，就不应再计较几个价位的得失。这几个价位与后面可能的上升空间相比微不足道，因此用追价买进是值得的。如果连这点信心都没有，那么最好不要买进这只股票。

如何增强自己在买进时的信心呢？那义无反顾的勇气从何而来？信心来自于过往的成绩，还有就是选择合理的进场位置。一个选择进场位置的好办法就是：追高，要追在更大一个级别趋势的低位。这是在心理上较安全的位置，也是在技术上较合理的位置。我们举一个例子来进行具体解释。

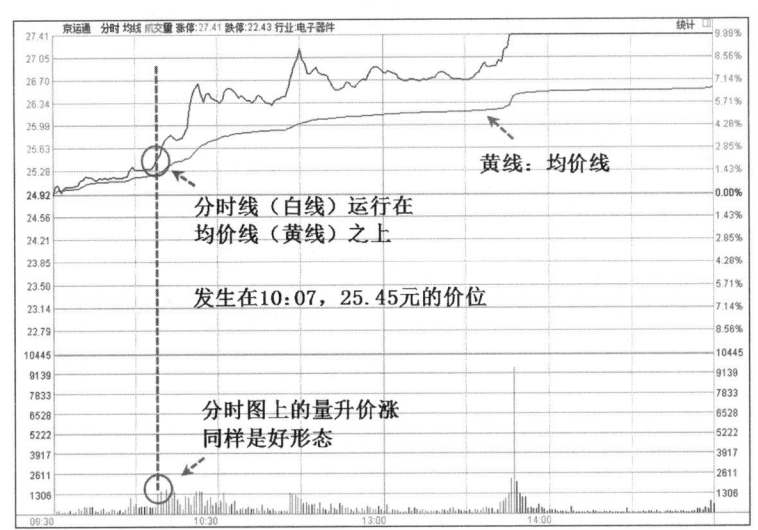

图 2-37 京运通（600908）分时图

从图 2-37 中可以看到，开盘之后该股的分时线（白线）运行在均价线（黄线）之上，放量上攻的一波，图中用圆圈标出的量价位置，是追涨的理想位置。这一时间发生在 10:07 分，25.45 元的价位。如果不看后面的走势，只在盘中看的话，你可能会怀疑这里是否可能位于当天的高位。但如果放大周期，直接看日线图的话，你会发现，这个位置其实是一个关键点位，并且是相对较为安全的价位。

下面看日线图 2-38。

结合两幅图来看，日线上突破的正好是前高 24.48 元和 24.45 元的位置，这是突破上涨。做突破就是买这种形态，而上面分时图上介绍的就是具体选买点的方法。给你个理由，你就有信心追它，注意是追势不追价。趋势比几个价位更有价值。

图 2-39 显示的是个股京投银泰（600683）从 2012 年 3 月到 5 月期间的日线图。图中标出了一次与前面例子相似的回踩均线的相对安全买点。该股在突破 10 日均线之后沿 5 日线上移，在 5.80 元的位置遇到压力，连续三个交易日在此价位附近都有上影线，而没能形成突破。此后该股回踩 10 日线，然后在 4 月 24

日放量突破5.80元一线,这里是一个短线买点,在分时图上的买点如图2-40所示。

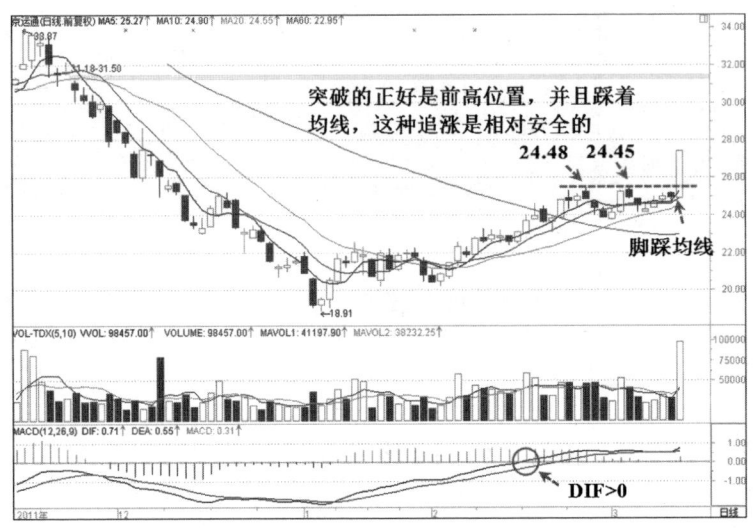

图2-38 京运通(600908)日线图

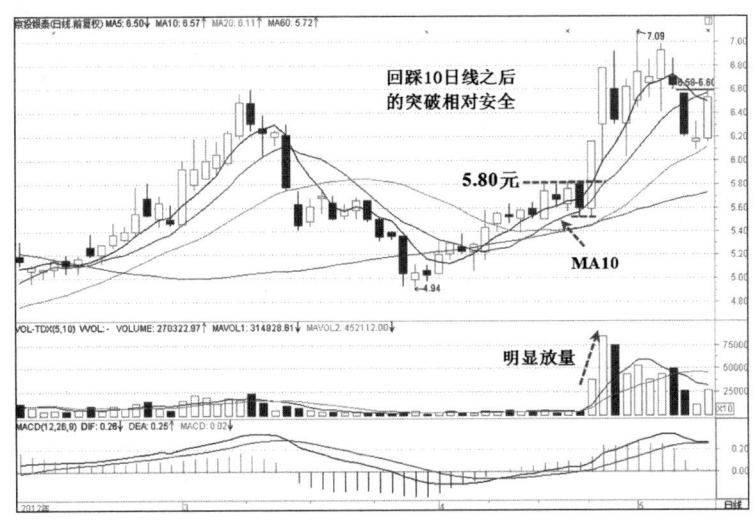

图2-39 京投银泰(600683)日线图

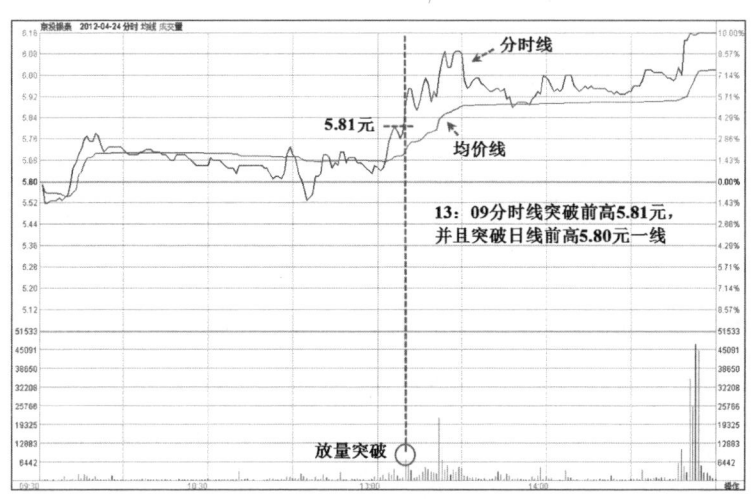

图 2-40　京投银泰（600683）分时图

图 2-40 是京投银泰（600683）在 4 月 24 日的分时走势图。当天上午该股一直在前期压力 5.80 元下方运行，但均价线主要运行在前一天收盘价之上，均价线上涨，说明上午大部筹码在前一天收价之上买进。下午开盘之后，该股在 13:05 创出了当日新高 5.81 元，并且运行在均价线之上。我们等待其回落再次突破分时线上的前高时买进。在 13:09，该股再次放量突破前高 5.81 元，并且同时突破日线上的前高 5.80 元一线。在突破的前一分钟，即 13:08 时的股价是 5.78 元，而在突破的 13:09 收盘价到了 5.90 元，涨幅从 3.21% 到了 5.36%，这一分钟是急速突破的一分钟。如果用挂单在当前一档或更低的价位上肯定买不到。而在收盘前很长一段时间内的均价线就是在 5.90 元，这说明此后很多人是在该价位之上买进的。

到此为止，我们了解了短线突破的买进方法，先在日线上确定突破位置，然后在分时图上找更具体的买点。如果你用挂单买不到这只股票，这也恰好说明了很多人都在买进，因为众多挂单在不断推高价格，买盘占优势。关键点位是多数人看好的买点或卖点，往往会放量并且伴随价格剧烈波动。否则的话，它就不是关键点位了。请记住，买在起涨点，重势不重价。

不要低估了对手的贪婪程度。

——《疤面煞星》

第10节 有那么一种赚钱形态——假阴线

形态是交易者普遍喜欢的话题之一，它往往用来定义一种价格模式，以把它作为判断行情发展阶段和进行买卖的依据。一种有效的形态应该具有区分性，也就是说，如果它是一种买入形态，那么它应该把满足这种形态特征的股票从两千多只股票中有效地区分出来，并且有一定的上涨成功概率。

越容易识别的形态越是好形态，形态特征足够明显则容易增加区分性。比如一些经典的K线形态，"弃婴"形态和岛形反转形态，就很容易识别，并且相当有效。下面我们要讲的这种形态也是比较好识别的形态之一，我们称之为"假阴线"形态。

形态特征：

（1）跳空高开；

（2）小实体；

（3）收阴线；

（4）缺口不补；

（5）正常放量；

（6）均线附近。

买点与止损：

在判断满足假阴线的形态特征之后，靠近均线分批买进。

买点1：开盘五分钟之后。

买点2：均价线之上。

买点3：收盘前（重要）。

止损：缺口上沿或下沿。

解释说明：

（1）跳空高开，高开是个股强势的表现，高开幅度在3%－5%左右较为合适。

（2）小实体，小实体说明市场处于一种多空的僵持中，如果是剧烈波动，那么说明多空分歧加大，这样容易见顶。

（3）收阴线，虽然是阴线，但这是一个高开、高收、下面有缺口支撑的"假阴线"。

（4）缺口不补，当日一定要有缺口，这是首要的条件，如果补上缺口，说明抢筹码并不那么激烈，这就失去了这个形态的底部支撑。如果收盘在缺口之下，再加上高开长阴线，这就形成了一个顶部的"吞没形态"，这是见顶形态而不是买进形态。

（5）形成缺口的股票通常都会放量，这个条件在大多数情况下都会满足。我们要注意的不是它放不放量的问题，而是不要放太大量的问题。放出不正常的巨大成交量通常是危险信号，它说明有大量资金在出逃。成交量虽然是量化的，但在各个股票上由于其活跃程度不同，也不可一概而论，可以参考换手率和历史放量情况来确定是否属于正常放量。

（6）均线附近并形成突破，这是最安全的位置，如果在高位形成"假阴线"，那么应该是短线操作，风险比较大，而且在高位容易形成"射击之星"和"吞没形态"。当然，经过调整之后，越是靠近均线形成的突破越安全，这样的位置通常是起涨点。

注意：

（1）有大盘或板块多头背景支撑，在上涨时间窗口内。

（2）这是一个短线买点，冲高可止盈。

（3）后两日回补缺口则为无效形态。

（4）沿缺口向右平移到均线附近时买入较为安全。

下面看几则示例，图2-41是个股华星化工（000218）在低位突破的"假阴线"形态。

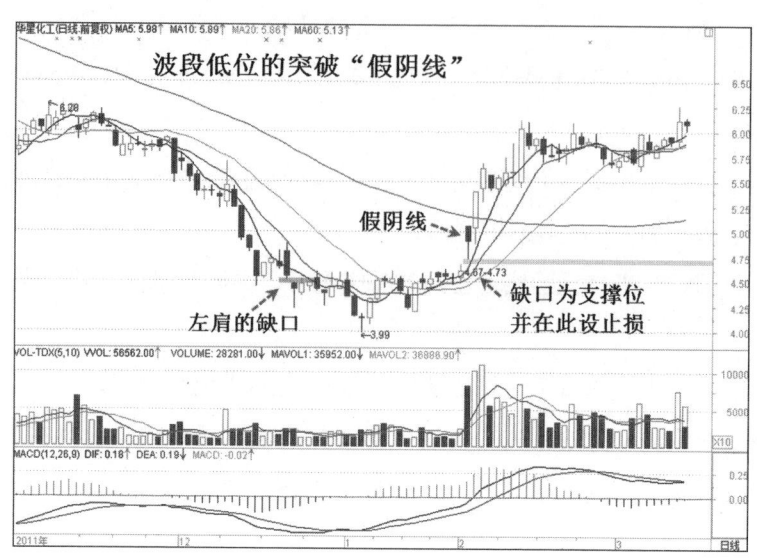

图2-41 华星化工（000218）低位"假阴线"

图2-41显示的是华星化工（000218）从2011年11月至2012年3月的走势图。从图中可以看出，该股在底部形成了"头肩底"形态，以一个"假阴线"的方式向上突破右肩。缺口发生在2012年2月2日，当天收盘形成一个"假阴线"，满足前面介绍的所有形态特征。沿缺口一线正好是"头肩底"的颈线位。细心的投资者可能会发现在左肩还有一个向下的跳空缺口，左右几乎对称，这个缺口发生在2011年12月22日。次日该股放量突破MA60均线并且DIF突破0轴，这是一个突破买点。

确认形态之后，次日分批买进，开盘和均线上可以买入两批，由于收盘前已经涨停，第三个买点绝对证明了形态的有效性，但已经没有了第3次买入机会。前面提出的分3批买进的策略，对大多数形态的买进操作均适用。分批买进可以平均当日的买进成本。一定要重视在收盘前的买进，因为在T+1的制度下，如果早盘一味地大举介入，万一发生变盘，想跑都跑不掉，为了防止这万一的风险，要留有余地，在收盘前买进一批，许多有经验的老股民都是这样做的。

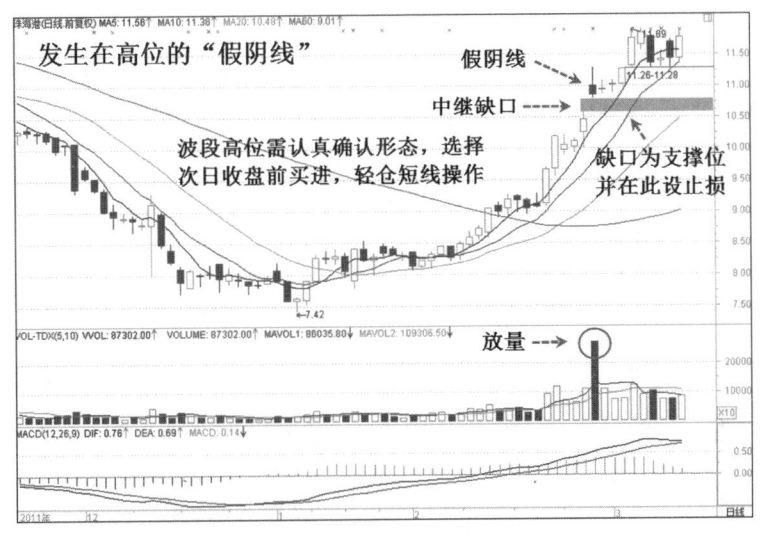

图2-42 珠海港（000507）高位"假阴线"

图2-42显示的是珠海港（000507）从2011年12月到2012年3月的行情图。从图中可以看到，该股前期有一段很长时间的下跌，之后开始反转上涨。整个图形构成一个U形反转，各条均线前期空头排列，过了波谷之后呈多头排列。这个假阴线发生在远离均线的位置，也就是处于波段高位。在这样的位置参与时一定要注意控制好仓位，最佳的位置应该在波段低位。在高位是在做冲高的一波，一旦跌破缺口附近的止损位就应果断出局。

图2-43显示的是鲁银投资（600784）从2011年11月至2012年3月的行情图，我们在图中标出了"假阴线"的位置，并且标出了利用均线和MACD指标的快慢线判断出的最明显进场信号。"假阴线"是一种短线内上涨的大概率形态，但并不是波段操作的最佳进场位置。

最后来看一个形态失效的例子，如图2-44所示。

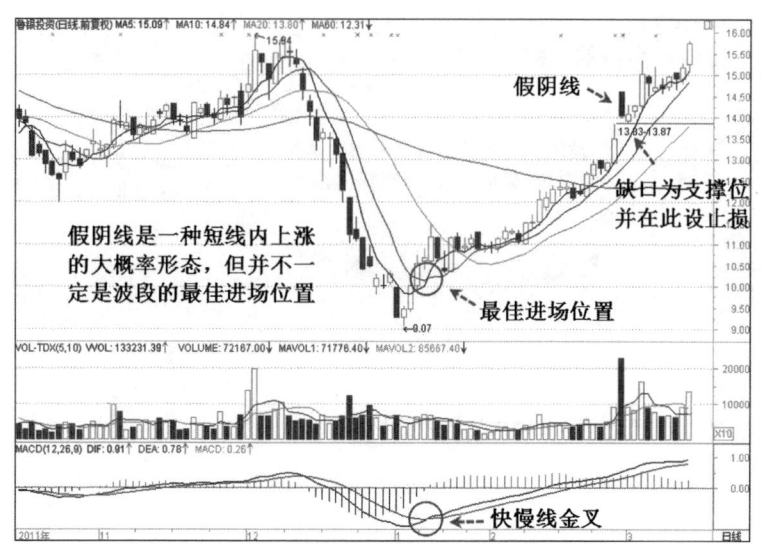

图2-43 鲁银投资（600784）"假阴线"

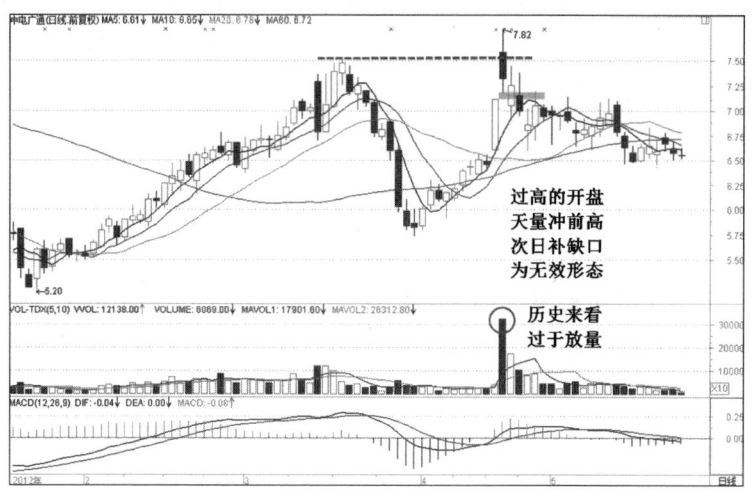

图2-44 中电广通（600764）失效"假阴线"

图2-44显示的是中电广通（600764）从2012年2月至5月的行情图。该股前期有一波流畅的上涨，回调之后再次上攻前高。我们在前高位置画出了一条直线。冲高这一天该股大幅高开接近7%，然后一度冲击涨停，可是没有封住涨

停开始回落，最终以上涨2.95%收盘，形成了一个带长上影的长阴线。虽然还留有缺口，但当天的走势已经套住了很多筹码，这是一个高位冲顶而不是波段启动或者上涨途中的位置。当天换手率接近10%，从历史来看，该股只要接近这个换手水平就都处于顶部。而且该股次日即补上了缺口，就此宣告这个"假阴线"形态彻底失效。这是一个放天量冲顶的反转形态，注意在前高或远离均线的位置最好不要参与，这是短线冲顶和波段操作的卖出区域。

由"假阴线"形态可以演绎出来的一个买入策略：守在低位缺口附近抄低价。既然缺口有支撑作用，那么缺口附近就是这一阶段的相对低价区间。有时会回踩缺口，确认支撑，然后再拉起来。这在均线刚刚形成多头排列并且形成第一波突破时非常好用，在相对低位的突破回抽是好的买点之一。由此可以形成一个短线操作策略：在波段低位的缺口附近买进，在缺口之前的长阳线高位（或一个长阳线的距离）附近止盈一部分筹码，用余下的筹码跟随趋势，止损设在缺口之下的那根K线的低位附近。操作成功的话，至少能够获得一个长阳线幅度的收益，还有一定的概率坐上大趋势。请记住，低位"假阴线"，缺口是支撑。

如果你不出去走走，你会以为这就是世界。

——《天堂电影院》

第11节 你的世界我曾经来过——123法则与背离

"阳光下没有新鲜事。"

你在股市有多久了？是否看惯了涨跌往复，不复当初的激情澎湃？亦或一入股市深似海，从此不复如来心？回过头来看看过往自己战斗过的K线，有一些应该是似曾相识。

投资者每天盯盘的K线图表，是当时市场情绪的反映，是价格的记录也是情绪的记录。你可能与大多数的投资者一样，在K线上留下过痕迹。它们记录了你的投资历程，心情感悟，实战经验。今天的分时行情，一定会找到历史上相似的"碎片"，这是我经常提到的形态。它们是市场规律的一面。

观察下面2012年4月10日与2011年12月28日的分时图。我们来讲解一个在分时图中的买入技巧。

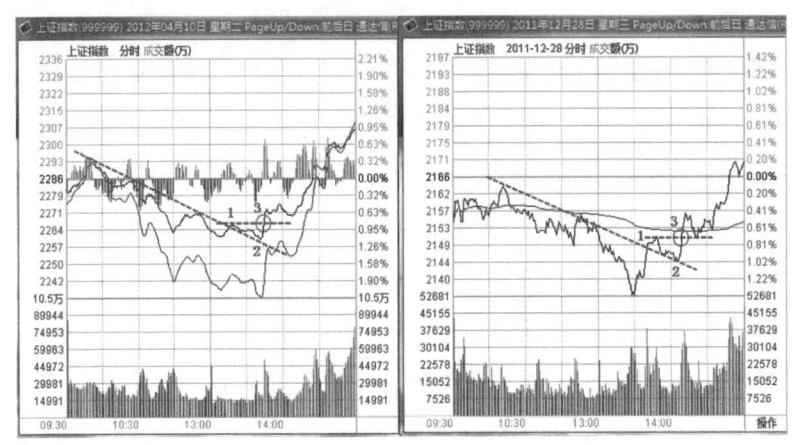

图2-45　分时图上的123法则

分时图中运用"123法则"买入技巧：

（1）突破下降趋势线；

（2）沿趋势线回落并不创新低；

（3）突破前高。

123法则也可以用于日线图中，运用方法相同。与123法则相近的还有2B法则，区别在于，2B法则是在形成双底时，在123法则的2的位置，当价格向上拐时买进。这个买入经验是，通常在最后一波下跌，价格与指标产生背离时，形成第二个底。

图2-46是上证指数的1分钟K线图，从图中可以看到前5波下跌浪的每一波都创出了新低，最后两波的下跌力度明显减弱，这时如果对背离有感觉的话，不看指标也应该能够猜到这里会产生价格与指标的背离。背离的原因是跌过了，下跌动能减小，不足以带动指标创出新低。背离的定义是，价格创出新低，同时

指标未创出新低。如下图两个圆圈标出的位置，它们位于指标低点的上方，MACD 指标线的两次金叉都可以作为底背离买点。

关于波浪理论的运用这里另外提一下。通常情况下，在一波 5 浪结构的下跌中，下跌力度最大的第 3 浪会与第 5 浪形成背离。从成交量上来看，第 3 浪会明显放量，如果你数不清浪就看成交量，当量价背离时，通常指标与价格也会背离。

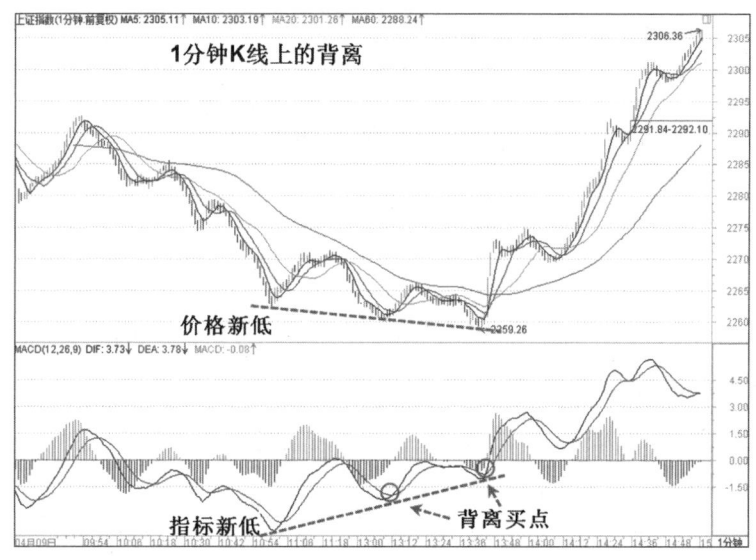

图 2－46　上证指数 1 分钟 K 线图

需要提醒的是，这里只是为了讲解运用底背离买进的方法。图中是在 1 分钟 K 线上的背离，当在个股操作中运用时，需要有"背景"的支撑，比如在日线上出现买点之后，需要在分时图中精确建仓的时候，可以使用这个方法。或是以后在 T＋0 品种上使用这个方法做短线。因为在个股中，如果日线是在空头"背景"下，那么在 1 分钟图上的反弹可能不足以让你在第二天出场。也就是说，在找"精细"买点时才可以看分时图。这是你决定买进的最后一步，在这之前，你必须有日线上的支持。这些方法在日线上也同样适用，你把 1 分钟线看成是日线，就是日线上的讲解了。这里需要对周期的理解。

总之，底背离是抄底方法，理论上用这种方法判断的最高效买点发生在日线上的背离与分时上的背离共振的时候，即日线与分时同时发生背离。日线上的背离相对更可靠一些。

判断底背离时应注意几点：

其一，发生背离的位置。从历史情况来看，大盘日线上的DIF指标小于-50是下跌动能最大的区间，也是释放下跌动能并容易发生反弹的区间。

其二，下跌浪的级别与观察周期的关系。在大熊市之下，下跌浪级别提高，在日线上会形成多次背离。比如，在2008年的大级别下降趋势中，在日线上可以判断出下跌最凶猛的主跌浪（DIF最低的一浪），但在最末一浪下跌中又形成了3个背离的小级别波谷。这种不断背离是因为趋势的级别提高了，应对办法是切换到周线上来看大级别的背离。

其三，等背离完全形成再动手。价格创新低而指标未同时创新低时都是在形成背离的过程中，这时价格可能一直创新低，直到带动指标再次创新低，这样背离便不再成立。可以用MACD绿柱明显缩短或者出现红柱来判定背离完成。

我们来看一个日线与分时同时发生背离共振的例子，如图2-47和图2-48所示。

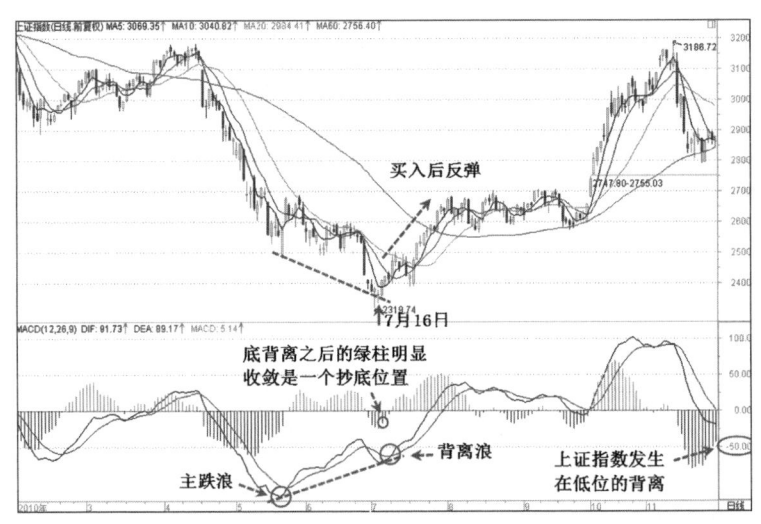

图2-47　上证指数日线图上的背离买点

图 2-47 显示的是上证指数在 2010 年中形成的一次底背离。这是在经过一波直线下跌之后发生的背离。下跌动能最大的主跌浪发生时，DIF 跌穿 -50 一线。此后，开始释放下跌动能形成背离的一波下跌浪。到 7 月份，上证指数又创出新低，但同时 DIF 已经不能再创出新低了。当 MACD 绿柱线明显收敛时可以判定 DIF 明显向上拐。这是长期下跌之后的一个抄底时机。绿柱明显收敛发生在 7 月 16 日，可以选择在这天的收盘前找与大盘形态相似的个股买进。不过，当天正巧在分时上同时出线了一次背离，这为我们增加了一次精细抄底的机会，但注意这是分时上的买点，1 分钟的背离是级别最低的背离，要控制抄底仓位。因为太短周期的背离所产生的反弹可能不足以在日线级别上产生卖点。这只能当作是试探性介入，如图 2-48 所示。

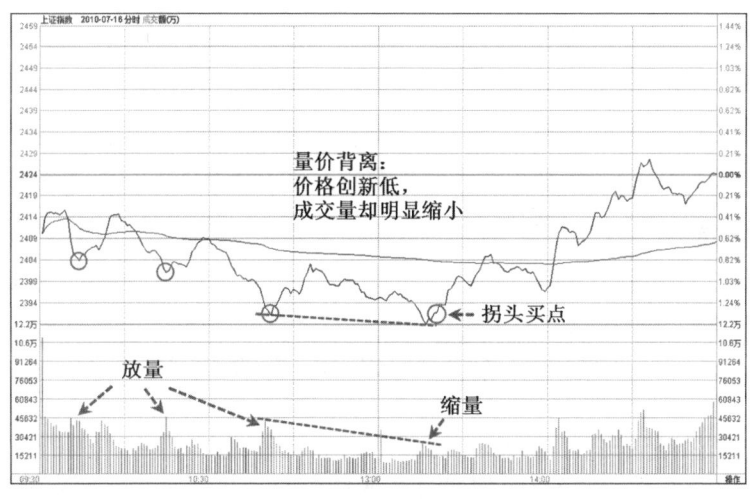

图 2-48　上证指数分时图上的背离买点

图 2-48 显示的是图 2-47 中产生买点的 7 月 16 日的分时图。可以看出，当天低开，随后产生的三个波谷都是放量下跌，均价线方向向下。午盘之后，指数再次创出新低，但这次明显缩量，形成了下跌中的量价背离。不管是价格与 MACD 指标的背离还是与成交量的背离，都说明跌势从最强开始转弱。下跌动能转弱的波谷拐头时就是一个短线买点，我们在图中标出了拐头买点。这里可以试探性买入一批，然后在收盘前根据日线上的背离买点再买入一批。从图 2-48 中

可以看出，买入之后便开始了反弹。先是收复了背离下跌浪的起点，然后收复了主跌浪的起点，最低点 2 319 点的左右两侧基本是对称的，形似一个头肩底。到此，我们完成了一次日线和分时共振的背离抄底讲解。

逐渐熟悉 123 法则、2B 法则和背离之后，可以不用实际数 123 或画出背离线，一眼就能看出抄底买点。"运用之妙，存乎一心。"有形的方法最终可以上升为无形的直觉，找方法的过程是"为学日益"的过程，也就是加法，后面树立理念，找到策略的过程是"为道日损"的过程，也就是减法。

"你的世界我曾经来过。"具有一定形态特征的图形碎片就散布在各种品种的周期之中。这些隐藏在图形中的波动基因是我们要寻找的模式。它们使我们能够站在大概率的一侧做交易。它们存在于以前的行情中，也会再现于未来的行情中。

我觉得生命是一份礼物，我不想浪费它。你不会知道下一手牌会是什么，要学会接受生活。

——《泰坦尼克号》

第 12 节　下跌缺口的意义

每根 K 线都有它的意义，但是有些 K 线的意义更加重大，产生缺口的 K 线就是其中之一。缺口是由于价格空档造成的，为什么价格会产生空档？

缺口按照形成的方向可以分为向上跳空缺口和向下跳空缺口。这一小节重点谈一谈向下跳空缺口，即下跌缺口。向下跳空缺口的叫法更为形象，有方向，也有动作。方向是向下，动作是跳跃。价格通常是连续的，不管是在分时图上，还是在日线图上，大部分时间里，价格是连续波动的。产生跳跃的位置一定是市场的多空力量严重打破平衡的位置。这些位置通常是多周期的共振位置，是很多人判断拐点的关键位置，亦或是由于突发消息造成的跳跃。

我多次强调过缺口在操作中的重要性。它不仅易于识别，而且在技术上具有重大的意义。下跌缺口是多数人选择退出的位置。在日线上，形成下跌缺口时处于高位的K线，通常是经过调整之后，市场趋于平衡的位置；处于低位的K线就是打破平衡的位置。好比是在叶片上不断聚积而增大的水滴最终由于重力的作用自由下落的那一瞬间。

用心观察产生下跌缺口之前的K线形态，应该会有转石千仞，摇摇欲坠的感觉。

继续在头脑中想象一个水滴从叶片上滑落的图像，然后按时间顺序倒过来再想象一遍，下落的水滴又回到叶片上。从自然现象来说，水滴肯定不可能再回到叶片上。从股票的走势上来说，也是如此，一经打破平衡下跌，那么在短期内很难再回到这个缺口之上，并且在下跌之后的反弹中，这个缺口也会产生明显的压力作用。

因此，在操作上，只要看到下跌缺口，短线就应该以退出为主。要知道，缺口之上的人都在找机会卖出。即使是想买进，也要等补上缺口并站上缺口时再考虑，那时也不晚。

我们看一个个股浙江震元（000705）的例子。

图2-49　浙江震元（000705）缺口的压力作用

上图 2-49 显示的是个股浙江震元（000705）从 2011 年 11 月到 2012 年 5 月的行情图。从图中可以看到，前期一波反弹之后，MA5、MA10 和 MA20 形成空头排列之初，在 A 位置形成了一个向下跳空缺口。在此之后，是连续四个小实体的 K 线，这是对跳空缺口的弱势调整，可以看到它们的上影线逐个降低，这又是训练成本的过程。当成本达到一个临界点又会开始新一波的下跌。此后该股又是连续三个长实体的阴线。如果在形成缺口的那天没有出局的话，那么当收盘再次收到缺口 K 线之下时，应当选择出局。向下跳空缺口形成之后，应该以此作为理由卖出，而不是再抱有它会回到缺口之上的想法。一旦形成趋势就难以在短期内改变。

该股下跌一段时间之后，MACD 指标形成金叉，开始一波反弹行情。一直发展到图中的 B 位置，挑战前期缺口 A，最终未能突破，以一个长阴线结束一波行情，MACD 指标形成死叉。前期的缺口 A 对后面的反弹仍存在压力作用。缺口之上，前一个顶部还会有等待解套的筹码。缺口的压力经过再一波调整释放之后，最终在 C 位置形成放量突破。在 C 突破 B 之后，形成了常见的回踩确认（D）。从图中可以看出，B、C 和 D 是围绕缺口 A 的三个关键点，分别是挑战、突破、回踩。在此之后，该股确认站上了缺口的压力位，回踩验证了前期的压力转变为现在的支撑。

再来看还是同一只股票的前一个缺口的情况。

图 2-50 显示的是个股浙江震元（000705）从 2011 年 8 月到 2012 年 5 月的行情图。图中标出了两个缺口，前一个缺口是在更早一波下跌之初产生的。经过一段时间的下跌之后，该股反弹到图中的 A 位置，挑战前期缺口 1。缺口的压力作用明显，最终没有形成突破。该股随即反身向下，再次进入下跌趋势。后面的缺口 2 就是之前图 2-49 讲到的缺口。直接看最右侧，确认站上最近的缺口 2 之后，在 C 位置处，最早的缺口 1 仍然有压力作用。因为上一次在 A 位置就没有补上缺口，所以压力依然存在。缺口 1 和前期高位 A，对当前的行情都有压力作用。C 位置圈出的 K 线所走出的长上影正是对这个压力的反应。

图 2-50 浙江震元（000705）缺口分析

最后再来看一个例子，在个股汇源通信（000586）中出现的三个缺口，分别为缺口1、缺口2和缺口3，如图2-51所示。

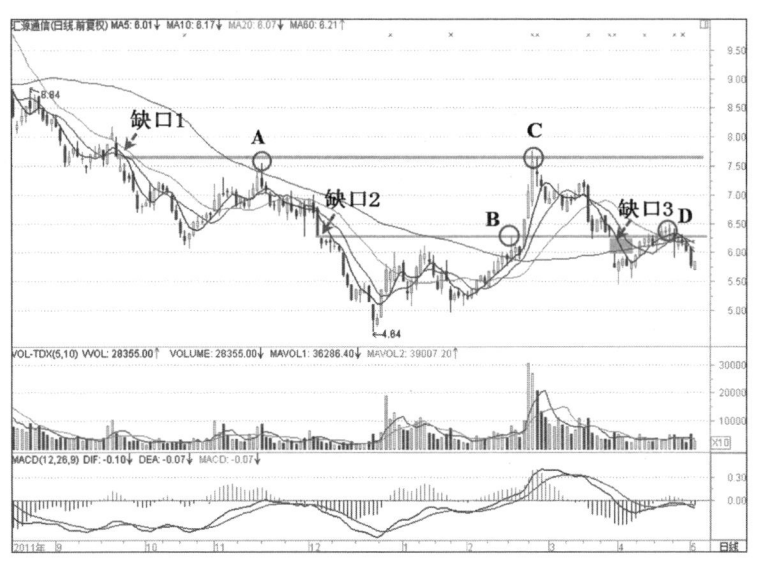

图 2-51 汇源通信（000586）缺口分析

图 2-51 显示的是汇源通信（000586）从 2011 年 9 月到 2012 年 5 月的行情图。从图中可以看到，从缺口 1 开始了一波下跌行情，随后该股反弹到缺口 1 附近，在 A 位置结束反弹。此后在前期低点附近形成了缺口 2，并创出一轮新低。缺口 2 后面是连续 5 根小 K 线，都没能补上缺口，又开始不断创出新低。MACD 指标形成金叉之后，展开了一波反弹。在 B 位置处，有一根长上影的 K 线，是挑战缺口 2。B 之后经过两天回调，再次放量突破，这次成功突破了近期缺口 2，但在前期缺口 1 的价位附近受阻，即图中 C 所示位置。缺口 1 和前期高位 A，对当前的行情都有压力作用。通常情况下，一波行情都难以一次成功突破缺口，大多会有调整。但这次即使调整了，也没有再次上攻，而是又开始回落，MACD 指标形成死叉。

我们看图中的缺口 3，在其形成之前，有连续 5 根 K 线在前期缺口 2 的价位一线上方运行。这也说明了，突破缺口 2 之后，这一线转变成了支撑。但这 5 根 K 线危如累卵，最终还是再次向下形成了跳空缺口 3，并且幅度相当大。从图中认真观察，可以看出从缺口 2 向右画出的价格缺口线有着十分重要的意义。缺口 3 和缺口 2 的上沿几乎在同一价位上，分别是 2011 年 12 月 5 日的 6.29 元和 2012 年 3 月 21 日的 6.28 元。后面的小反弹在 D 位置处补了缺口 3，但也只是填补了价格空档，并不能继续向上，短线再次回落。

价格空档的上下边缘，也就是缺口的上下沿，会对价格产生压力或者支撑的作用。缺口是价格的跃迁，并对此后的行情形成压力或支撑作用。在操作中，投资者应多加重视缺口的意义。

过去已成为历史,未来还很神秘,重要的就是把握现在。

——《功夫熊猫》

第13节 做熟悉的形态更容易赚钱

经过日复一日的看盘历练之后,投资者会对一些特定的价格走势形成识别习惯。这些特定的价格走势就是形态。那些经常使你赚钱的上涨形态,会被你牢牢记住,在这些上涨形态中的最佳买点也会印在你的脑海里。那些经常发生剧烈反转的顶部形态也会让你刻骨铭心。见到那些下跌形态,你就会感觉到上升趋势的难度,行情摇摇欲坠,就会使你产生压力,迫使自己精力集中随时准备出局。

形态反应的是特定市场环境下的所有市场参与者的情绪,比如,在一个波段的顶部,往往会出现带有长上影的K线,并伴随着巨大成交量的放出,这表示市场分歧在加大,一些大资金在顶部拉高出货。股票在涨跌方面还有一个规律,投资者可以回想一下,通常来说,股票的上涨与下跌速度相比有什么特点?细心的投资者会发现,通常股票的上涨速度较慢,而下跌速度较快;上涨的角度平缓,下跌的角度陡峭。市场总是在犹豫中上涨,在疯狂中下跌。

有经验的投资者在研究形态过程中会发现,其实形态很多是大同小异的。不管是用K线、均线、还是MACD指标或其他指标来识别,都不过那么几种最常见的形态。这些形态的本质是一样的。在上升波段启动初期有常见的形态,在波段见顶下跌初期也有常见的形态,并且,下跌形态与上涨形态的图形呈反向相似,把上涨形态倒过来看就是下跌形态。在只能做多的A股可能有些不太对称,但其相似度还是足够明显的。在可以同时做多和做空的期货市场中,这种对称更为明显。

为什么说做熟悉的形态更容易赚钱?

(1)熟悉的形态有概率优势。

这些形态具有概率优势,操作起来最有把握。胜率提高自然有助于提高总体的投资成绩。

（2）熟悉的形态更容易识别。

最经常见到的形态肯定是那些经常走出来的形态，它们很容易被分辨出来。

（3）熟悉的形态更容易执行。

那些在实战操作中得到过好处的上涨形态更容易被坚决地执行。那些在顶部下跌时吃过亏的形态则更容易被牢牢记住，在相似反转态势时会下意识地想到应该出局。

（4）做熟悉的形态降低了交易次数。

事实证明，很多的亏损交易源自于频繁操作，降低交易次数有助于提高胜率，提高盈亏比，最终提高整体投资成绩。

印象形态

形态是特定市场情绪和市场心理在价格上的反映，它们可以构成有形的交易系统，也可以形成无形的直觉，也就是高手所说的盘感。形态是价格多次训练你的交易思维之后留下的模式印象。

K线形态，交易者对其都应该不会感到陌生，比如常见的，头肩形态，杯把形态，刺透形态，吞没形态等。经常用到并可以总结出来不下十种。那么，形态是什么呢？价格形态也被称为价格模式，也就是价格的一些波动定势。这有点像棋谱中的定势，一些固定的棋局，有固定的一种或几种破解方法。注意，有些局势是有几种破解方法，因为解法是对策。在博弈的市场中，你的对手盘也会有选择，而你要做的是根据对手的一步棋，做出下一步的对策。

这些市场的定势——形态，是市场呈现出的秩序性的一面。像一句广告讲的，男人不只有一面，同样，市场也不只有一面。市场的另一面是混沌，也就是没有秩序的那一面，是让人辗转反侧、百思不得其解的一面。秩序是赚钱效用最大的区间，而混沌是低成功率的区间。举个例子来说，头肩底和头肩顶是最为常见的形态之一，即使经常被人们提到，也一直有效。为什么呢？不是说一种方法用的人多了之后就会失效吗？这要看如何理解。头肩底/顶作为一种形态，需要人们的判断，就算很多人学会使用头肩形态进行买卖，但每个人对它进行判断的准确性是不一样的。

着重提一下这个判断的准确性。它体现了交易的艺术的一面。很多人应该听说过交易不是一门科学，它更像是一门艺术。的确如此，由于每个人的"艺术"功力不同，因此每个人看形态这种艺术品的眼光也会有不同。举个简单的例子，比如"射击之星"这种K线形态：出现在波段高位；高开并且是小实体的K线；较长的上影线是实体的三倍左右；放出巨大的成交量。初学者可以对比条件来判断是否符合这个形态；但老手会看它的本质，而不拘泥于形式。记住，形态的条件是用来描述它的形式的，判断形似的是初级选手，判断神似的才是高级选手。有些时候，可能在顶部没有高开，但同样走出了长上影线放出巨量的小实体K线，这时虽然不满足严格的射击之星的形态条件，但它在本质上已经走出射击之星的效果，同样可以判断它是顶部反转的标志。

存在完美的形态，但也会存在不那么完美的形态。完美的形态是因为市场的有效性，而不完美的形态是因为市场的不确定性。有些大资金可以破坏形态，但它不会破坏市场的规律性，形式可以变，本质不会变。

有极少数的日内直觉交易高手，当你问到他们一些问题的时候（比如为什么能持续赚钱，依据什么进行判断，买卖的理由等），他们有时只会回答两个字：盘感。对于这种回答，你信吗？不管你信不信，反正我信了。不过，前提是他是真的高手。有人说盘感是高手不想说出他的秘籍而说的托辞，也有人说盘感是确实存在的，关键在于你对市场的理解和你的悟性。更客观地说，盘感是无形的系统，是经过反复磨练之后形成的直觉反应。它完全可能是下意识的，因为高手能真正读懂市场。比如张怡宁打乒乓球，不可能每一板球都判断旋转、速度、力量、落点，这些都是在一瞬间完成的，是成千上万次经验的灵光一闪。她会有预判，但不会是一步步完成的，而是一个印象之间完成的反射。

还有一个例子，是对足球巨星C罗做的一系列测验，其中的一项测验是，一位球员站在角球位置发角球，C罗一个人站在球门前准备射门，当角球发出的时候，关闭球场内的所有灯光。这时，C罗看不到足球飞行路线，也看不到球门，眼前一片漆黑。但测验结果是，C罗总能感知到足球飞来的时间和位置，然后有效地射门。这说明，C罗有良好的球感，就像交易者有盘感一样。他的头脑能够像相机一样拍下一个定势，然后不经过详细的计算，就可以做出直觉的反应。

可以说，所有竞技或者博弈游戏，玩到最高境界之后，都会成为一门艺术。

做交易有一句话：重复的事情正确做，正确的事情重复做。试想一下，如果你找到了一些市场的有效形态，并且能够以较高的成功率不断地运用这些形态稳定盈利，那么你以后每次执行它时还需要一步步地判断吗？当然不会，因为你的头脑中会有印象，一眼就能判断出哪里是买点哪里是卖点。价格总是朝着阻力最小的方向进行，行棋也是下在最有利的位置，当你真正理解市场的时候，你就能够洞悉这些位置。再进一步讲，这些位置就是打破均衡的点，是江恩说的"当时间超越平衡"的位置。想一想，是不是这样？

人性不会变，市场就不会变，市场在每个发展阶段交易者的情绪也不会变，那么一些形态也将以概率的形式一直有效下去。

学习经典的形态，找到市场有秩序的"碎片"，观察市场风格的改变，洞悉它们的变异，不断看到它们，训练你的直觉反应，耐心等待它们的出现。形态里面有概率优势。

下面我们讨论几种常见的底部与顶部形态，以及在这些形态中如何找买点和卖点。

头肩底形态

图2-52显示的是东港股份（002117）从2010年4月到7月期间的走势图。从图中可以看出，前期该股走出了一波5浪下跌。下跌的第3浪中有3根长阴线并放出了成交量，即图中A所标出的位置。这波下跌的低位形成了"左肩"。随后缩量反弹突破MA10均线，此后两个交易日继续创出新低，下跌的成交量（B处）较前一波下跌（A处）有所减少。最后创新低16.30元的当天收出了一根带长下影的小实体K线，这是看涨形态。这是探底的一浪，形成头肩底形态的"头部"。此后开始反弹，反弹到前高附近缩量回落，形成"右肩"。沿头部两侧的波峰画出一条向右下方倾斜的直线为"颈线"。形成"右肩"之后，该股放量（D处）突破颈线，走出底部。放量突破颈线的位置是买点。此后该股连续创出

一轮上涨新高。

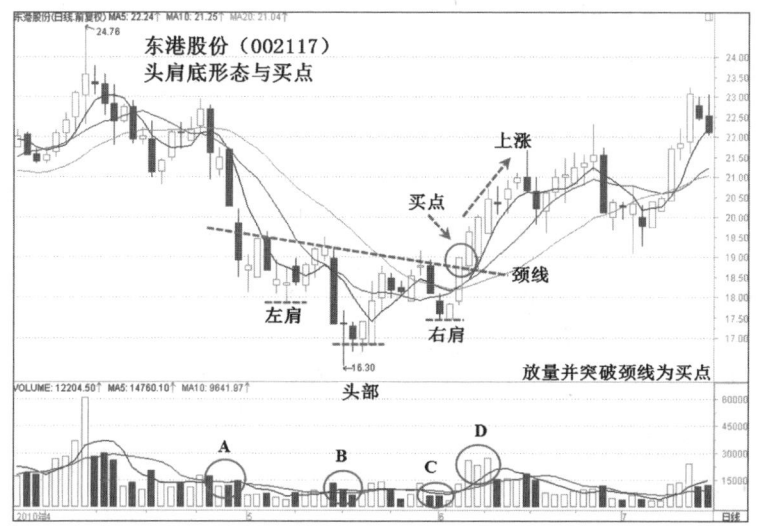

图 2-52　东港股份（002117）头肩底形态与买点

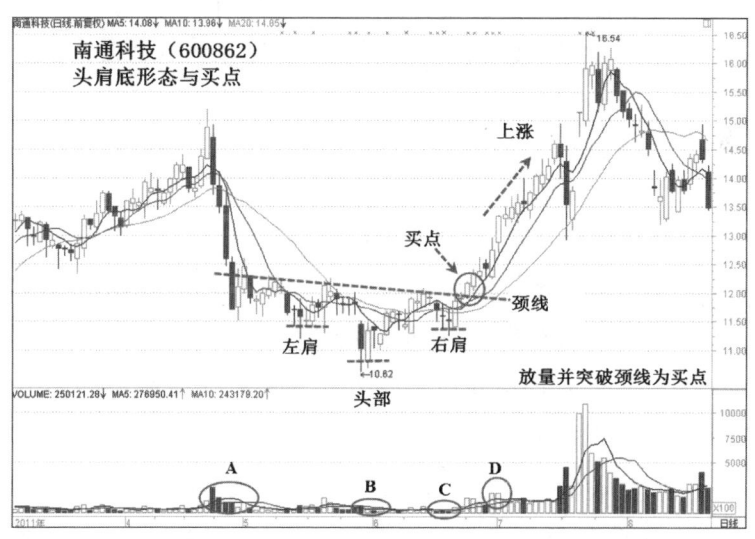

图 2-53　南通科技（600862）头肩底形态与买点

图 2-53 显示的是南通科技（600862）从 2011 年 4 月到 8 月期间的走势图。从图中可以看出，形成左肩之前的下跌过程中有过明显的放量（A 处）。整体来

看，这是一个左肩与右肩几乎等高的头肩底形态。颈线略微向右下方倾斜。从 A 到 B 再到 C，成交量不断缩小，但当突破颈线时放出了成交量（D）。放量并突破颈线为头肩底形态的反转买点。买点之后，该股连续拉升，直至创出新高。

头肩顶形态

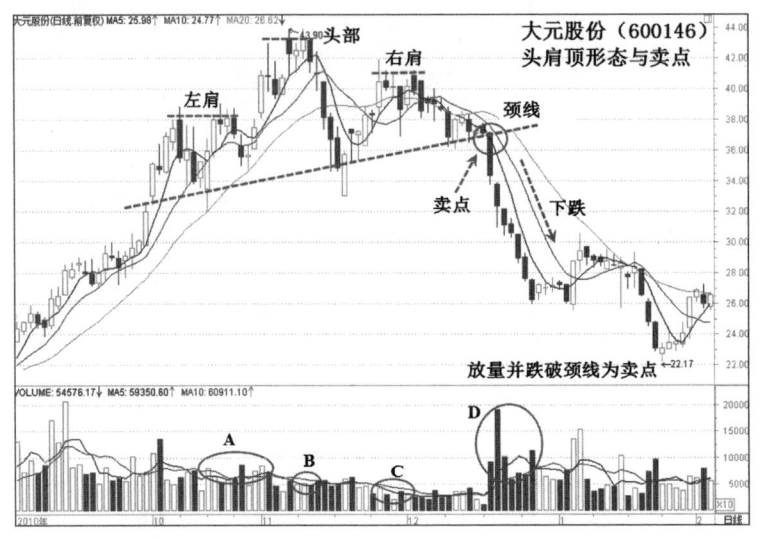

图 2-54　大元股份（600146）头肩顶形态与卖点

图 2-54 显示的是大元股份（600146）从 2010 年 10 月到 2012 年 1 月的走势图。这是一个头肩顶形态的例子。从图中可以看出，该股前期不断拉升，经过了主升浪的放量过程，到形成左肩时成交量已经开始减小（A 处）。左肩回调之后，该股又缩量（B 处）创出新高。创出新高的那根 K 线走出了一根"锤头线"，这是顶部 K 线形态。"锤头线"之后没能再创出新高，急速回落到支撑位后开始一波反弹。这波反弹更加缩量（C 处）没有创出新高就又开始回落，自此形成了右肩。涨不动就要跌，上不去就要下，当不能创出新高时，就极可能跌破前低。我们沿头部两侧位于波谷的最低 K 线的实体下沿画出一条向右上方倾斜的直线，为这个头肩顶形态的颈线。从图中可以看到，在跌破颈线之前有 5 根 K 线的下影接触过颈线。这 5 根 K 线的上影线越来越低，终于支撑不住，以一根长阴

线放量（D处）跌穿了颈线。放量并跌穿颈线位为头肩顶形态的卖点。卖点之后，该股连续下跌。

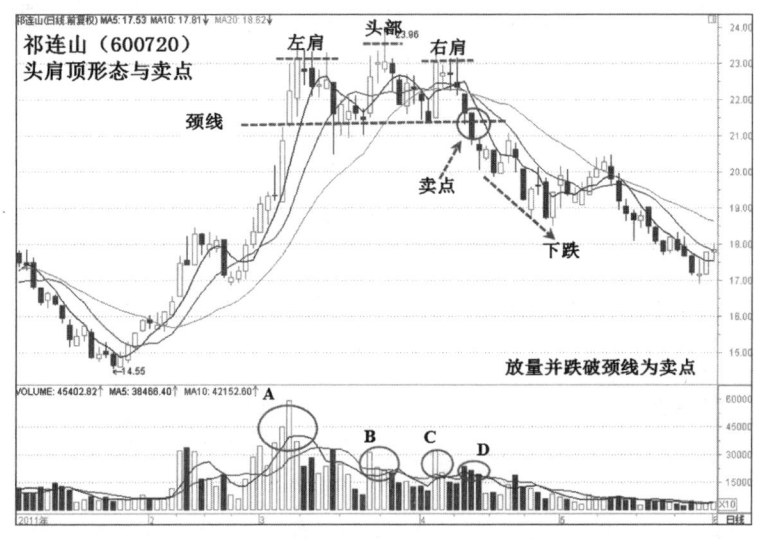

图2-55 祁连山（600720）头肩顶形态与卖点

图2-55显示的是祁连山（600720）从2011年2月到2011年5月的走势图。可以看出，这是一个标准的头肩顶形态。头部创新高的K线走出了"倒锤头"，这是见顶信号。左肩与右肩在同一水平线上。左肩是主升第3浪的波峰，头部是第5浪上涨，右肩是下跌第2浪反弹的波峰。它们的成交量依次减小（A＞B＞C）。沿头部左右两侧位于波谷最低K线的实体下沿可以画出一条水平的颈线。下跌第3浪以放量突破颈线的方式进入主跌浪。放量并跌破颈线的位置为这个形态的卖点。卖点之后是主跌浪连续下跌。

顶背离

背离是用来判断势头即将反向的一种常用方法。图2-56显示的是大元股份（600146）从2010年9月到2011年1月的走势图。从图中可以看出，该股前期不断上涨，DIF指标一直位于0轴之上运行，说明市场一直处于多头趋势中。当该股首次冲高到38元之后，DIF指标进入高位，待回调再次创出新高时，DIF已经不能再创出新高。这说明上涨动能减弱。用两条箭头线分别连接K线的两波波峰，以及 DIF 指标的两波波峰。可以看出，两条直线的方向发生了背离。当发生顶背离时，说明涨过了，价格向下回落的概率增大。DIF 指标线拐头向下时为卖点。我们在图中标出了与之对应的 K 线位置、卖点之后，该股再也没能收到卖点之上。回落之后反弹确认不能再次挑战前高之后，开始了更为猛烈的一波下跌。

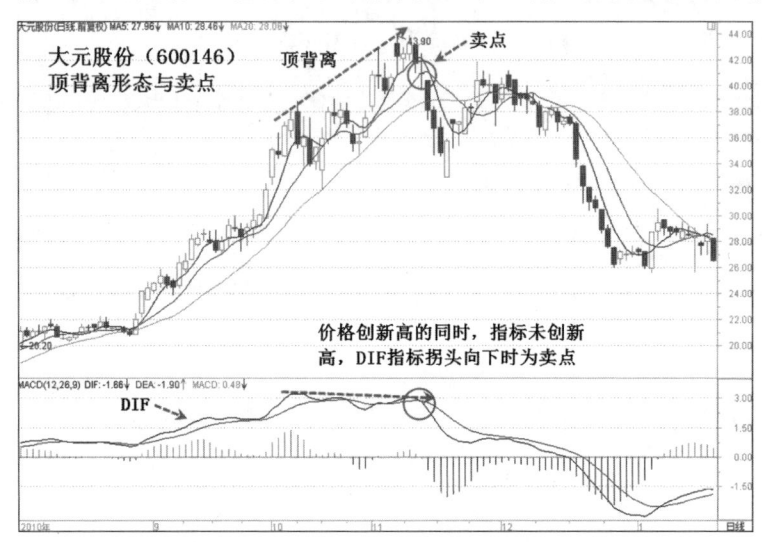

图 2-56　大元股份（600146）顶背离形态与卖点

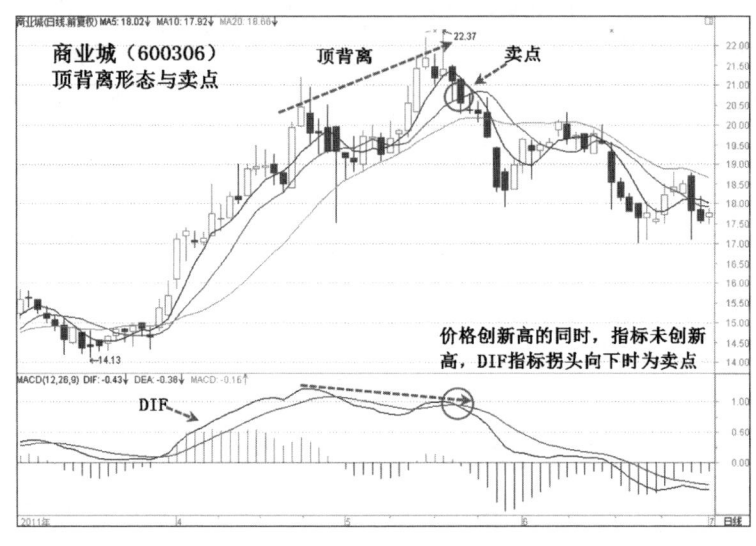

图 2-57　商业城（600306）顶背离形态与卖点

图2-57显示的是商业城（600306）从2011年4月到2011年5月的走势图。从图中很明显可以看出顶背离形态。连接K线两个波峰的箭头线方向向上，连接DIF线两个波峰的箭头线方向向下，明显发生了背离。价格创出新高的同时，指标未创出新高。DIF指标拐头向下为这个形态的卖点。仔细观察该股可以看出，这个顶部的形态也可以看成是一个头肩顶形态。用背离判断出的卖点是在头部回落位置，这个位置要早于用头肩顶判断出的跌破颈线的位置。

底背离

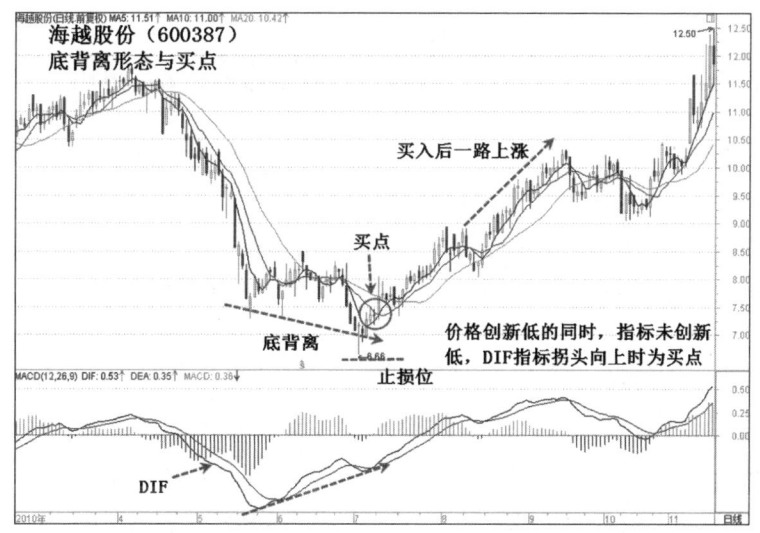

图2-58　海越股份（600387）底背离形态与买点

图2-58显示的是海越股份（600387）从2010年4月到11月的走势图。从图中可以看出，该股前期有一波急速的大幅下跌。DIF与价格同时连接创出新低。这波凶狠的下跌使得DIF线处于低位，此后价格再次创新低时，DIF已经不能再同时创出新低。这时形成了底背离形态。当DIF指标拐头向上时为买点。买入之后一路上涨。

底背离说明跌过了，当前价格过于偏离价格中枢。但要注意底背离发生的位置，当位于大级别的下降通道中，尤其是主跌浪时，背离之后还可能形成背离，而且背离之后反弹的高度有限。背离在箱体震荡和上升趋势的调整中比较好用，可用于抄底。

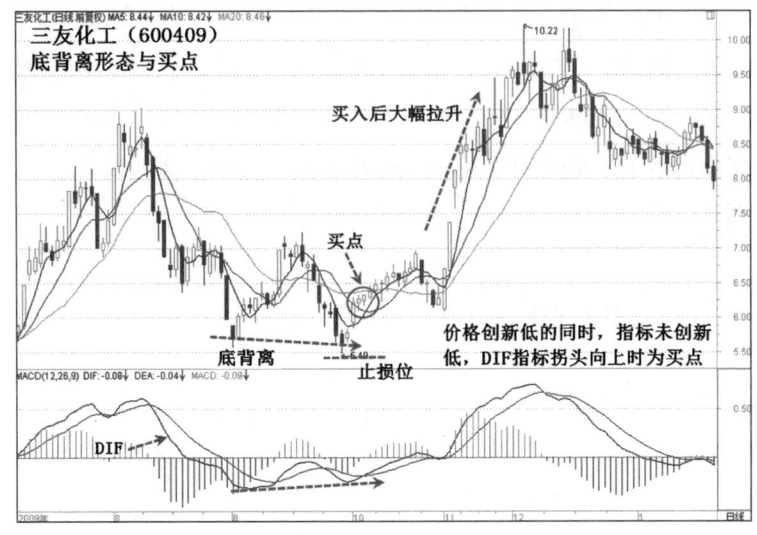

图 2-59　三友化工（600409）底背离形态与买点

图 2-59 显示的是三友化工（600409）从 2010 年 8 月到 12 月的走势图。从图中可以看出，该股在价格创新低的同时，DIF 指标未能创新低，形成了底背离。当 DIF 指标拐头向上时为买点。这个底部形态也可以看成是一个头肩底形态。底背离的买点出现在头部右侧，要早于头肩底形态突破颈线的买点。

▶▶盘后阅读 2：木桶原理

木桶原理是由美国管理学家彼得提出的。说的是由多块木板构成的木桶，其价值在于其盛水量的多少，但决定木桶盛水量多少的关键因素不是其最长的板块，而是其最短的板块。这就是说任何一个组织（系统），可能面临的一个共同问题，即构成组织的各个部分往往是优劣不齐的，而劣势部分往往决定整个组织的水平。

木桶原理又称短板理论，木桶短板管理理论，其核心内容为：一只木桶盛水的多少，并不取决于桶壁上最高的那块木块，而恰恰取决于桶壁上最短的那块。根据这一核心内容，"木桶理论"还有两个推论：其一，只有桶壁上的所有木板都足够高，那木桶才能盛满水。其二，只要这个木桶里有一块不够高度，木桶里的水就不可能是满的。

若仅仅作为一个形象化的比喻，"木桶原理"可谓是极为巧妙和别致的。但随着它被应用得越来越频繁，应用场合及范围也越来越广泛，已基本由一个单纯的比喻上升到了理论的高度。这由许多块木板组成的"木桶"不仅可以象征一个企业、一个部门、一个团队，也可以象征某一个人，而"木桶"的最大容量则象征着整体的实力和竞争力。

对于交易者来说，决定一个人的交易水平的因素包括：技术分析、资金管理、风险控制、心理控制（执行能力）等四个方面。有人会说，技术没有用，资金管理才重要。这种说法应该建立在有一定技术分析能力的基础之上。交易其实是在一定技术点位上的押注。如果你不能区分哪些是容易赚钱的技术点位，哪些是容易亏钱的技术点位，那么拥有再好的资金管理也没有用。还有人说，执行力才是最重要的，这种说法与前面提到的说法是同样的道理。执行力也要有其他三个因素作为基础，否则执行力也无从谈起。因此，哪块是短板，哪块就是当前最重要的、最需要解决的。整体的交易水平由其中最短的一块"木板"决定。

>>股软技巧3：多日分时图

为了便于观察最近几个交易日的高低点、分时线、均价线、成交量等的相对水平，可以调出"多日分时图"。方法为：在分时图中点击右键，选择"多日分时图"，再选择"最近几个交易日"（也可以按组合快捷键"Alt + 3"直接调出来)。在下图中显示的是选择最近3个交易日的情况。点击分时图右下角的"＋"或"－"号也可以增加或减少分时图的显示日期。

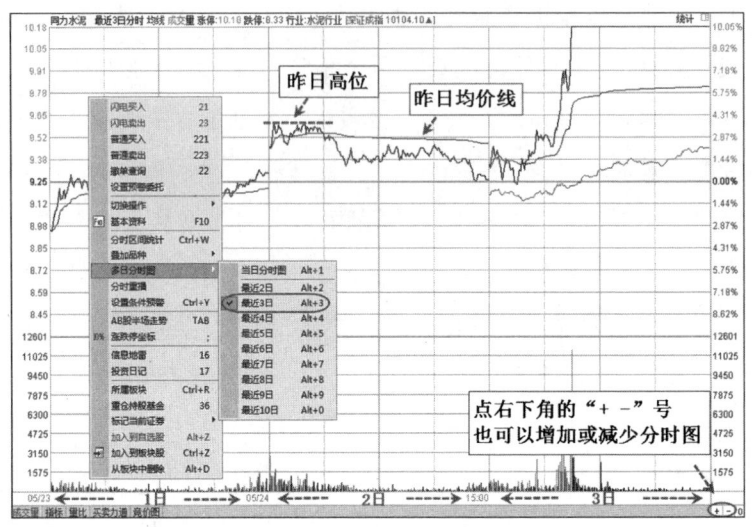

图2-60　多日分时图

●●股软技巧4：提示分析图中的最新缺口

为了便于寻找并观察缺口，形成对支撑或压力作用的直观认识，可以在分析图中调出新近出现的缺口。方法为：在主菜单栏选择"工具"——"系统设置Ctrl＋D"——选择"设置4"——选择"提示分析图中的最新缺口"（或直接按"Ctrl＋D"，也可以调出"系统设置"窗口）。设置完成后选择"确定"，最近的缺口处会按缺口幅度向右显示一条阴影区间，并显示缺口范围的价位区间。如果想观察以往的缺口，可以按住键盘上的"左箭头"向左移动K线，会显示界面区域内的未补缺口。

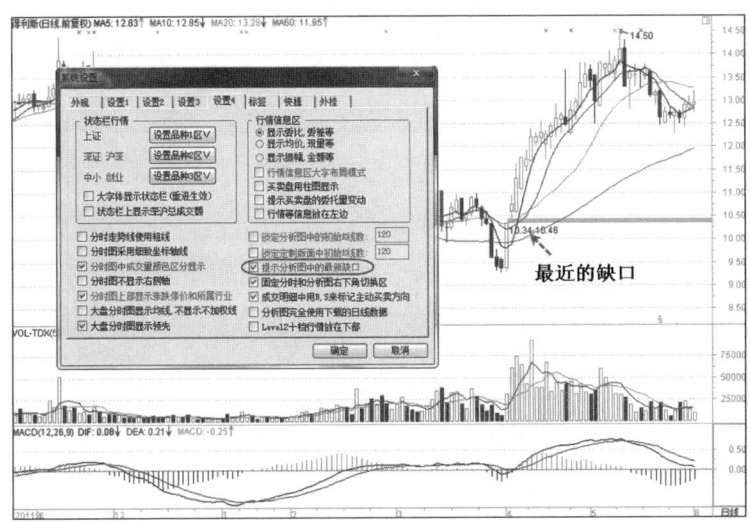

图2-61 提示分析图中的最新缺口

第三章

THE GAME OF PROBABILITY: THINKING LIKE A TRADER

理念与策略

本章主要内容

第 1 节　对策比预测更重要

第 2 节　专做强势板块中的龙头股

第 3 节　不可避免的涨和跌

第 4 节　抄底策略——抄在背离下影时

第 5 节　抄底策略——底中找底

第 6 节　T+1 机制下的一种低吸策略

第 7 节　有多少上影可以重来

第 8 节　如何复盘

第 9 节　系统化交易

第 10 节　过滤交易信号提高系统胜率

第 11 节　站在神的一侧——概率交易

盘后阅读 3：墨菲定律

股软技巧 5：分时图中成交量颜色区分显示

股软技巧 6：多股同列

你若遇上麻烦，不要逞强，你就跑，远远跑开。

——《阿甘正传》

第1节　对策比预测更重要

荀子说过一句话"善易者不卜"，意思是说精通掌握易学的人不需要占卜，或者不需要占卜的形式。"不卜"的原因有很多，其中的主要原因：一是占卜所需的客观条件在不断地发生变化；二是"善易者"无需占卜的形式就已经能得出占卜的结果。

有个故事这样讲：一个非常精通易术占卜之人算到自己心爱的古董花瓶将于某月某日某时辰破碎。他非常喜爱这只花瓶，决定不惜一切代价保全它。于是，他在此时辰到来时将此花瓶摆于桌子中央，护之，寸步不离。吃午饭的时候，其妻唤之，多次不见回应，大怒！上前用力一拍桌子，花瓶应声掉在地上摔碎了。此人顿悟，叹道："左算右算也无法将自己算进去！"从此不易不卜。

上面这个故事中的"善易者"已经把所有的客观条件都考虑了进去，却没有料到，最后决定结果的竟然是他自己。在股市中也存在类似的道理，市场中最主要的两个因素，一个是股票价格，另一个是投资者。股票价格是所有投资者的行为共同决定的。市场中的所有消息最终都反映在价格上。操作的客体是价格，盈利都是靠差价赚得的，不管是长线还是短线，最终都要通过赚取差价来实现盈利。操作的主体是人，是我们自己，投资者的行为会反复影响价格。主体与客体，人与价格，在互相影响、互相作用。市场是投资者利用资金的博弈形式。在市场中，所有对价格的影响因素无时无刻不在变化着。

举一个发生在股市中的真实例子。

老股民一定还对"530"记忆犹新、历历在目。这可以算是史上最著名、影响最大的所谓的"半夜鸡叫"。2007年5月29日，媒体上的多数新闻还在澄清没有上调印花税的政策，称社会上的说法纯属谣传。而仅仅过去了几个小时，即

5月30日2时,各媒体同时报道从当天起印花税由1‰提高到3‰双向征收。这一消息引起了股市连续5天的暴跌。当时真可谓是"哀鸿遍野",满屏惨绿。消息出来之后,多数股票都有3至4个跌停板的跌幅,更有甚者,连续4、5个交易日趴在跌停板上。

当时的市场环境是:股票疯涨,关于各类消息的谣言满天飞,并且不断有相关人员在媒体上辟谣;市场看涨情绪高涨,有人将上证指数看多到了8 000点,甚至有人更是看到了10 000点大关;大量散户疯狂入市,基金销售火爆,银行门口排长队。在当时那种让人情绪亢奋的市场情绪中,投资者要想理出个头绪是相当困难的。各种客观因素都在变化,并且,作为个人投资者,能掌握的信息并不能达到足够的全面、及时、准确。所有的预测都成了猜测。"530"前后的上证指数如图3-1所示。

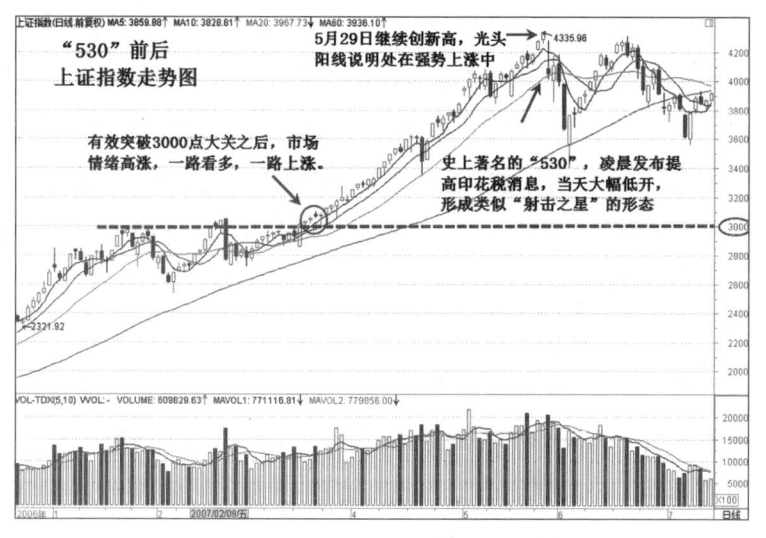

图3-1 "530"前后上证指数走势图

从图3-1中可以看出,在消息发布之前,上证指数的上升趋势良好,并且在不断创出历史新高。现在看起来,也能感受到当时的高涨情绪,谁也不会想到会有随后如此惨烈的回调暴跌。

作为普通的中小投资者,在不能全面、准确、及时地掌握客观因素的基础上如何尽可能地做准确地分析呢？我一向提倡使用适当的技术分析。即使你是一个长期投资者或者是看重消息面的投资者，也需要具备一些技术分析能力。还是那句话，所有的信息反映在价格上。投资者需要根据自己的市场经验形成自己的一套交易方法，即交易系统，这是一个对策系统，而不是预测系统。

我们先来看看，在当时情况下，尽我们所能来进行预测的话，能预测到哪种程度：

（1）比较低级的，单凭感觉，涨多了就要卖。在当时的3 000点之上，伴随着不断创出新高，猜顶的心理压力也在不断加大。到3 500～3 600点左右的时候就会产生高处不胜寒的感觉，从而可能提早卖掉股票。结果是，上证指数还在继续上涨，在5月29日时最高涨到了4 335点。由此可见，单凭感觉来猜是不可靠的。

（2）比较高级的，凭借预测方面的技术分析，比如波浪理论、江恩理论，或者技术指标进入超买区间等等。如果靠波浪理论的数浪来预测卖出点位的话，在投资者的耐心比较好且不盲目操作的基础上，应该能卖到4 000点左右的位置。理由很简单，一波同级别的上涨，经过了明显的两次回调，之后应该是在这个级别的5浪或是某个延长浪上。这时是这段上涨行情的相对高位。能做到如此，已经需要很强的理论和实战水平。

（3）比较有经验的，依靠经验，放天量的5月24日那天应该出场，当天放出了巨量并且是阴线，这也是一个预测见顶的信号。或者是高位的向上跳空缺口，这时往往是"衰竭缺口"，具有特殊意义。还有就是，随后的"量价背离"现象，即阳线的成交量减少，而与此同时，指数价格却在创出新高，这也是一个见顶信号。这样，可能卖在这一波上涨行情的4 000点左右的位置，也可能卖在3 500点附近，因为在3 500点这个区间也有类似的特征信号。最后要说明一点，依靠经验的一般是老股民，新手很难达到这种定力和耐心。

预测与对策的最大区别就是：预测是在看到上涨/下跌之前操作股票；而对策是在看到股票上涨/下跌之后操作股票。也就是通常所说的左侧交易与右侧交易的区别：左侧交易偏重预测；右侧交易偏重对策。投资者在市场中经常会听到

"抄底逃顶"的说法，意思是说，买在一波上涨行情的底部，卖在这波上涨行情的顶部。这里的底部和顶部是一个区间而不是一个顶点，这一点一定要提醒投资者明确和注意。

细心的投资者或是有经验的投资者在这里可以停下来思考一下，预测与对策，左侧与右侧，究竟有什么区别，有何利弊？

我们说，预测与左侧交易最大的弊端在于，其极有可能在半山腰卖掉，卖出之后造成踏空，很难再找到合适的买点。而对策与右侧交易的不利在于，会失去一部分到手的顶部利润，即损失一些浮盈。总的来说，预测与左侧交易做到完整大波段的概率较低，但一旦抓住的话，得到的利润会相对大一些；对策与右侧交易做到完整大波段的概率较高，但只能吃"中段"。因此，对策与右侧交易是比较稳妥的交易方法，稳定性比较强，这也是本书推荐的方法和理念。

下面我们来看，如果是用对策来做这一波上涨行情的话，可能在哪个点位卖出。

从K线形态上看，"530"消息出来的第一天的收盘K线收出了一根长上影的阴线，这是一个类似"射击之星"的形态，只是没有高开而已。在如此大的负面消息影响下必然会大幅低开，但"射击之星"的形态意义是适用的。通常，个股在波段顶部会经常出现这种形态的K线走势。

前面对预测的分析中，不管哪种分析，都没看到"下跌"这个事实，所以可能卖到 3 500 ~ 4 000 点附近的任何位置。而用对策的方法来看，只有"530"这一重磅利空消息是"靴子落地"，走出的这个"射击之星"是阶段见顶信号。这是看得到的"下跌"，也是事实。右侧交易是对事实产生的相应操作对策。一个合理的卖出位置是在"射击之星"的最低价附近设置止损，一旦跌破这个止损位则无条件离场。从图 3 - 1 中可以看到，其止损位是 4 000 点附近的位置。在个股的操作中，明确判断出卖出信号之后，即使在当时有跌停的情况，在暴跌的 5 天中的前两天也有机会离场的，完全可以避免后面 20% ~ 30% 的跌幅。很多股票在"530"之后便形成了历史顶部。如果这时还坚持主观看多，很可能被套牢很长一段时间。"对策"的操作方法就是要"眼见为实",看到了卖出信号则无条件离场。

通过"530"这个实例我们可以看到,如果使用预测的方法,可能由于市场谣言、市场情绪、心态失控等等原因而在上涨趋势的中途出局,而且每天都可能处在提心吊胆的状态中,如果仓位较重的话,甚至可能导致失眠。与之相反的是,如果使用"对策"的方法,则不会受所有听到或未发生的事情影响,"任尔东西南北风,咬定青山不放松",这样更容易在牛市中坚决"捂股",在熊市中捂住钱袋子。对策与右侧交易方法是顺势而为的交易方法,"顺势"是本书的主要理念之一。

"对策"的操作方法揭秘

通过前面的分析,投资者应该能认识到"对策"的操作方法具有简单、稳定的优势,下面我们来探究一个顺势波段操作技巧,如图3-2所示。

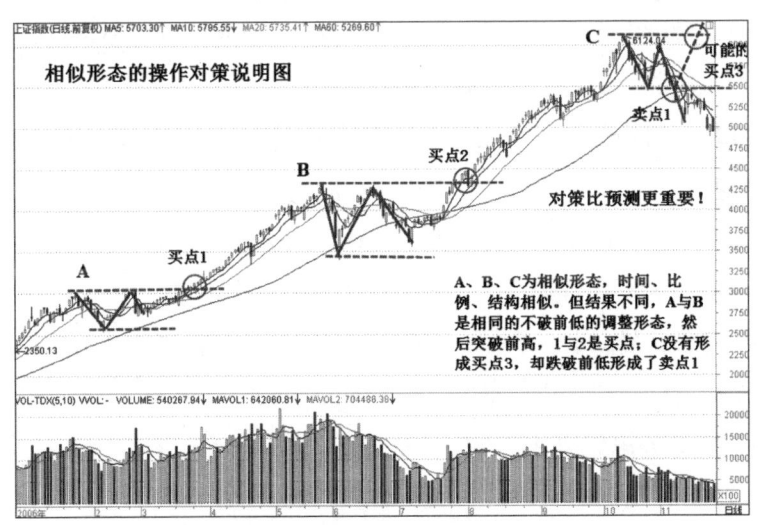

图3-2 相似形态的对策说明图

从图3-2中可以看出,在2007年的牛市行情中,呈现了良好的趋势性。图中显示了A、B、C三个相似的调整形态,三个形态在时间、比例、结构上相似,这是同一级别的调整,产生的结果却是不相同的。我们从第一波回调的低点与反弹的高点分别画出两条平行线，很容易观察出，A与B都是回调不破前低，然后突破前高继续创出新高。在突破前期高位的位置分别用圆圈标出了买点1和买点2，这是两个具有相同效用的买点。

再来看C形态，虽然C在结构上与A、B相似，还是"N"字形，但这一次C的调整没有突破前期高点，没有形成可能的买点3（向上的虚线走势），反而跌破前低形成了卖点1。

我们对上升趋势的定义是，波峰与波谷不断抬高；对下降趋势的定义是，波峰与波谷不断降低。从而可以看出，A与B不破前低，随后突破前高，这是上升趋势；C没有突破前高，而跌破前低形成了下降趋势，事实证明，上证指数也是在这里形成了转势，即从顶点6 124点以来的大反转。C中的卖点1是合理的卖出位置。这是实际走出来的行情，无需猜测，是卖出对策。

使用对策无需担心没有发生的事情，一切以发生的事实为准。投资者通过大量的实战以及对历史图表的分析之后，能够找到符合自己的风格偏好并且具有概率优势的K线形态。这些形态，你只要看一眼行情图，就应该能够识别出来。根据既定的操作计划执行即可。这便是"善易者不卜"的道理，你已经熟练掌握了其中的规律性，所有条件都已经固化在了你的脑子里，这样可以形成直觉性的反应。随着整个行情走势的变化，即客观条件的变化，你的对策也在不断变化，一切都是顺势而为，水到渠成。能做到如此的操作境界之后，一切都是轻车熟路，预料中的事，预测也便没有了必要，因为所有的几种可能情况，你都已经见到过，你要做的就是"见机行事"。

预测与对策的思维方式

很多时候，不管做什么事情，决定成败的都是思维方式。

预测的思维方式是，"市场应该会发生A"，或者"市场应该会发生B"。这样的做股思维，往往会造成偏执一方，产生"死多"或"死空"的想法，形成做错了就死扛的局面。比如，在图3-2例子中，我们判断出转势的可能性较大之后，市场中还会有相当多的"死多头"在坚持自己的看多观点。老股民一定知道著名资深股民"杨百万"有句名言，"不做空头，不做多头，只做市场的滑头。"

对策的思维方式是,"如果 X,则 A;如果 Y,则 B",是由不同的已知条件制定不同的应对方法。从图 3-2 的例子中可以看出,具体的思维方式是,"如果突破前高则买进;如果突破前低则卖出"。这就是做突破的最直接、简单、明确的对策思维方式。

预测需要以全面、准确、及时的信息为基础,很多个人投资者不具有这样获取信息和解读信息的能力。我们最有力的武器就是技术分析能力与良好的执行能力。顺势而为,做大概率的事情。总结有优势的形态,形成相对固定且明确的方法,用对策来战胜市场,而不是去猜测市场该如何走,市场并不知道你在想什么,让市场告诉你应该做什么。对策比预测更重要。

牛市或熊市都能赚到钱,只有猪是注定被宰杀的。巨额利润是靠耐心等来的。

——《华尔街:金钱永不眠》

第2节 专做强势板块中的龙头股

好股票一定是涨得好的,何谓涨的好?一是,看上去漂亮,走势流畅,没有过多由长上影或长下影线形成的"毛刺";二是,量价配合好,上涨温和放量,下跌缩量,突破前波高位时适当放大成交量,但不会放出巨量;三是,成交活跃,换手率适中,流通盘适中,换手率在上涨活跃时保持在 5%~10% 上下,流通股本在几亿到十几亿左右。

选股如同选马,好马应该看上去充满力量、体格强健,并且本质上血统纯正。同样,好的股票应该是看上去有上攻态势、图形流畅,并且基本面质地优良。做股成功率比较高的方法之一就是自上而下的选股方式,先从大盘选择进场时机，当大盘处于上涨时间窗口的多头市场时进行布局。然后再选板块，当大盘进入多头时，一定会有个别板块已经率先启动，发动行情的板块就是我们要找的强势板块，比如，四万亿救市时的建材水泥板块、金融改革时的券商信托板块等。在强大的利好支撑下，板块不会在上涨一个涨停板的幅度时就偃旗息鼓，让它们先涨出来，然后我们再锁定它们。最后确定龙头股，龙头股会满足前面提到的"漂亮"特征。

强势板块通常会有大的概念背景作为支撑，虽然所有的消息都反映在价格上，但技术派也不是一点也不看基本面。而且，能支撑起一个板块的概念一定是所有市场参与者都了解的大概念，这不用你去专门留意和挖掘。这些概念的特点是：作用时间长、力度大、发布权威，通常是国家政策或产业政策。我相信，能看到本书的交易者，多数是先知先觉的人。想想看，当媒体大肆宣传这些利好政策时，无疑是一直在为相关的受益板块和个股做广告，后续还会不断有人加入进来，从而不断推高股价。

很多人会因为强势板块已经启动而认为不宜追高，这里需要厘清一些认识：首先，要有波段操作的概念，我们参与强势板块的时机一定要选择在波段的起始位置。通常一波有概念的炒作都会有3个到5个涨停板的上涨幅度，我们在第一个涨停板的位置附近找机会介入，在起始位置不要怕追高。其次，如果错过了最佳介入时机，在后面的介入要有低吸策略和资金管理策略。其三，绝不在3个涨停板附近盲目追高，我们需要遵守纪律，按波段循环操作。这次波段进场机会错过了，就要等下一次机会，或者等低吸的机会。宁可放过高风险的机会，也不能冒着被套牢的风险追在波段高位。

除了在特定概念下受益的特定板块之外，在每波行情中都会经常有所表现的板块包括：券商板块、有色板块、能源板块、医药板块、地产板块等等。这些都是优质板块，只要经济向好，都会有利好政策。也就是说，只要大盘上涨，资金优先追逐这些板块中的股票。

我们以一度表现强劲的酿酒板块来说明一下做强势板块以及做龙头股的意义。

下图列出的是酿酒板块的主要个股。

	代码	名称	涨幅%	现价↓
1	600519	贵州茅台	-0.00	227.69
2	002304	洋河股份	-2.50	164.00
3	000869	张 裕A	-0.35	97.54
4	600809	山西汾酒	0.90	77.52
5	000596	古井贡酒	-0.43	50.88
6	000568	泸州老窖	1.16	44.41
7	600600	青岛啤酒	-1.12	36.32
8	000858	五粮液	0.45	35.75
9	000799	酒鬼酒	-1.85	35.56
10	600702	沱牌舍得	-2.50	30.36
11	002646	青青稞酒	0.84	29.86
12	600559	老白干酒	0.14	28.63
13	600779	水井坊	1.92	27.09
14	600199	金种子酒	-0.18	21.77
15	000729	燕京啤酒	0.25	15.87
16	600197	伊力特	0.55	14.52
17	600616	金枫酒业	4.93	13.84
18	600059	古越龙山	1.17	13.00
19	600090	啤酒花	1.31	9.30

图 3-3 酿酒板块

从中可以看到，酿酒板块有很多高价股，在目前的市价排名中，市价最高的前 6 位中有 4 只是该板块中的股票。其中的贵州茅台（600519）和洋河股份（002304）位于两市现价最高排名的前两位。从股价上也可以看出，该板块有很多优质股，高价格通常反映了高价值。

在该板块中，2012 年上半年我们一直关注的一只个股是沱牌舍得（600702）。按照自上而下的选股过程，先大盘，再板块，再个股。

先看大盘，这次我们选用了"沪深 300 指数"进行分析，如图 3-4 所示。

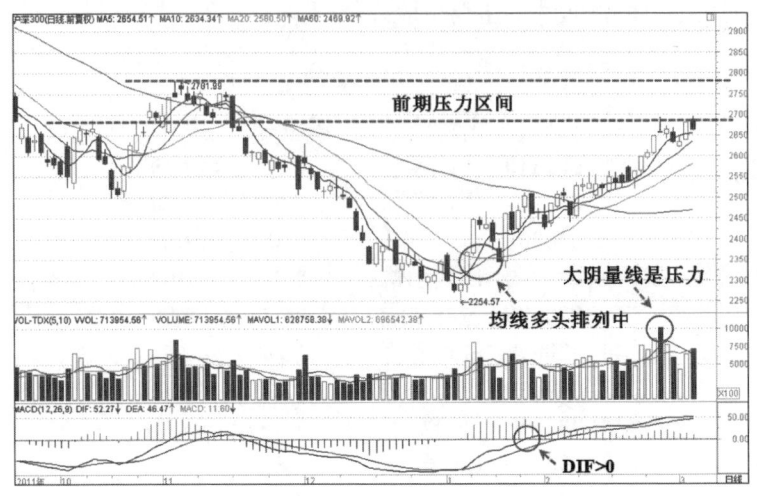

图 3-4 沪深 300 指数分析

图 3-4 显示的是沪深 300 指数（399300）从 2011 年 10 月到 2012 年 3 月 5 日的行情图。客观看，该指数处于多头市场，但可能也位于这波上涨的压力区间。看多的条件为：均线处于多头排列中，MACD 的 DIF 线在 0 轴之上，指数也在 10 日均线之上。看空的条件为：前期压力区间，前面有大阴量线。后面的行情证明了当时图中所画出的压力区间的压制作用，3 月 5 日的最高价附近正是这轮上涨的极限位。

再看个股的简单技术分析，如图 3-5 所示。

图 3-5 显示的是沱牌舍得（600702）在同一时期的走势图。从图中可以看到，由前波高点位置向右画出一条水平直线。该股从前高下跌到 14.6 元创出最低点，然后开始一波 V 型反转行情。DIF 与 DEA 形成金叉之后，在图中圈出的位置突破 0 轴，该股进入多头市场，时间与图 3-4 中 DIF>0 的位置基本相同。这个位置是买入的第一位置。在此之后，该股不断回升，一直涨回到前高位置附近。

我们在图中标出了确认突破的四个步骤，用 1 表示挑战前高，用 2 表示突破前高，用 3 表示回踩前高，用 4 表示再次突破的买点。DIF 与 DEA 粘合之后，再次向上发散，MACD 再次出现红柱。一张图胜过千言万语，一目了然，1—2—

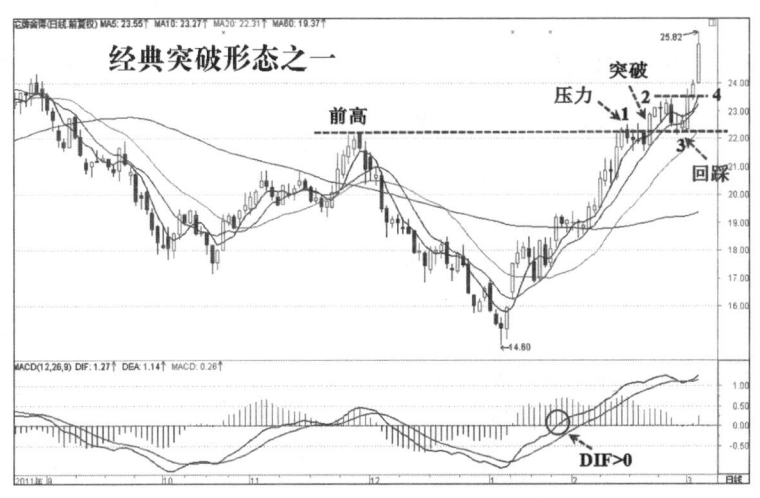

图 3-5 沱牌舍得（600702）突破形态

3—4 是经典的突破形态之一。

最后我们一起验证一下当时的判断，下图 3-6 显示的是沪深 300 指数从 3 月到 5 月的走势。

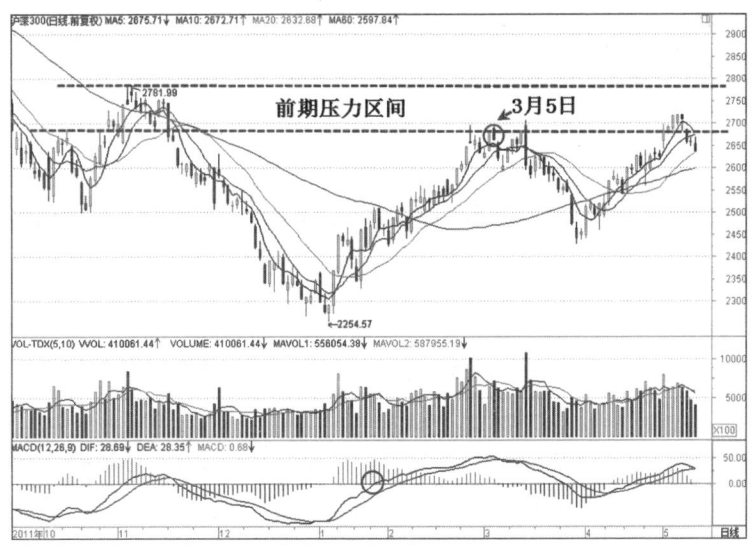

图 3-6 沪深 300 指数分析

图 3-6 上标出了图 3-4 中 3 月 5 日当天的 K 线位置。此后大盘指数跌破 MA10，然后回抽了一次这波高位，最后还是没能突破图中前期压力区间的下沿，在 3 月 14 日，以一根放量长阴线结束了一波上涨行情。

所有行情都会有一个阶段顶部，所有技术分析都应该以概率的形式呈现，执着地看多或者看空都是不合理的。也就是说，不能死多也不能死空，应该以看到的为准，让市场告诉你应该怎么做。在具体操作上应按照个人的具体方法和风险偏好，注意控制仓位，顺势操作。

虽然大盘面临着前期压力区间，但我们选出的强势板块中龙头股明显比大盘强势。下图 3-7 显示的是沱牌舍得（600702）自 2007 年历史大顶以来的整体走势。

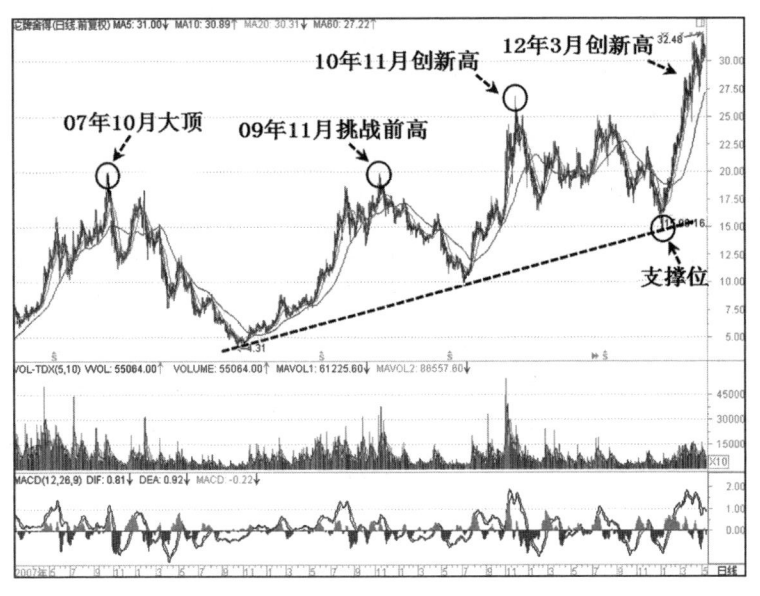

图 3-7 沱牌舍得（600702）不断创新高

图 3-7 显示的是 2007 年 5 月到 2012 年 5 月，5 年来的行情图。在图中，标出了在 2007 年 10 月创出的历史大顶。我们知道，大盘在 2007 年 10 月之后，再也没有重新站上 6 124 点，即没有创出过新高。但从图上可以看出，该股在 2009 年的大反弹中，在 11 月曾经一度挑战历史高位。此后，该股在 2010 年 11 月成

功突破了前期高位,创出了历史新高。这意味着其站上了相当于大盘 6124 点的高位。

我们连接图 3-5 中前两个波谷的低点,向右上方画出一条支撑线,也是上升趋势线。可以得到图中标出的支撑位,这个位置正好穿过前面图 3-5 中 14.6 元的低价。此后便是 V 型反转,开始了新一轮的上涨行情。直到图中的 2012 年 3 月份,也就是图 3-7 中突破前波高位出现买点之后,再次创出历史新高。该股在 2007 年的高位在 20 元左右(除权除息之后),图中已经到了 30 元之上,较高点上涨了 50% 以上,也就是相当于大盘 9 000 多点的位置,而当时的大盘才处于 2 400 点左右,如此比较,操作强势板块龙头股的意义便显而易见。

我们经常建议投资关注券商板块,该板块在每轮行情中都会有不俗表现。它经常作为发动行情的领涨板块。我们最后简要看一下在最近这次牛市行情中,作为领涨板块的券商板块在 2014 年 7 月之后的两波主要行情。

上证指数在 2014 年 7 月的 2 000 点附近启动,到 2015 年 4 月的 4 400 点附近,一共上涨了 120%,如图 3-8 所示。其中主要包括券商股的金融指数,从 2014 年 7 月的 600 点附近启动,到 2015 年 4 月的 2 000 点附近,上涨幅度高达 230%,如图 3-9 所示。

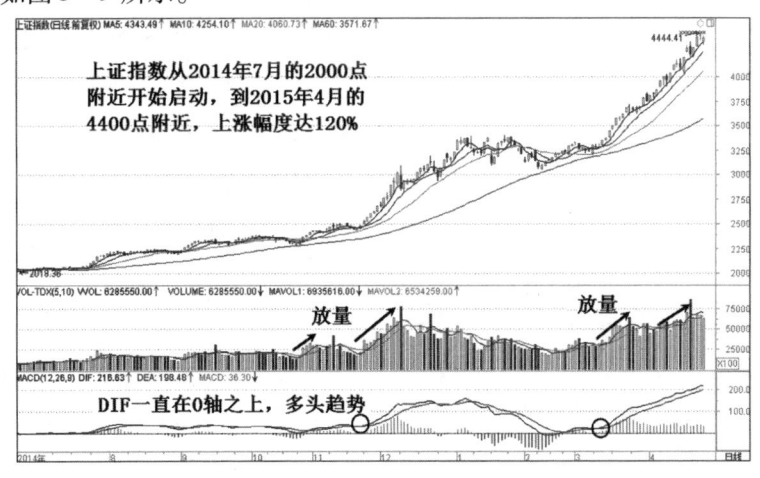

图 3-8　上证指数涨幅

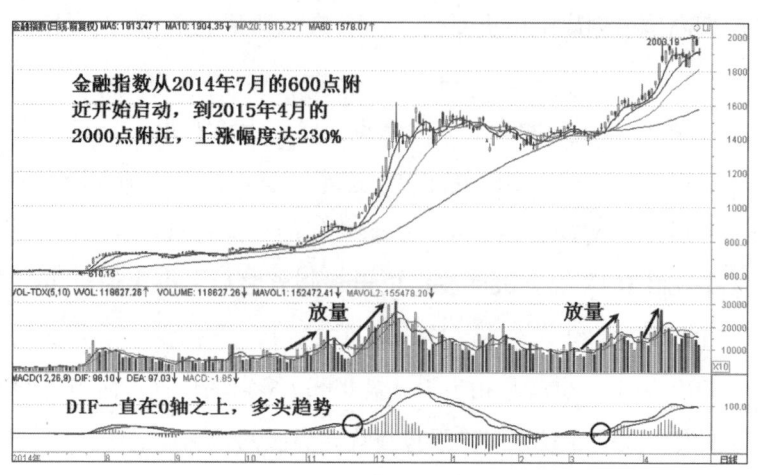

图 3-9 金融指数涨幅

从图 3-8 和图 3-9 可以看到，两图中的 DIF 指标都一直位于 0 轴之上，说明处于多头趋势当中。按照 MACD 指标的快慢线在 0 轴附近的黄金交叉就可以作为波段买入信号。我们在图中用圆圈标出了两波行情的介入位置。图中的 K 线价格基本是以向上推动浪的形式上涨的，介入的合理位置是调整之后的上升浪起点。可以将调整的前低作为止损位，用小的止损博大的利润。在强烈的多头趋势中，上升浪在时间和空间上都会有相似性，也就是说，前一波的上涨时间和上涨幅度可以为下一波的操作提供参考。还要提醒一个值得注意的券商板块的开放式基金是证券 B（150172），它在这轮牛市中也有相当大的涨幅。

通过自上而下的选股，在大盘处于多头趋势时，在领涨板块中选择龙头股进行操作。选择的买点应该集中在调整之后的上涨波浪的起始位置。参考与均线的位置和成交量情况进行止盈。以调整的低点作为止损位置，一旦跌破趋势就果断出场。龙头股往往会表现出强者恒强的特点，推动浪像下跌浪一样具有惯性，在上涨时投资者应该耐心持股。、天道有常，不为尧存，不为桀亡。

——《荀子·天论》

第3节 不可避免的涨和跌

很多老股民都至少掌握一两种很有效的赚钱形态，这可以说是他们的独门暗器，胜率极高，走势也很熟悉。

初学者会问，我把这些形态学来就可以成为老手或高手了吗？当然不会这么简单。老股民的这几件独门暗器是经过长期实战检验过的，你可以把这些形态拿过来，但老手对这些形态的处理，对当时市场情绪的体会，持仓的信心等等这些都是你拿不走的。也就是说，你只能达到知道的程度，但并不能轻易达到理解的程度。

这些形态都是老手经过千锤百炼才找到的属于自己的市场"秩序"（我经常提到这种"秩序"）。在老手的眼里没有意外的行情，对他们来说，"阳光下没有新鲜事"。经历过非常多的走势之后，老手看一眼行情图即可分辨出压力支撑，判断出涨跌概率。滑头就是指的这些人，老手不会看死多，也不会看死空，他们是"墙头草"，哪边风硬哪边倒。眼上的功夫我们可以称之为"看功"，它和股票大作手利佛莫尔提到的"坐功"有异曲同工之妙，简单却不容易。

技术分析的方法各种各样，这些是形式上的区别，大多数的指标都是价格的变形。到一定程度之后，为了保持尽量简单，你应该弃用一些指标或条件。如果把技术方法、指标看作是兵器库里的兵器的话，你会经历一个收集研究各种兵器的过程，最后你可以达到信手拈来、用很多兵器作战的程度。但最好用的可能是最简单的，举例来说，老手可以用MA60均线或者一组均线的组合及形态来判断趋势，这是最简单有效的方法之一。不管用多么复杂的指标或方法，最终都会得出相同的结论。

学习指标是很多人都要尝试和经历的一个阶段。指标的好处是简明直观，有助于识别形态。但更高的境界是"片叶飞花即可伤人",价格才是最直接最本质的。最终应该是看裸 K 线,最多由于习以为常再加上均线足矣。我们这里所说的不可避免的涨和跌的形态也是价格上的 K 线形态。这可以是单根 K 线,可以是几根 K 线的组合,也可以是众多 K 线组成的 K 线整体结构。总之,它是某种价格模式(经常会配合成交量)。

不管你处于哪个阶段,最好从寻找并坚持属于自己的一种形态开始。弱水三千,只取一瓢饮。板块是轮涨的,要找到强势板块中的龙头股。抱朴守拙,只要手中的股票涨幅高于中小板指数的涨幅就是胜利,这就说明你战胜了大多数的投资者。当你有两块手表的时候,倒是会影响你的判断。如果操作不顺的时候,也请回到最有把握的那种形态。坚持做效用最大的、最有把握的赚钱模型。

"锤头线"加"黑马线"

找到你的片叶飞花。它不一定是复杂的结构,可以先从简单的 K 线组合或是均线形态做起。我在《黑马波段操盘术》中提到过"黑马线"(MA10 均线)的很多用法,投资者可以具体参考其中的操作方法。举一个例子,只用一个简单的条件就可以大大提高出手的胜率,比如,只做 MA10 均线方向向上的股票。这一个简单的条件就能过滤掉大多数的下跌趋势。如果再加一个 K 线形态,比如常用的"锤头线"形态,就组成了一个简单的操作模式。概括一下,在波段低位形成"锤头线"形态,MA10 均线方向拐头向上的时候买进。

我们回顾一下"锤头线"的形态特征:

(1) 出现在下跌趋势的波段低位。

(2) 小实体 K 线,通常是阳线。

(3) 无上影线或者上影线很短,但下影线较长。

利用"锤头线"形态加上 MA10 均线判断买点的例子如图 3-10 所示。

图 3-10 显示的是银基发展(000511)从 2011 年 11 月到 2012 年 4 月的行情图。从图中可以看出,该股在前期经过了一波大幅下跌之后,在下跌趋势的低位形成了一个"锤头线"形态。这是一种底部反转形态,上涨概率较大。这时的 MA10 均线方向还是向下的,我们为了确定转势,继续等待 MA10 拐头向上。

直到图中标出的位置，在2012年1月17日，该股的MA10首次拐头向上，按照我们之前确定的计划，这是一个买点。买进之后，该股的MA10方向一直向上，可以坐等上涨，持股不动。

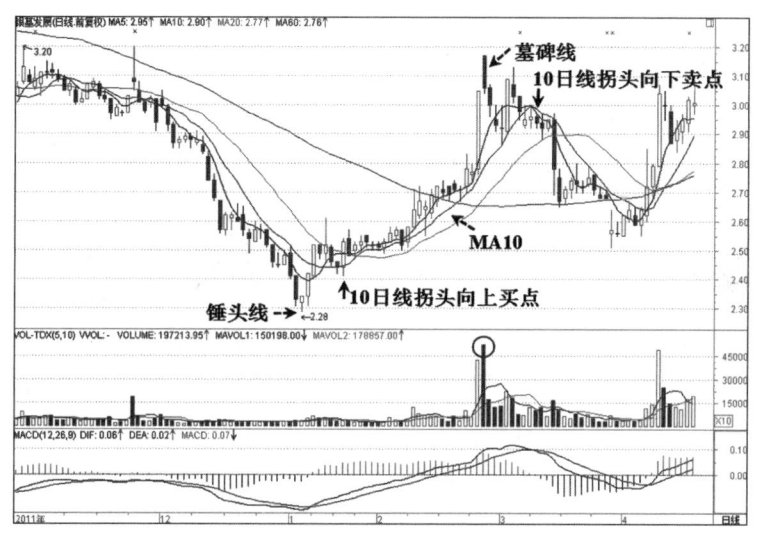

图3-10 形态买点

此后，直到3月9日，MA10才拐头向下，可以将其作为与买点相对应的卖点。对K线形态比较熟悉的投资者可以看到，处于这轮上涨的最高位置的K线走出了一个"墓碑线"，没有上影的长实体阴线，并且完全回补了当天的跳空缺口，伴随巨量放出。这是一个顶部反转形态，见到这种形态也可以提前止盈一部分筹码。

再来看一个例子，图3-11显示的是冠城大通（600067）从2011年11月到2012年4月的行情图，这几乎是一波教科书式的上涨。从图中可以看出，该股在前期经过一波下跌之后，在下跌趋势的低位形成了一个"锤头线"形态，它是一个收阴的"锤头线"。这时的MA10均线方向还是向下的。直到图中标出的位置，在2012年1月10日，该股的MA10首次拐头向上，同时明显放量，这是一个买点。买进之后，该股的MA10方向一直向上，有一波大幅拉升行情，成交量明显温和放大。

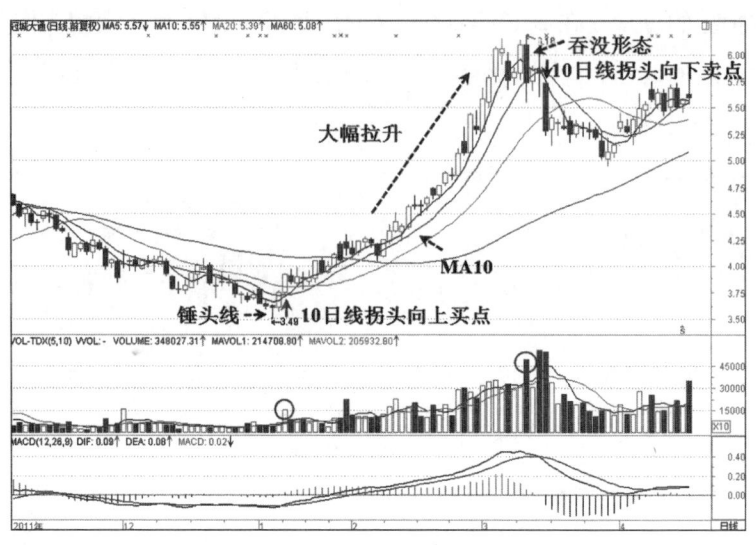

图 3-11 形态买点

此后，直到 3 月 15 日，走出了一根大阴线，并且放出巨大的成交量，MA10 经过长期上升之后首次拐头向下，此处是与买点相对应的卖点。同样，该股在顶部也形成了一个明显的顶部反转形态，它是由两根 K 线组成的形态，后一根 K 线以长实体阴线完全吃掉前一根中阳线，组成一个吞没形态，并伴随巨量放出。同样，见到这种形态也可以提前止盈一部分筹码。

缺口

缺口也是我们使用较多的一种技术，对于缺口的意义我多次提到过，它是价格在 K 线上的空档，是价格打破平衡留下的明显信号。形成缺口之后的两日内若不回补，由于缺口下的强支撑作用形成强烈的买盘很可能推动股价继续向上突破。

需要再次强调的是，注意缺口形成的位置。经过调整之后，在波段低位形成的缺口是一波上升行情的初始位置。之后再产生的缺口是持续缺口和衰竭缺口，它们分别在主升浪和冲高浪中出现（波段高位）。

下面一起来看在两只个股上利用缺口形态判断买点的例子。

图 3-12 显示的是个股得利斯（002330）在 2012 年 1 月到 2012 年 5 月期间

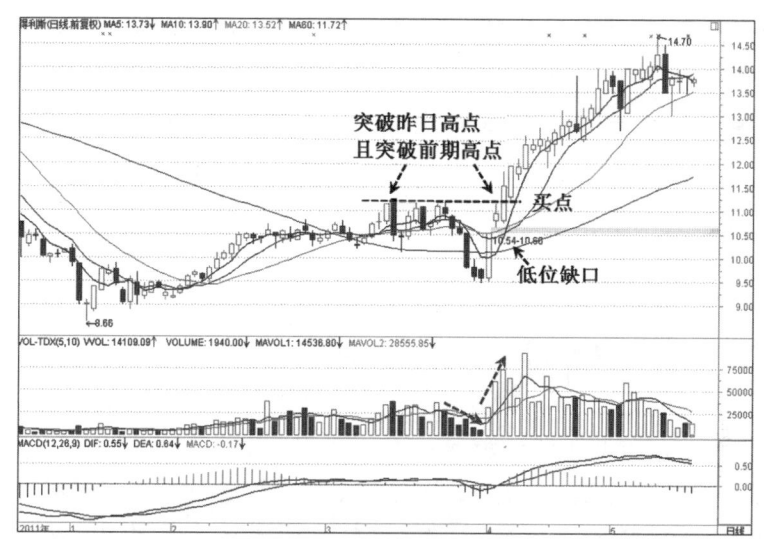

图3-12 缺口形态买点

的走势图。从图中可以看到，该股前期有一波上涨，之后展开震荡，MA10均线几乎走平。在形成缺口之前，该股走出了一连串的缩量阴线，但是之后由一根涨停的长阳线放量吃掉了前面的三根阴线的跌幅，又回到了MA10之上。长阳线突破前面的几根阴线，以涨停的形式，体现了上涨的动能。涨停之后的次日跳空高开，形成了一个向上的缺口，从图中可以看到缺口在10.54元-10.66元。

形成缺口的当天还不能盲目地追进去，要看之后的一两日缺口是否被补上，如果被补上则说明缺口的支撑作用无效，或者支撑力度不够。该股在缺口形成之后的第二天没有回补缺口，选择继续向上突破。我们在前一根K线的高点处画出了一条水平直线，将其向左延长，正好穿过前期的高点。这样，突破了昨日高点也就同时突破了前期高点（水平线）。此时成交量连续放大，形成突破买点，可以选择在突破时买进一批，在收盘前买进一批。

买进之后，该股一路上涨，走出了10连阳。到图中当前位置为止，在27个交易日中只有4根K线收阴，一共走出了23根阳线。从K线形态上还没有看出明显的卖点。其中在4月23日收出了一个长上影类似"射击之星"的K线形态，不过没有放出巨量，次日也由一根阳线收复了阴线实体，可以继续跟随上涨趋势。从图上看，后面如果哪天收盘跌破最高的那根长阴线的低点，就可以看作是一个卖点。

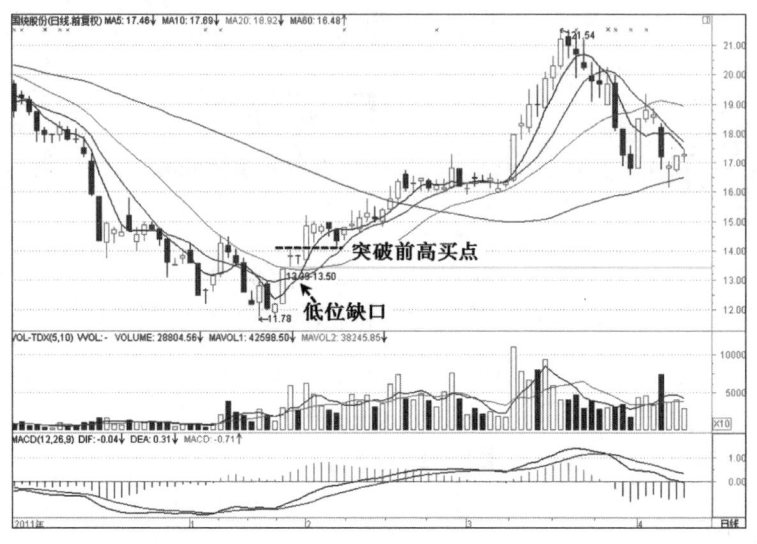

图3-13 缺口形态买点

图3-13显示的是个股国统股份（002205）从2012年1月到2012年4月期间的走势图。从图中可以看到，该股经过一波下跌之后在低位出现了一个涨停板，次日向上跳空形成了一个缺口，从图中可以看到缺口位于13.39~13.50元。

缺口之上是连续两个小星线，均没有回补缺口，说明支撑力度明显，该股在蓄势向上突破。第三天该股走出了一个长阳线，一举突破前面两个小星线的高点。这个位置是突破前高买点，同样可以分批买进，盘中突破时买进一批，收盘前买进一批。

买进之后，该股一度回踩之前突破的前高一线（图中的直线），此后开始缓慢爬升。在16元一线经过反复整理之后，开始了一波冲顶行情，连续7天创出本轮新高。冲顶之后，连续走出带有长上影和长下影的阴十字星，这些是顶部信号，可以考虑开始抛出手中的筹码。此后当股价连续收在MA10之下时，说明已经走弱，可以在MA10向下拐头时清掉最后的筹码出局。

需要注意，缺口意味着价格的跃迁，它是一种急速的价格波动形式，所以在依据缺口形态买进之后，稳健的做法是在后面冲高时先止盈一部分筹码（配合成交量形态来判断），再利用一部分筹码跟踪趋势。还要注意，对于远离 MA10 均线的缺口形态要谨慎操作，宁可放过机会，也不可冒着过大的风险追高。最后，我们做一种上涨概率大的形态时，也要做好防守，可以将止损设置在缺口下沿附近。

不要忘了，这个世界穿透一切高墙的东西，它就在我们的内心深处，他们无法达到，也接触不到，那就是希望。

——《肖申克的救赎》

第4节 抄底策略——抄在背离下影时

在讲抄底之前先重申一个主要的操作理念，我们通常提倡顺势操作，做波段重要的是抓"鱼身"，而不是抓"鱼头"，最好是把"鱼头"和"鱼尾"留给别人。但是，很多人还是喜欢用小资金去抄底，验证自己判断的准确性。抄底的理由是，这个位置发生反弹的概率较高，或者是极高。

市场会教给我们对策。从经验来看，抄底的最大效用位置之一是，经过一轮下跌之后，指数/价格创出一轮新低，但同时指标未创新低，即发生背离的时候。这时候，价格偏离价值过多，有所谓的有反弹需要。这里要注意一点，此时发生的是反弹，可能在后面转变为反转，也可能反弹两小波之后形成 a、b、c 三浪，然后继续沿下降通道下跌。所以要设置好止损，并合理分配资金以控制风险。

另外一个抄底的要点是，产生背离的同时，收一个长下影的 K 线，长下影表明底部有买盘，使得价格产生不再继续偏离"价值"的倾向。这时的 K 线往往会形成"早晨之星"、"锤头钱"等底部形态。买入应在确认背离及长下影之后，在收盘前决定买进，止损位可设在当天下影线的最低点。

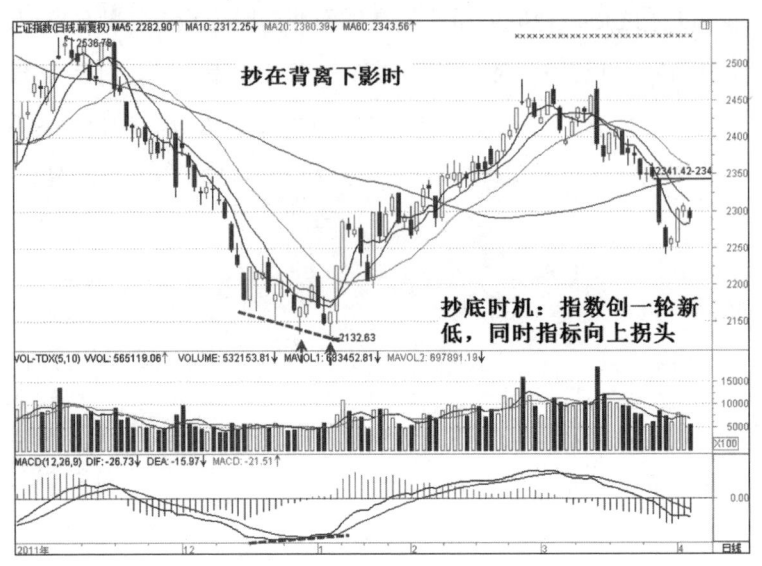

图 3-14 抄在背离下影时

从图 3-14 中可以看到，两个箭头标出的分别是 2011 年 12 月 28 日和 2012 年 1 月 6 日两天的 K 线。从 2011 年 12 月 30 日开始，DIF 与 DEA 均开始向上拐头，但之后指数又在 2012 年 1 月 6 日这天创出了新低，并且当天收了一个长下影的阳线。左侧交易者可以在这时积极进场，这是抄底相对安全并且成功率又比较高的位置。

我们一起来看一个在个股上的例子，如图 3-15 所示。

图 3-15 显示的是国际实业（000159）与图 3-14 中的大盘处于同一时期的走势图。两个箭头标示的仍然是 12 月 28 日和 1 月 6 日两天。我们从 MACD 指标上可以看出，在该股前期的下跌中 MACD 绿柱线先是发散，然后开始向上收敛。绿柱收敛是由于 DIF 线在向 DEA 线靠拢造成的，这说明下跌动能在减弱。在 12 月 30 日这一天，第一次出现了红柱线。随后在 1 月 6 日创出新低，当天收了一个带长下影的小实体阳线，这是一个"锤头线"底部反转的 K 线形态。虽然这一天创出了新低，但 MACD 仍是红柱，DIF 线向上拐头，这说明跌过了，价格与指标形成了背离，这正是前面讲到的背离抄底买点。

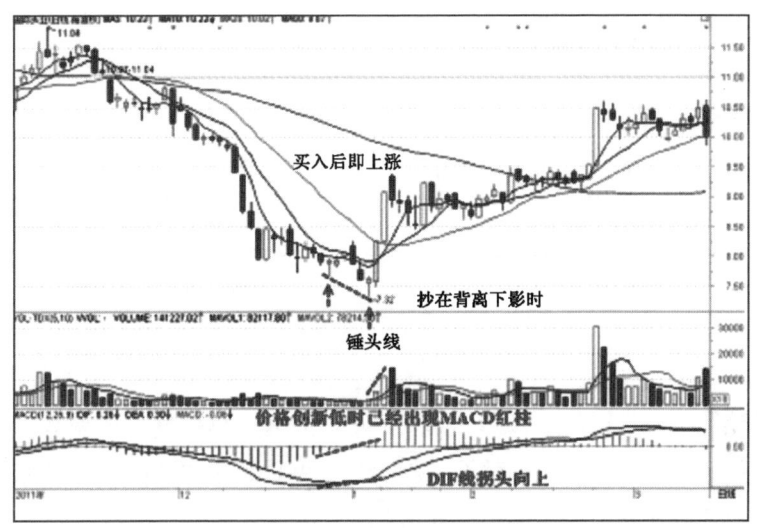

图 3-15 国际实业（000159）

抄底时需要注意：

（1）经过了放量下跌，主要下跌动能已经得到释放。

（2）在 DIF 指标的低位，MACD 绿柱收敛，说明下跌势头转弱。

（3）试探性介入，下跌趋势不重仓。

（4）确认发生背离。

（5）下影线越长越有效。

（6）在买入之后如果没有迅速脱离成本则离场。

我静得像块石头，我一动不动，非常缓慢地把雪放到嘴里，这样它便不会感觉到我的呼吸。我从容不迫，让它走得更近一些，我只有一颗子弹，瞄准了它的眼睛，我的手指非常轻地扣在了扳机上。

——《兵临城下》

第5节 抄底策略——底中找底

在讲抄底策略之前我们先明确几个概念。首先，波段操作伴随着资金管理策略才能谈得上抄底。在波段低位逐步加仓，在波段高位逐步减仓。如果当前已经吃满了筹码或是在高位没能减掉一些筹码，则谈不上抄底。其次，抄底也要分级别，行情的级别对应着操作周期及长线、中线和短线进行操作。第三，级别对应着空间和时间，比如，在下降通道中的反弹，只能算抢反弹，这是做短线反抽通道上轨。当走出下降通道之后，上升空间才会打开。

抄底可以是左侧交易也可以是右侧交易，这取决于你的交易策略。两者之间的区别可以看我之前的相关文章，简单形象地来说，左侧交易是买在下山坡，右侧交易是买在上山坡。波段交易的最佳抄底区间当然是在U形或V形的底部，可以想象得到，在底部走出来之前，可以有很多个左侧抄底点。10个人可能在左侧判断出10个底，但当底部走出来之后，终将会形成一个底（阶段低位），所以说右侧交易相对稳妥一些。

何谓"底中找底"？第一个底指的是高一级别的底部，第二个底指的是次一级别的底部，这两个底是长短两个周期的共振买点。它的位置通常发生在背离的一浪之后的拐头向上；或者在走出下降通道之后，回踩通道上轨的拐头向上。

在上证指数的一段行情中，有一个接近完美的"底中底"形态，如图3-16所示。

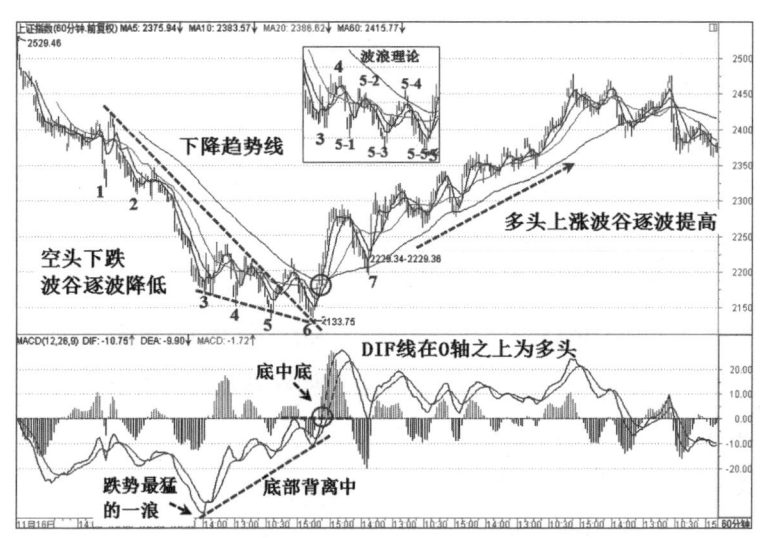

图 3-16　上证指数底中找底

图 3-16 中显示的是 60 分钟 K 线。从该图中可以看到，前期指数处于空头趋势之中，DIF 指标一直在 0 轴以下。可以数出 6 个逐波降低的波谷，其中的第 3 个波谷是下跌势头最猛的一浪。在此后，第 4、5、6 个波谷在点位上依次创出新低，但在同时的指标上已经不再创出新低，也就是产生了背离。我介绍过利用 DIF 线也可以数浪，跌的最猛的一浪，可以看作是下跌的第 3 浪。此后背离的第 4、5、6 个波谷则是第 5 浪下跌中的次一级别的 5 小浪的波谷，它们用波浪理论的符号可以分别表示为 5—1、5—3、5—5 浪。5—2 和 5—4 浪则是与主要方向相反的次级折返，根据波浪理论进行数浪，见图中方框内。

我们在高一级别的底部（第 5 浪）寻找次一级别的底部（5—5 浪）。在高一级别的下跌中，整个第 5 浪发生了背离。在次一级别的下跌中，我们可以找到 5—5 浪，也就是背离中的背离，即通常所说的底中的底，这是大周期与小周期的共振底。

在整个背离的过程中，有 4、5、6 三个波谷，只按 DIF 指标线背离之后的拐头来看，都可以看作是买点。这里就能看出左侧交易与右侧交易的区别。在下山坡抄底，你可以抄在次一级别的底部，也就是小波的波谷，但波谷和波峰还是在降低的。如何解决这个问题呢？图中给出了两个对策。

第一种对策是利用趋势线，连接下降的波峰画出一个下降趋势线。从图中可以看出，只有从第5个波谷开始的回抽明显突破了下降趋势线。此后指数回落，回踩趋势线，等待再拐头向上时可以作为介入点，图中圈出了买点位置。在指标图中，其对应着DIF指标突破一个前期高点，并同时突破0轴。

第二种对策是右侧交易，等待第一个抬高的波谷的形成。图中标出的第7个底就是自下跌以来首个抬高的波谷。在第7个底，虽然进场时间晚了一些，位置高了一些，但也更稳妥了一些。第7个波谷是回踩自第5个波谷反弹形成的波峰（5—4浪），是对整个底部的确认。

从技术上逐步拆解起来可能比较麻烦，具体分析如上图。回过头来，我们可以用更简单、更质朴的眼光来看图中的各个波谷。下跌就是波谷逐波降低，上涨就是波谷逐波提高。在下跌中不测底不抄底是最简单的方法，耐心等待第一个抬高的波谷形成，才是真正意义上的上涨。右侧交易是买涨不买跌，顺势而为。

最后也要清醒地认识到，你在找底的时候，趋势就是处于下跌之中。抄底多数是抢反弹，是短线行为。最有利于做多的区间应该是日线上DIF稳定在0轴之上的区间。当DIF线运行在0轴之上的时候，怎么抄底（低吸）都有很大可能涨回去，这是胜率较高的区间。

我们下面来看一个应用在个股中的例子，如图3-17所示。

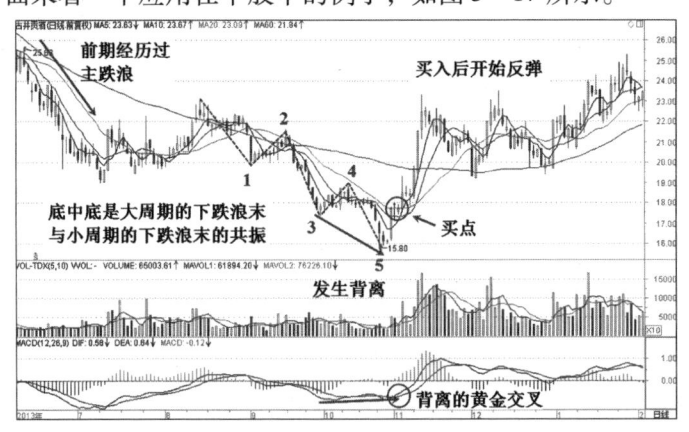

图3-17 古井贡酒（000596）底中找底

在图 3-17 中显示的是古井贡酒（000596）在 2013 年的一波下跌。从图中可以看出，该股在前期经过主跌浪，MACD 指标已经长期运行在 0 轴之下。在图中的 8 月到 11 月期间，该股又走出了 5 浪下跌形态，我们在图中标出了这 5 浪。在第 5 浪时，价格与 DIF 指标发生了背离，说明这可能是最后一跌。当 MACD 指标在背离之后出现黄金交叉时，出现了一个买点，我们在图中用圆圈标出了买点的位置。在买入之后，该股开始反弹，最后发生了反转。事实证明，这里是 5—5 浪，它是大级别的最后一跌与次一级别的最后一跌的共振位置。

我费了一生的精力，试图不让自己变得十分粗心。女人和小孩子们可以很粗心，但男人不可以。

——《教父》

第 6 节　T+1 机制下的一种低吸策略

当尺子的刻度大于需要测量的物体长度时将很难操作。T+1 机制与短线操作之间就面临着这样的矛盾。我们知道在 T+1 机制下，当天买进的股票只能在次日卖出，那么当天买进之后和次日开盘前这段时间将是"盲区"。进场位置和时机的选择变得尤为重要，只要不是在打破平衡的区域买进就要经受后面的调整。

在 T+1 机制下，一旦突破当天的压力，那么买盘的优势将变得更加明显，很容易形成一边倒的局面。这时追进去，次日很容易暂时被套，也就是产生浮亏。T+1 使得当天没有改错的机会。除了极强的个股以连续长阳的方式上涨之外，最常见的一种上涨节奏是两阳夹一阴的方式，也就是常说的"多方炮"。还有一种方式也比较常见，是由一根或两根长阳拉起一根"旗杆"，之后是三五日的调整，形成一个"旗形"的整理形态，随后再突破上涨。

从相对价格的高低来看，买进的方式分为两种，一种是追高，一种是低吸。追高是顺势，低吸也可以是顺势。为什么呢？追高是追在小级别行情的突破，低吸应该是买在较高一级别上升行情的次级回调。还是用波浪理论来说明：假设我们做的是一波中线级别的上升浪，通常在第 3 浪中可以再数出 5 小浪上升（延长浪），其中的 3—2 浪就是第 3 浪的次一级别的回调。通常 2 浪、3—2 浪、3—4 浪、4 浪是一波上升的明显回调浪，也就产生了对应的 4 个低吸位置。这里也要注意一点，低吸是相对的"低"，比如，3—2 浪是回调，后面是 3—3 主升浪，然后是 3—4 浪回调；如果在突破中的 3—3 浪的起始位置买入，那么这个 3—3 浪中的突破位置相对于 3—4 浪的低吸位置也是"低"的，换句话说，3—4 浪相对于 3—3 浪的起始位置是"高"的。3—4 浪的低吸指的是其相对于 3—3 浪的顶点处于低位。回调浪是阶段低位。

在形态和级别上的很多问题，我们都可以用波浪理论来举例说明，因此了解波浪理论的一些基本概念对于理解我的方法很有益处，它可以使你的思路变得清晰起来。

从上面的说明中你可以看到，T+1 机制下不是不可以追高，但追高对判断和位置的要求比较高，只有在 3 浪或 3—3 浪的起点时追高，其效用才是较大的，否则多数情况都要经受短线调整。尤其是在调整浪中，追高的风险更大。记住一点，主升浪不常有。

对波浪理念不太熟悉也没关系，依据均线做判断也可以起到相同的作用。在一波 5 浪上涨中，通常 MA5、MA10、MA20、MA60 都会起到支撑作用，不同周期的均线支撑起不同级别的回调。我提到过 MA10 是黑马线，对于强势个股来说，MA10 一般不会被跌破。理论上，MA10 可以支撑到 3—3 浪为止，之后的 3—4 浪和 4 浪调整均有可能跌破 MA10 回踩 MA20、MA60 均线。还有一条经验，当经过一波长期下跌之后，发生转势，各条均线向上拐头，在后面的上升过程中，通常每条均线都会起到一次支撑作用然后再依次破掉。从短期均线到长期均线，当长期均线被确认破掉的时候，上升趋势也就发生了反转。可以在头脑中想象一下这个过程。

在我想象这一过程的时候都会显现一个图像：这5浪上升就像一缕青烟一样，在最强劲的上升阶段，会保持很好的形态；当达到一个临界点时，这缕青烟会突然"散乱"，这也就打破了一个上升的惯性，这时是头部，合力散开了，股价在头部挣扎，支撑不住的时候就会掉头下跌。在最强劲的那一段，会形成一个青烟的通道，速度、形态看上去都很流畅。

在波段操作中，最主要的利润来源于主升浪，也就是第3浪。第5浪有时也会有可观的利润，但在头部时波动的幅度和速度都会变得剧烈起来。

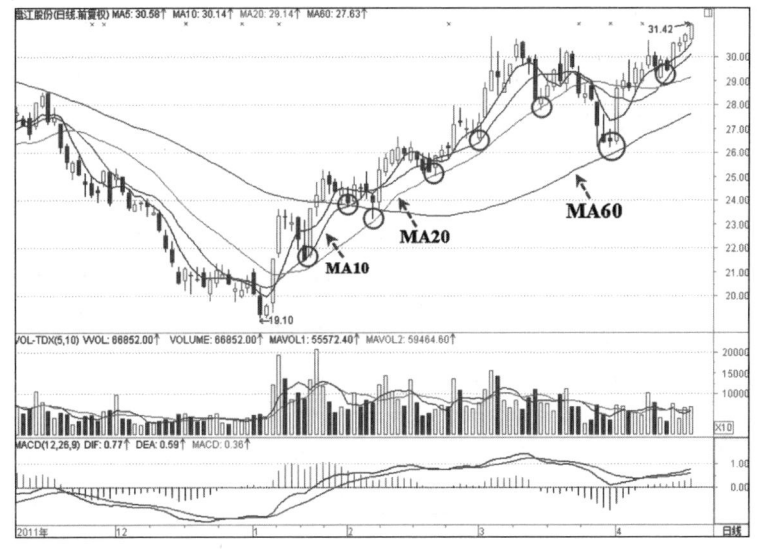

图3-18 盘江股份（600395）均线支撑

图3-18显示的是盘江股份（600395）在2011年11月到2012年4月期间的行情图。我们在图中标出了MA10、MA20和MA60三条均线，用圆圈标出了在各条均线附近的支撑，这些支撑都可以作为低吸的买点。

均线的含义是什么？均线就是价格的算术平均，就是字面上的意思，即平均价格线。通常均线会对股价有吸引力，当价格偏离均线太多时，价格倾向于调整并向均线靠近。需要注意，虽然价格在调整，但均线仍在逐渐上升，当价格与均线相交时，表明当前价格接近以一定周期计算的平均价格，这个平均价格也可以近似地看作市场在一定时期内的平均成本。进一步解释，调整是为了夯实价格，价格偏离均线到一定程度之后，较高的价格远离市场成本太多，获利盘增长，追涨力量减小，这也是股价向均线回落的原因。在调整结束之后，股价回调至均线附近，这时的价格接近市场成本，市场趋于平衡。如果趋势是向上的，那么一旦向上打破短期平衡就会形成又一波的上涨。

行情发展到一定高度之后，获利盘的获利幅度加大，它们可忍受的回落空间也会加大，因此在波段高位的调整更剧烈。市场总是多头和空头的较量。在调整过程中，会清理出在经过这波上涨之后不再看多的多头或者那些不坚定的多头，把压力消耗干净，然后市场会再次形成合力，由多头占优势，从而形成新一波的上涨。

因此，通常情况下，调整是不可避免的，市场总要卸下包袱轻装上阵。再次强调，对进场时机和位置的选择很重要。在远离均线时追高，其中的大多数情况都要忍受回调。在T+1机制下，如果你的时机和位置选择得不好，那么很可能被套在短线的一个波峰上，也就是一个上影线上。如果是追在波段高位，即3浪或5浪末端的长上影线上，那么风险巨大，可能要忍受长时间的调整，也可能就此站岗。比如在图3-18中，3月5日第一次突破30元时的那个长上影。

再来看一个例子，如图3-19所示。

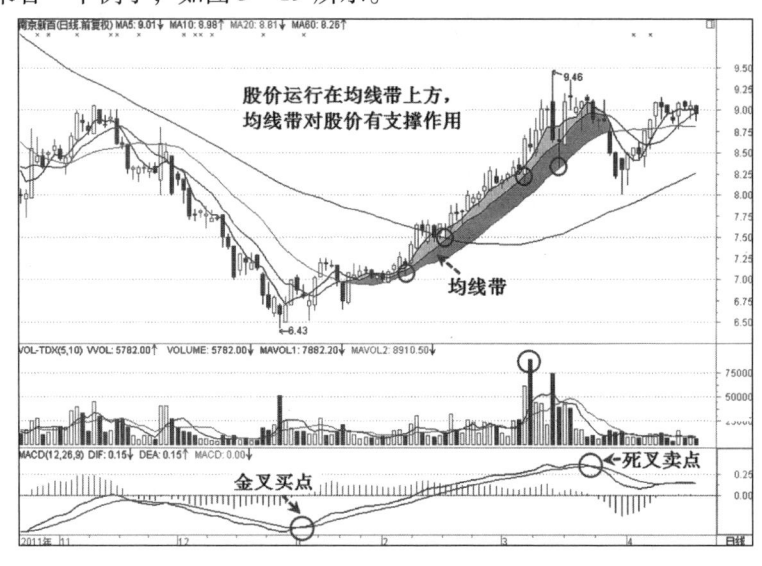

图3-19 南京新百（600682）均线支撑

图 3-19 中显示的是南京新百（600682）从 2011 年 11 月到 2012 年 4 月的行情图。从 MACD 指标上可以判断出一组波段买点和卖点，如图所示。均线也反映了该股平稳的上升走势，好的个股在上涨时会形成开口向上的均线带。图中用阴影表示了由 MA5、MA10 和 MA20 组成的向上开口的均线带。股价大部分运行在均线带上方，而刺入均线带的 K 线大都会得到支撑。随着行情的发展，先是 MA10，然后是 MA20，最后是 MA60 都起到了支撑作用。通常一波上涨行情在各条均线附近都会依次起到支撑作用。

股价通常都是以推动浪的形式上涨，后浪推前浪，以旗形、三角形，或者沿一个平台价格进行调整。

从前面的两个例子可以看出，在大部分情况下，均线附近低吸的价格水平与前一波上涨时在长阳线上追涨的价格水平接近。你可以找到两幅图中的圆圈位置，然后向前平移找那根长阳线。在远离均线的长阳线上追高，不仅要忍受好几个交易日的调整，还有可能产生更多的浮亏。一旦位置选择得不合理，在波段高位就更可能使亏损扩大。退一步讲，即使低吸在波段高位，低吸所产生的亏损至少也比追高要小很多。

对于波段高位或者说顶部的判断，我讲过很多方法，比如看 K 线形态，看成交量等等，价格、比例、形态都可以为你提供线索。在波段高位买进时控制风险的方法也有很多：第一，在波段低位已经出现过低吸机会，等发展到高位时，已经买进了大部分仓位并且有了一定的浮盈，这在客观上也起到了控制风险的作用。第二，如果前期错过了波段低位的进场机会，直到高位才考虑进场，这时就要做好资金管理，一定要轻仓试错，能买 10 手就买 2 手，如果对了就顺应趋势，即便错了也不会有太大的损失，毕竟在前面错过了最有效用的进场点。第三，大部分资金坚持在收盘前买进。第四，根据前期的调整级别判断当前的上涨级别。第五，耐心等待下一轮波段行情的起始位置，错过一波没关系，重要的是能抓住下一波。

巨大财富的背后，都隐藏着罪恶。

——《教父》

第7节　有多少上影可以重来

这是一个关于波段操作和追涨的话题。

我们知道，上影线是最高价与实体之间的距离。收阳线时，上影线等于最高价与收盘价之间的距离；收阴线时，上影线等于最高价与开盘价之间的距离。

追涨买进可以分为两种情况：一种是有计划的追涨，一般是对强势个股的短线操作；另一种是盘中临时决定的追涨，这样没有经过详细考虑的追进往往很难控制风险。不管是哪种追涨，都要考虑其在日线上的位置和形态。

在一次波段行情中，以常用的 MA5 与 MA10 组成的均线带来定义上升波段。MA5 与 MA10 金叉的位置为波段的起始位置，MA5 与 MA10 死叉位置为波段的终止位置。考虑一下，效用比较高的买进区域应该在哪里？当然是在金叉附近。但是，强势概念股有时是以爆发的形式上涨，面对这种情况，你该如何下手呢？

追涨位置的效用

当 K 线远离 MA10 均线的时候，MA10 在理论上会对价格有吸引作用。对于非常强势的个股来说，应该说是价格带动 MA10 继续陡峭上升。越强势的个股，MA10 的上升越陡峭。追在哪里是好，这需要分析一下不同位置的效用。

根据经验，对于短线所谓的快进快出来说，买进效用最大的位置应该是 MA10 之上的最初两根长阳线之内。通常在突破 MA10 之后，会有相当于三个涨停板的上涨幅度。如果你判断某只股票的炒作概念足够强大、有上涨空间，那么可以在最初的两根阳线时追涨，这时有上涨空间，也有退出的机会。这种手法的卖点，可以选择在次日达到心理价位时就卖掉，即使次日回调也要止损，因为你做的是短线的上涨惯性。如果你打破了既定的原则，这就可能应了那句话——"把短线做成中线，再把中线做成长线，把长线做成股东"。请记住，短线做的是短期的上涨惯性（提倡以做波段为主），这种短线操作的成功率其实很难保证，可能看上去容易，但真正操作起来，你就会知道看到的和做到的是两回事。

强势概念股的上涨分为两种方式：一种是短期冲高，一些板块受到相关政策面利好影响而受到短线拉升，其上涨特点是，有两三个长阳线或涨停板，在一周左右完成冲高，行情结束。另一种是持续上涨，一些板块会受益于重大利好或是有长期的想象空间，价格逐波提升。对于突发的消息产生爆发式的上涨，这类股不建议参与，因为它的利好作用时间短，冲一波，震荡一两次就消化了概念。适合操作的机会在大板块，它受利好作用会走出一波具有一定时间和空间的行情。我们从下面两只分别受短期利好和中长期受利好影响的个股来讨论一下操作机会。

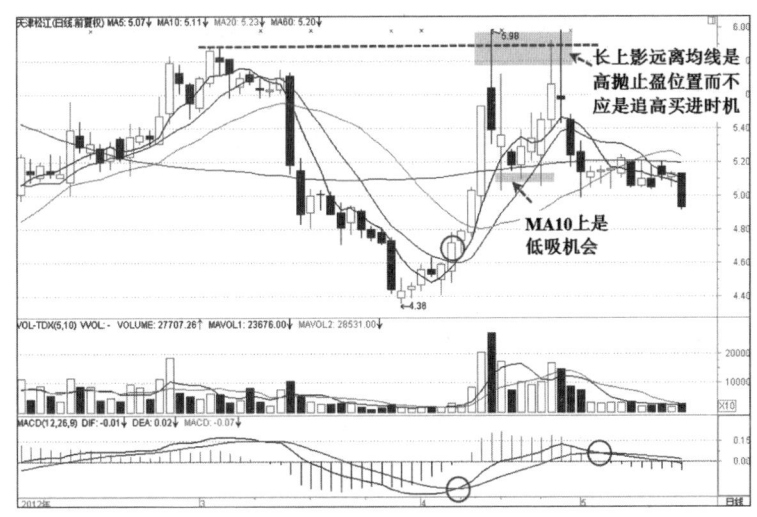

图3-20　天津松江（600225）波段买点和上影危险区间

图3-20显示的是天津松江（600225）从2012年3月到5月期间的走势图。从中可以看出，一波下跌之后，MACD指标在低位形成金叉，这里是一个买点。图中在4月初用两个圆圈分别标出了MACD的金叉和对应的K线。此后，该股走出了两个长阳线和一个带长上影的中阴线，长上影线突破前高创出5.98元新高。这期间正是消息面爆出天津滨海开发区利好消息的时候。天津板块每一两年都会受滨海新区政策的利好影响暴涨几天，但基本是来得快去得也快，就像俗话

讲的"一拉得",拉一波,套一批人,就沉寂下去了。

我们在图中用直线标出了前高一线。在创新高这一天,上午冲高主要运行在开盘价之上,下午回落主要运行在开盘价之下。当天在上午追高的人,追在了距离 MA10 将近两个涨停板的高位,这是价格严重偏离价格中枢的位置。此后,该股回抽 MA10,稍微整理一下,又冲高一次,同样走出了两根带长上影的 K 线。图中在相对低位标出了 MA10 均低吸的位置,在相对高位标出了应该是冲高止盈的区间。

我们需要知道,没有买不到的股票,高风险的长上影(盘中是远离均线的长阳线)是高换手区间,高位被套很难在短期内找到好的出逃机会。连续以长阳形式上涨的股票在两千多只股票中所占的比例很小,不要总是想着抓住最黑的黑马。从概率上看,这种机会不是很多,可遇不可求。稳妥的方法是耐心等待回调机会,错过了就等下一次。追 10 次可能有 9 次是错的,没必要为那十分之一的可能性冒 9 次追高的风险。在这一波冲高当中,有三次摸到了前高,在这些位置追进的人只能用"贪心"和"冲动"来形容。合理的进场位置应该在波段低位和上升中的回调支撑位。

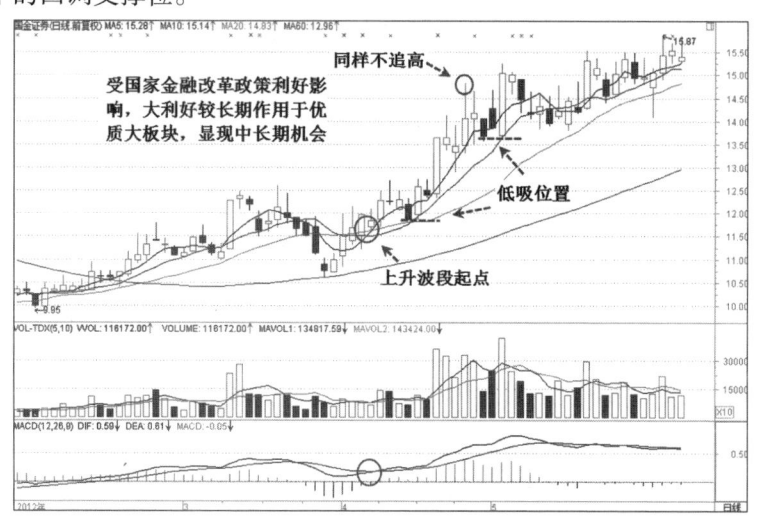

图 3-21　国金证券(600109)波段买点和低吸位置

图 3-21 显示的是国金证券（600109）与上图个股在同一时期的走势。同样，我们标出了一个黄金交叉买点，这是上升波段的起点。此后该股所处的券商板块受国家金融改革政策利好的影响不断上涨。其实就算没有利好政策，券商板块也是一个优质的大板块，每当有行情的时候都不会落下。图中我们标出了两次回踩 MA10 低吸位置。该股在连续拉升过程中也出现过上影线，不管板块有多强，个股是否龙头，都不应该冒险在远离均线的位置追进。

上影线可能不给你重新来过的机会。从另一方面想，即使在盘中涨势最猛时追进去了，之后的上涨空间还会有多少呢？从买点的"性价比"来看，相对高位即使买对了也不会得到多少奖励，而买错了却会受到很大的惩罚。在相对低位买对了会得到更多的奖励，而买错了也不会受到太大的惩罚。我们把眼光放长远一些，操作起来会更理性。

波段买点

对于波段操作来说，稳健的买点应该是在有长阳线突破 MA10 之后，在后面两三天调整到 MA10 附近，也就是 MA10 跟上来时，在 MA10 附近买进。MA10 是支撑，是黑马股的生命线。从经验来看，有两种明显的波段上升图形：一种是由一、两根长阳线最初突破 MA10，然后在阳线实体的上沿形成价格平台，后面两三天进行调整并向右平移，回踩 MA10 之后再展开一波上涨，形态像楼梯一样。另一种是紧凑一些的波段，以两阳夹一阴的节奏展开。这两种情况是常见的稳步上涨节奏，回想前面提到的短线追涨，如果是在第一根或第二根阳线追涨时进场，那么除非是非常强的个股，否则都要等待回调到 10 日线之后的再次拉升，通常要等上三五天才会有浮盈。

波段低位无疑是效用更大的位置，越往上风险越大；但从另一方向看，越往上也越有趋势性。用波浪理论来说明，一波上涨 12345 浪，1、3、5 浪是上升浪，2、4 浪是回调。短线交易者在 1、3、5 浪各有一次短线操作机会，如果他是用所谓快进快出的方法，那么他很可能放过主升的 3 浪，一个 3 浪的上涨空间足够这样做短线三五次的盈利幅度，这还是在他不失手的情况下。我一直提倡做波段，哪怕胜率在 50%，都可以赚钱。通常胜率只要达到 30%~40%，即只要平均三次出手能抓到一波主升浪，就能赚钱了。

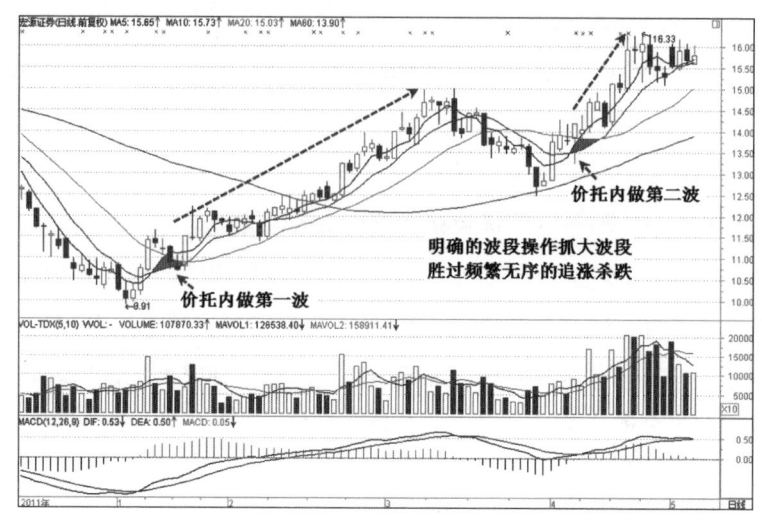

图3-22　宏源证券（000562）波段买点

图3-22显示的同样是券商板块的一只个股宏源证券（000562）。在图中我们标出了两个均线"价托"。"价托"是由MA5、MA10和MA20构成的一个封闭均线形态。踩进"价托"的K线处于MA5与MA10组成的金叉状态中，而MA10又没有上穿MA20。若此后的价格继续攀升，则MA10会上穿MA20形成金叉，三条均线形成多头排列，这是一个波段的起始位置。当然，它也不保证必须上涨，但它是一个大概率的高"性价比"买点。在一定的胜率和盈亏比的基础上做大波段，胜过频繁无序的追涨杀跌。

提醒一点，在交易者心中，一定要对行情的发展阶段有一个清晰的认识。波浪理论就是很好的一种判断行情的工具，它可以帮助你分清级别，判断位置。

回避上影线

下面就要来到上影的多发区了。在哪个位置呢？3浪末端和5浪末端都在MA5与MA10的死叉附近，是在均线带的高位，这里是短线操作的雷区。

如果交易者对行情的发展阶段没有一个概念的话，很容易不断地追高。在一波上涨中还能保持一定的胜率，在上涨过程中感觉良好，但在最后的顶部会被翻盘。短线交易者一定要有铁的纪律，知道在哪个位置可以"稳准狠"，也知道在哪些位置需要"不动如山"。如果你不能严格遵守纪律，那么有再多小胜都会在最后付诸东流。

波段交易者也是如此，在主升浪赚得盆满钵满之后，一定要有退出策略。波段不是死捂，是主动的捕捉上升趋势。老手往往会"早退"，新手往往会"晚退"。因为，老手知道行情早晚会告一段落，总是想逃顶，所以会在顶部形成之前早早出场，有时会恰巧卖在了顶部，有时会卖在了上升途中的半山腰。而在新手的心里，股市最好一直上涨，一直持股，所以他们在顶部形成之后还会幻想行情仍在继续，有的人卖在下降途中的半山腰，更多的是从哪里来回哪里去，不过也得到了经验。新手用钱换经验，老手用经验换钱，这是颠簸不破的道理。

另外提一点，在T+1机制下，一些上影线注定是站岗线，如图3-23所示。

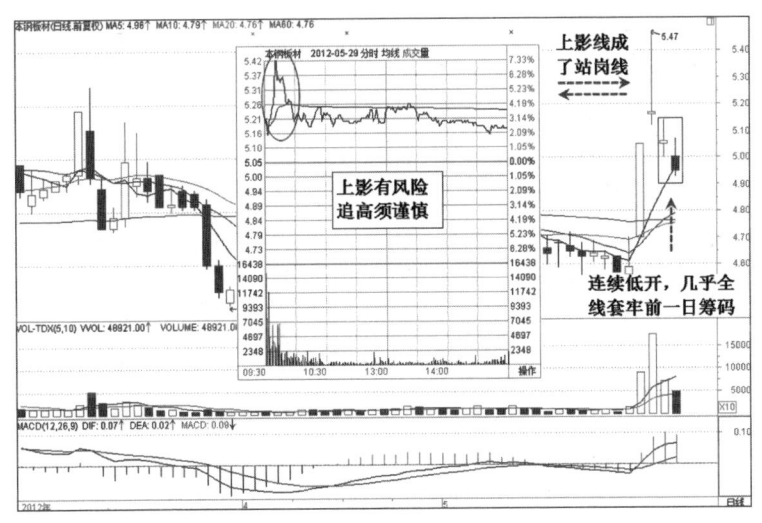

图3-23　本钢板材（000761）上影线

图3-23显示的是个股本钢板材在2012年5月29日形成的长上影线。从图中可以看到，创新高的长上影线之前是一个放量涨停的长阳线。5月29日这天大盘受"稳增长"消息刺激放量反弹，建筑建材、钢铁水泥板块全面上涨。29日这天若在早盘追进，很容易受拉升诱惑一冲动追进在冲高之时。一波7%左右

的冲高之后，马上掉头向下，当天后面的大部分时间都在均价线之下。冲高追在高位的人当天就出现了5%左右的亏损。

再看日线图上用方框标出的此后两日的K线，30日在前日下影线之下低开，上影线勉强碰到了前日下影线，这说明在29日买进的被全线套牢，在上影线追进的损失更大。31日还是低开，上影线是由开盘的一波冲高形成的，此后大部分时间是在5.00元之下，也就是在30日的下影线之下运行。因此，在29日这天的上影线成了绝对的短期站岗线。

该股是受利好消息大涨时被偶然看到的，拿出来做例子时才发现，其实它在之前已经走出过很多"杀人于无形"的长上影线，简直可以称得上是"上影之王"，看下图3-24标出的在几个月时间内该股出现的众多上影线。

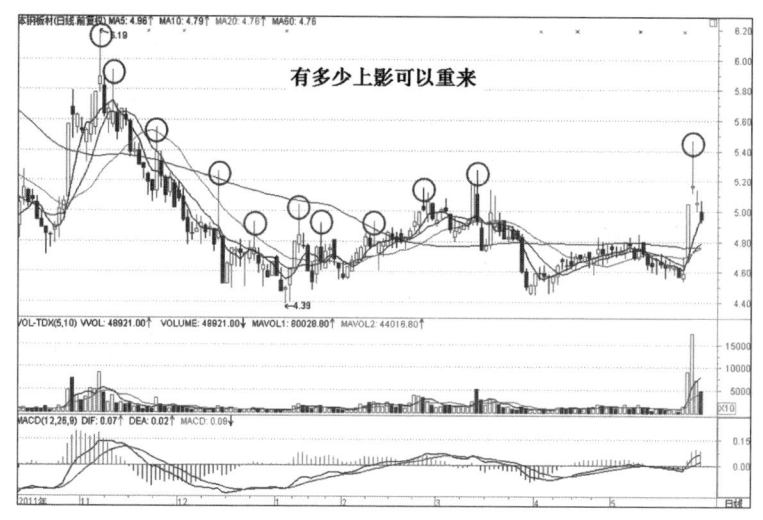

图3-24　本钢板材（000761）上影线集合

在图3-24中，从2011年11月到2012年5月一共标出了11根显著的上影线。其中的大多数在上影线追进的筹码在短期内或很长一段时间内都难以解套。单只股票有如此多的冲高上影线可能有些偶然性，但也提醒投资者在追高时一定要谨慎，至少要控制一下仓位。上影线是盘中的长阳线，要避免追在远离MA10均线的位置，也就是避免追在远离成本中枢的位置。

总结一下，一如继往地提倡顺势波段操作，主动捕捉主升浪。短线交易者需要注意回避高风险的顶部区域，顶部的上影会是永远的痛。波段交易者过滤机会，抓底部，抓主升浪。

T+1机制下的追高风险

在T+1交易机制下，当天的变盘风险很难控制，甚至是不可控制，所以我们一直提倡在趋势向上的背景下，在MA10附近并且是在收盘前买进。这可能要放过一些上涨，但也能回避一些令人束手无策的风险。当早盘追高买入之后，在当天余下的时间内就没有了改错的机会。

遇到非常有信心的早盘买点时，也应该留有余地，防止下午的变盘风险。在日线上的买入机会，可以把大部分筹码放到收盘前买进。资金量较大的交易者，可以在一个买点价格区间内买进。在波段操作的前提下，一根K线幅度的误差是可以忍受的，何况T+1的交易机制也在一定程度上造成了一根K线幅度的误差。

一些人可能认为T+0机制会造成更坏的状况，股价可能变得更加难以把握，也就是通常所说的更"妖"。这里有一个误解，T+0可能使当天的波动更快速，但在日线上的趋势是不会改变。在充分博弈的市场中，短期波动可以被操纵，但长期趋势是难以被操纵的。

此外，T+0并不是让交易者天天在盘中做T+0，而是使交易者有机会做T+0，就像T+1不一定非要在次日就卖出做T+1一样。T+0不影响T加几，但T+1一定不能做T+0。举个极端的例子，比如实行T+5，那就是在当天买进，必须在5天之后才能卖出，相当于隔一周的时间才能回转交易，这样的误差是不是更大？

因此，当前对进场位置和时机的把握显得更加重要，只能在大势向好时重仓操作，大部分资金应选择在收盘前买进。我们一起来看一波在上升趋势中的追高和低吸，即买进在上影和下影的效用区别。

图3-25显示的是上证指数在2012年4月的一波上升趋势。在图中标出的K线位置，可以确定是处于上升趋势中。假设在这时手里还有资金没有进场，我们的买点应该选择在哪里呢？可以看到前面4根K线是一阳一阴，再一阳一阴，是

两阳夹一阴的节奏。见下图3-26，当天低开，然后开始一波拉升，作突破状，不过很快就反身下跌，到上午收盘前振幅为2.7%左右。这在指数上算是一个较大的波动了。上午的冲高变成了长上影线。如果在冲高时买进就是追到了上影线上。虽然是在上升趋势中，但这种远离均线需要回调的位置往往要忍受暂时的浮亏。

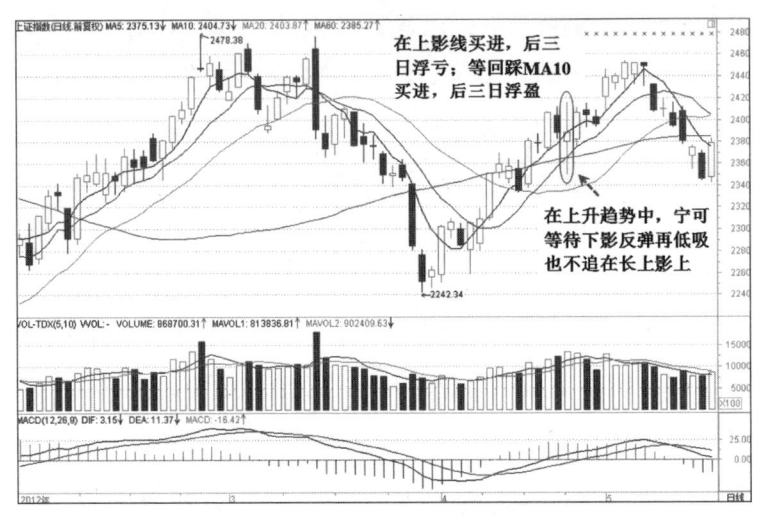

图3-25　上影线与下影线买进的效用区别

在这个位置的日线上是可以买进的，但在具体的买点选择上所产生的效用有很大的区别。效用较大的位置是回踩MA10之后发生反弹时低吸。再来看图3-26，上证指数下午开始反弹，当突破短线的下降趋势线，波谷逐个抬高时，是反弹的开始位置。我们在图中用阴影标出了开始反弹的位置，这便是回踩MA10之后的最佳低吸价格区间，当天就有产生浮盈，而且如果第二天继续变盘，还有出逃的机会。从图3-25的日线上来看，在上影线买进，此后的三个交易日都处于浮亏中；而在下影线买进，此后的三个交易日都处于浮盈中。图3-27是在指数基金上的同步操作示意图，也可以选择跟随大盘涨跌的强势股买进。

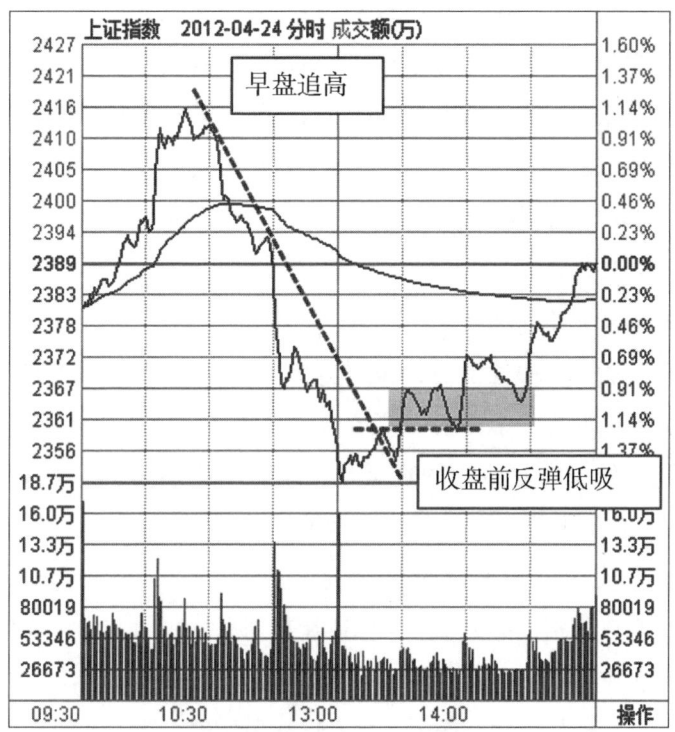

图 3-26 4月24日上证指数分时图

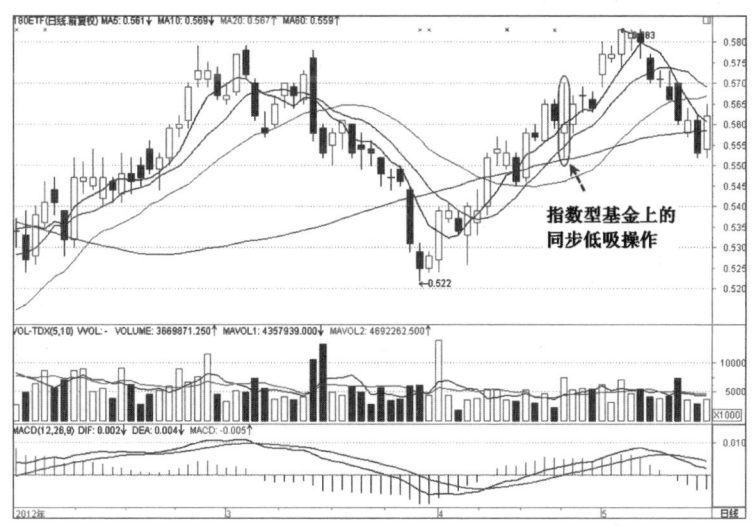

图 3-27 同步操作180ETF（510180）

从日线上看，当天是第一次回踩到MA10，下午反弹时选择在收盘前买进，如果次日继续放量下跌还有机会离场。实际走势证明符合之前的判断，这次回调正是高效的买入机会。耐心等待，用时间换空间，等于是用时间换金钱。

T+0和T+1的优劣

T+0与T+1交易制度孰优孰劣一直备受争论。如果让有经验的交易者来选择的话，我想多数人会选T+0，为什么？

我们来分析以下几种观点。

其一，有人说，T+0会让你"死得更快"。

是的，如果你没有一个好的交易策略，早晚会被市场消灭，T+0会比T+1更快地验证这一结果。更残酷的观点是，对于不成熟的交易者来说，T+1是"等死"，T+0是"找死"。

其二，有人说，T+1是在保护散户。

这种说法有点像别人把你卖了，你还在替别人数钱。当天回转交易，即当天买进当天卖出，应该是投资者的一项权利，你可以不用，但不应该没有。T+1放大了你的预期周期，很容易产生温水煮青蛙的效果，等于是把散户绑起来慢慢割肉。其中有诸多风险，最极端的一种情况是，在接近涨停板的位置买进，然后该股在当天跌停，一天损失超过20%。虽然这是最极端的情况，但当天追在长阳线却收阴的情况在现实中并不少见，一般会亏损7%~8%，加上手续费可以说当天会有一定的概率亏损10%。在国外的成熟市场中多数实行的是T+0的交易制度。

其三，有人说，T+1减小了波动幅度，这样保护了散户。

这里应该有一个前提条件，市场有充分的流通股和足够多的参与者。也就是说在很难被操纵的股票中，如果是有足够多的人参与的个股，那么市场机制就在起作用，不受个别人的操纵，T+1只起到了限制当天换手的作用，对波动幅度基本没有影响。如果是受操纵的个股，那么波动幅度很可能被放大，因为T+1起到了固定筹码的作用，当然还有涨跌停板在限制波幅。T+1对于大资金是不受限制的，因为它手中有足够多的筹码和资金来实现当天换手。尤是在顶部拉高时，一些不理智的散户会被固定在顶部的一根 K 线中，如果心里再稍抱有幻想，几天之内就会在顶部反转中亏损两到三个跌停板的幅度。

　　总的来说，虽然 T+1 可以使交易者减少一些盲目操作，但他们也相应失去了当天改正错误的机会。在有效的市场中，T+0 与 T+1 的交易制度不应该是决定盈亏的主要因素。某些个股在 T+0 的条件下很容易被恶意炒作，这是现实，但市场趋势是很难被长期操纵的。它可能在短时间内被人为地放大波动幅度和剧烈程度，从这个意义上来说，T+1 保护了当天可能频繁交易的那部分不成熟的交易者。但从长期来看，T+1 也可能增大长期误差，让你的进场点和出场点不那么平滑。

　　对于多数个股来说，尤其是小盘股，由于在监控恶意炒作方面比较困难，T+1 可能是好的。就交易机制本身来说，灵活的交易机制无疑能给交易者更多的选择余地。在 T+1 条件下，放大操作周期，合理的资金管理是优势策略。最好还是多操作流通盘适中、走势平滑的那些个股。喜欢在 T+1 下做变相 T+0 的交易者，不妨考虑做 ETF 指数型基金，它的走势更为平滑，不易受个别大资金操控。

　　短线交易还要考虑两种成本，一种是佣金成本，一种是机会成本。当前的 T+1 再加上较高的佣金成本，起到了防止散户频繁炒作的作用，这对于大部分散户是不利的，但机构在这方面占有绝对的优势。在机会成本方面，T+1 让人把"眼光放得长远"，也增加了试错的成本，一次误差就至少相当于一根日 K 线的平均波动幅度。对于充分博弈的有效市场来说，不管是对长线投资者，还是对短线交易者，T+0 无疑都是有利的交易机制。

持有一颗初心是非常奇妙的。这是一种看山是山的心智，逐步在一念之间就能认清一切本质。初心是禅宗的实践，所谓初心是指，不抱成见、不怀期许、不带武断和偏见。以初心思考，正如童眼看世界，充满了好奇、想往和赞叹。

——《乔布斯传》

第8节 如何复盘

复盘就是情景再现，各类竞技游戏中都有复盘。比如，围棋、象棋、足球、篮球等等，都会重新按棋谱再摆一遍对局，或是重放比赛录像，由此来分析总结竞技中的优点和不足。

在交易中，复盘就是在收盘之后，再回过头来对照开盘前制定的计划或策略，总结当天的行情走势和操作执行情况。

复盘的目的：

(1) 回忆当时的市场情绪。

(2) 加深对关键技术形态的印象。

(3) 熟悉股性，提高盘感。

(4) 总结执行情况。

(5) 总结盈利与亏损的原因，找出不足，完善系统。

复盘的步骤：

(1) 分析大盘，判断大势与之前趋势的延续性。

(2) 分析板块，查看分类指数涨跌幅的排名，重点关注最近强势板块的表现。

(3) 分析强势个股，把A股按涨跌幅进行排名，浏览前几页的个股。

(4) 分析弱势个股，浏览涨跌幅排名中后几页的个股，也就是跌幅靠前的股票。通过对涨跌幅排名的浏览掌握板块轮动情况。

(5) 形成次日的操作计划，并更新近期的一些判断和操作计划。

复盘的方法是,可以简单地浏览当天的大盘、板块和个股的图形及一些指标;也可以用软件的回放功能,有些软件有回放功能,可以按日线或按分钟线回放行情。还有一些投资者会通过亲手绘制 K 线图的方法来复盘。根据我所了解,有人一直在坚持绘制大盘的日线图,还有人能够记住近一两个月的日内分时走势图形。

为什么复盘呢?其原因我们曾经提到过,因为市场在各个发展阶段的情绪是各自不变的,只要是有人参与的市场,并且参与人数足够多,那么市场波动的规律就永远不会改变。这种规律呈现出非周期性对称,也就是人们通常所说的,历史会重演,但不会简单地复制。

价格图形就是这种市场情绪波动的记录,为什么头肩顶形态、头肩底形态等等许多形态会一直重现?正是因为市场不可避免的涨跌规律。

我建议投资者还要做好交易笔记,最初可以每天记录一些技术分析或交易感悟,等熟练之后可以只在有需要的时候记一记,做一做周、月、季度、年的总结。在形式上,可以正式一些也可以随意一些,但这个过程是必须的。最好是每个交易日画出一张分析图,可以针对大盘也可以针对个股,并在上面注明一些判断,这样在以后回顾的时候可以一目了然,你也可以从中看出自己思路的演进过程。你可能会发现自己之前所用方法的一些漏洞,甚至发现之前的技术有明显失误,或者带有主观的猜想、幻想和一厢情愿。好的方法总是在你以为无路可走的时候顿悟出来的,请记住这句话。

图 3-28 和图 3-29 是对个股北方稀土(600111)的跟踪复盘图。

图 3-28 显示的是北方稀土(600111)从 2011 年 10 月到 2012 年 3 月期间的行情图。在图中我标出了主要技术判断,在前期的下跌过程中,价格与 DIF 指标形成了底背离,当 DIF 与 DEA 形成金叉的时候是背离之后的金叉买点。买入之后该股明显放量,并形成了量金叉,可见买在了一波的底部区域。

经过脱离底部的一波拉升之后,该股在一波高位开始震荡整理。DIF 线运行在 0 轴之上,DIF 线与 DEA 线贴合,这正是因为 K 线上的小阴小阳在顶部的平移。我们沿着横盘整理 K 线的最高上影线画出一条水平线,它就是压力线。长阳之后经过 10 个交易日的调整,终于在 2 月 23 日突破了压力线,并且留下了一个向上的跳空缺口，这是整理之后的突破缺口。突破之后的几个交易日不断放量并创出本轮新高。最右侧的两根放量长阳线说明该股进入了一波主升浪。

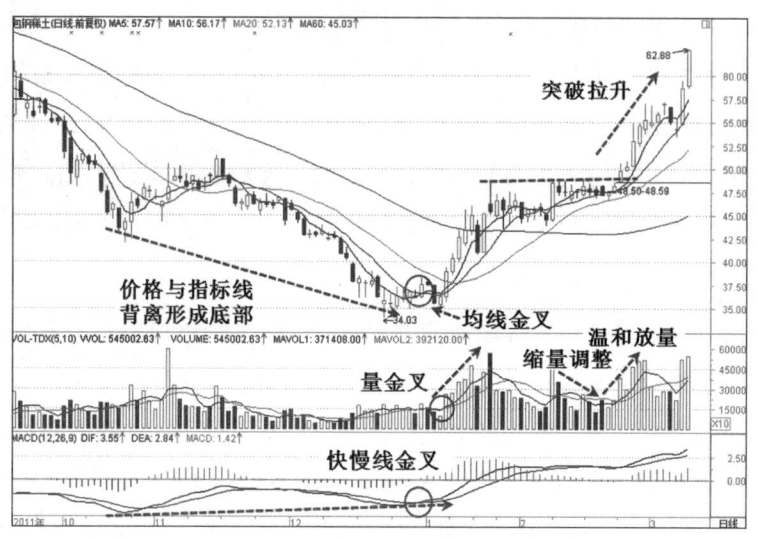

图3-28　北方稀土（600111）复盘图

我们继续看该股之后的走势，进行跟踪复盘，如图3-29所示。

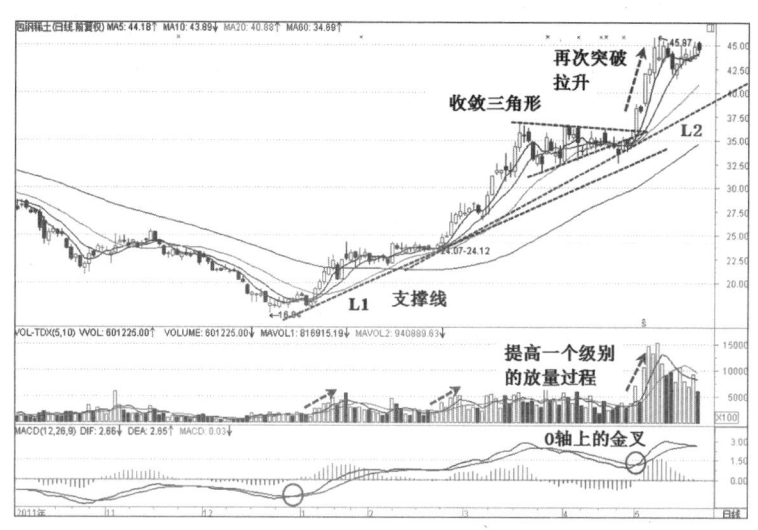

图3-29　北方稀土（600111）复盘图

图 3-29 显示的是北方稀土（600111）从 2011 年 10 月到 2012 年 5 月底的行情图。在图 3-28 之后，该股果然进入了一波主升浪，连续创出新高。随后其再次进入一个整理形态，收敛三角形。我们沿这波顶部 K 线的上影线和下影线各画出一条直线，两条直线收敛相交。若向下突破三角形的下沿则会增大向下突破的可能性。在 4 月 24 日该股曾经跌破了下沿，但收了一个长下影的 K 线，这说明在下面有买盘支撑。

在 5 月 2 日放量突破三角形上沿，这次的放量较之前提高了一个级别，这是因为在 5 月 4 日该股进行了一次分红派息，经过每 10 股送 10 股的拆股之后，成交量会加倍，但成交额与之前放量时大致相当。我们沿相邻的波谷外沿画出两条趋势线 L1 和 L2。L1 是对收敛三角形调整的支撑位。再次突破之后，L2 将会是下一波调整的支撑位。可以看出，L2 比 L1 倾斜的角度更大，这说明第二波上涨比第一波上涨的力度更大。第二波上涨具有波浪理论上的第 3 推动浪（主升浪）特征，并且是一个延长浪。

到此，我们分析了在个股北方稀土上主要的技术特征，我们在复盘时可以像图例那样把一些分析标注在图上。经常复盘的投资者应该可以看出，其实一些形态在不断重复出现，历史总是惊人的相似。

我时常感到厌烦，人们总是重复一些愚蠢的错误。

——《这个男人来自地球》

第 9 节 系统化交易

我在前两本技术分析书中都着重传达过系统化交易思想。一套或几套相对固定并且经过市场检验的方法将成为交易者整个投资生涯的财富。本节将再简要介绍一下系统化交易以及一些进一步的认识，供大家参考。

首先分清概念，机械交易、一致交易、系统交易、计划交易都是指有固定模式的交易方法，都可以统称为系统化交易；而交易所使用的计划、方法、原则、纪律等等，都可统称为交易系统。

总之一句话，使用交易系统的交易为系统化交易。系统中的所使用的指标都是工具，刀本身并不能杀敌，而是使用刀的人利用刀法（甚至还要加上心法）才能杀敌制胜。也就是说，一套有效的系统应该被赋予交易理念，并且融入交易智慧与经验，借助技术控制进出场时机、位置和仓位，这样的系统才是我们要寻找的"神器"。

收割机

交易系统是把交易逻辑固定化，如同收割机一样把收割逻辑固定化。收割机并不对收割结果负责，影响收割成果的是设计和使用收割机的人，人永远是主导力量。

EA（Expert Advisors 智能交易）和交易系统都是舶来品，说白了就是一套交易计划、交易策略或者买卖依据。上面说了系统不对结果负责，影响结果的因素是设计和使用系统的人。所以说，不是使用系统就一定能取得成功，系统只是作为一个好工具增大了成功的可能性。系统是否能够稳定盈利，根源不在于系统这个工具，而在于使用工具的人，人永远是主导力量。交易本身就很难，能稳定盈利的人很少，但凭多年经验来看，在成功的人当中多数是有系统（固定方法）的。

系统的程序化是把系统进一步"自动化"、"机械化"，程序化是系统化的更进一步。同样，程序化也不对交易结果负责，因为程序是由系统"翻译"过来的，而系统是由人制定的一套交易原则组成的。再一次强调，人在当初所制定的策略会主导结果。我们假设把收割机的影响因素（参数）简化为果实距地面的高度，如果我们想收获距地面1米左右的果实，就要把收割范围设为1米，如果我们想收获距地面1.5米的果实，就要把参数调整为1.5米，在我们预期范围内的果实都能得到，而在这个范围之外的果实只能失去。与这个收割机的例子所不同的是，在市场中，系统的参数要自己定义，不同的观察角度可以设定不同的参数，而且逻辑方法多种多样。市场要复杂得多，因此系统相应地需要过滤条件。

只要是用语言能准确描述的系统，理论上都可以"翻译"成程序化的系统。程序化是把繁重的重复动作由机器代为自动执行，仅此而已。所以说，系统化、程序化，都在一定程度上减少了交易的快感。不过，这提高了交易的稳定性，从而也会提高交易成绩。因为有系统的人所抓到的行情极大部分是在预期内的，趋势跟踪系统可能有时会抓到意想不到的大波段，但多数情况下都集中分布在密集的大概率事件上。所以说，系统化交易是以实力提高稳定性，也会有少许的运气成分。

新手在认识系统的过程中都会有这种感觉，只有真正测试一次系统之后才会认识到，把系统明确地固定下来并不容易。没有测试过系统就永远捅不破这层窗户纸。继续使用系统并测试下去，还会经过很多阶段过程。你会体会到疑似找到"圣杯"的喜悦；在后来也会发现，一个之前未曾认识到的小小漏洞，就会导致已经建立起来的系统大厦崩溃。那种"过尽千帆皆不是"的感觉，只能自己体会。

请记住，系统其实就是你自己！

控制亏损的能力决定成败

忠言逆耳，很多人会把主要精力放在盈利一侧，很少有人积极地研究亏损。只有经历过"伤筋动骨"的亏损之后才能认识到它的重要性，这是必须经历的一个阶段。如果在早期不能主动直面亏损，那么不断产生的亏损将最终促使交易者不得不正视它。市场专治各种不服，在市场面前要始终牢记如履薄冰。

在交易中学会盈利很不容易，学会亏损更不容易。不能控制亏损，那么一时的盈利往往只是盈亏概率之中"好运气"的那部分，而最终的亏损却是概率中的必然，所谓久赌必输。

在系统内的亏损，是可以接受的亏损，这是系统交易者的共识。但给我们造成打击的是系统之外的亏损，这就需要控制亏损的能力。系统之外的亏损，必然是由于自身没有按系统执行或其他外在因素使系统不能执行所导致的。

"善输、小错"，是"幽灵"的名言。成功的交易者如同成功的企业家，创业容易守业难。瓦尔特说，"谁活着谁就看得见。"努力做到合理地控制亏损、截断亏损。

系统测试和升级的注意事项

（1）很多人谈论系统，却很少有人真正动手测试系统。很少有人做到系统的明确化、具体化。

（2）没有经过测试的系统，很难说是可信的系统，其中大多数的系统在理论上不成立；没有经过实战检验的系统，一般有很多盲点和瑕疵，大多数在理论上成立，在实战中不成立。

（3）测试 30 笔以上即可说明基本问题，测试 100 笔以上基本可信。测试并不一定要用程序，用 Excel 表格可以，用笔纸也可以。用程序是更客观和更便捷的方法。

（4）优化时，一定要牢记起初建立时的理念和框架，不能为了得到好的结果而放弃原则。

（5）尽量简单。

（6）在优化升级时会发生过度优化的情况，要注意过犹不及，每种理念和方法之下，各参数之间会有一个相对平衡的较优值，不要试图找到最优值。

（7）直觉交易者，也可能有系统，只是已经内化了，即所谓的无形。能做到的直觉交易的是真正的高手（对相似的图形产生相似的直觉，从而产生一致性的操作）。

（8）升级应权衡利弊，每一个条件的加入都要谨慎。

（9）系统化是对一致性的更进一步，程序化是对系统化的更进一步，系统化与程序化不能带给原来的策略以附加收益，它们只是工具，是对原有原则的翻译过程。原有策略固定并明确下来固化成系统，系统再翻译成程序，并没有什么神秘的力量附着在原有策略上（但能提高在执行上的效率）。

（10）如果你的系统没有经过测试，却恰巧符合了市场规律，恰巧你有很强的纪律性，你的系统与经过测试的系统具有同样效果，这种情况很少发生。

（11）赚到该赚到的，亏掉该亏掉的。亏掉该亏掉的之后，会增大此后出手的胜率，这些是不可避免的、正常且正确的亏损，如果试图避免这些正常且正确的亏损，只能事与愿违。

交易四境界

市场中流传的对交易认识的四重境界：

（1）不知道自己不知道。

（2）知道自己不知道。

（3）不知道自己知道。

（4）知道自己知道。

如果一个人说交易很容易，那么他肯定是处于第一或者第四境界（阶段）的人，当然，其中的绝大多数是处于第一境界之中。而在第四境界中的人，虽然嘴上说交易容易，但他在心里面知道自己已经走过了难的那个阶段。

不知道自己不知道。这是第一阶段，处于这个阶段时，交易者倾向于认为自己是幸运的一个，认为好运气会时常伴随他左右，追高抓涨停也曾屡屡得手。但当潮水退去时，新手就会知道自己在"裸泳"。自此进入第二阶段。

知道自己不知道。这是第二阶段，处于这个阶段时，交易者明白了市场的残酷，体会到了在套牢时叫天天不灵。他会开始学习，找各种资料书籍，阅读各种高手文章，不再相信专家们的预测。

不知道自己知道。这是第三阶段，处于这个阶段时，交易者已经完成了对大量的主要理念、理论和技术的掌握，并且已经在不断检验自己的方法，不断地推倒重来，再推倒再重来。周期性顿悟，又否定。在绝望中看到曙光，又在曙光中绝望。这是"为伊消得人憔悴"的阶段。其实，他已经面临最后的一层窗户纸，第八十一关。他可能已经试用过自己的"神器"，只是还没有意识它确实是"神器"。

知道自己知道。这是最后一个阶段，直到有一天，他恍然大悟，确认自己突破了最后一关。这是"蓦然回首，那人却在灯火阑珊处"的阶段。此后他要做的就是驾驭自己和自己的系统，资金曲线会处于上升通道中不紧不慢地上升。他这时不会再经常谈论交易，因为他知道自己该说的已经都说过了，对于他来说交易已经没有新鲜事。他开始"知而不道"。

这就是交易的四重境界，也是四个阶段。很多人都会走上这条路，却很少有人到达"彼岸"。众人多不悟，回头不是岸；上下求索之，终有到岸时。越是短线的交易，成功的概率越小。交易本身不容易，但总会有少数成功者，一将功成万骨枯！

严格执行的感觉

专注地遵循交易系统的感觉可以描述为，"从容安静、游刃有余"；"面朝大海、春暖花开"；"行到水穷处，坐看云起时"。随时等待着它发出信号，然后做出自觉反应。静观系统识别市场趋势，旁观它和对手博弈。如同开车一样，看见红灯停，看见绿灯行，该转弯时则转弯，驾轻就熟。

做一个没有观点的操盘手。不要相信盘中的你，而要相信收盘后的你，收盘后的你就是你的交易计划和系统。在盘中，你的所有观点都是主观的，你可能猜对一次战斗，却不会赢得整场战争。系统冷静得像一块石头，它的战绩远好于你，"臣服"于它，在盘中你的系统比你更聪明。

得之必然，失之坦然。行情不是操作出来的，而是走出来的。利润不是博来的，而是坐等来的。等市场中的一方强于对手的势头时，再进去"拍板砖"，千万不要站错队。让盈利单飞一会儿，谁赢了帮谁。对于我来说，最重要的是在盘中没有我（观点）。善战者之胜也，无智名，无勇功，故其战胜不忒。

最具有可塑性的寄生生物是什么？是人的想法。人类一个简单的念头可以创造一个城市。一个念头可以改变世界，重写一切游戏规则。

——《盗梦空间》

第10节 过滤交易信号提高系统胜率

我在《MACD振荡指标：波段操作精解》一书的最后一章讨论过关于交易系统理念的树立和交易系统的建立。很多交易者对这一部分都表示出了很大的兴趣，一些首次接触系统理念的交易者深受启发。系统化也是我想着重传达的交易理念之一。

系统化可以不搞得很复杂，由两条均线可以建立一个双均线系统，由 MACD 指标也可以组成多种系统（在书中讲到过一长一短两个交易系统），甚至用一条 MA10 均线也可以建立一个系统。交易系统就是一个相对固定的操作方法，它在一些交易理念下，由一套交易原则、技术分析方法、进出场策略、资金管理策略、风险控制策略等构成。

我经常把交易系统比喻成"神器"，以说明它对交易者的重要性。"神器"之所以神奇，是因为它是经过验证的经验和方法的集合，它可以是那个完美状态下的你，是你的所有有效交易思想的精髓。它应该是在一个理论上成立的框架之上建立起来的个性化的系统。我们知道市场是博弈的，如果把它看作是交易者自身交易思想的物化，那么市场中很多人用同一个交易系统的话，就相当于无数个你在和自己博弈，所以说，最终这个系统会失效。为了使系统一直有效，你必须在系统中加入自己的撒手锏，也就是你的个性化条件，并且这些条件应该在一段时间内变化一次，以适应市场的变化。

在交易系统中加入个性化的策略条件，能够提高系统对行情的识别能力，起到过滤"噪音"的作用，从而提高胜率。再次提醒，我无数次地提到过，优化的条件不是越"精致"、越"苛刻"越好，因为过于严格的条件会降低系统的适用性。可以试想一下，"精致"到极致的系统应该是最适合（拟合）当前的一段行情，它甚至无限贴近了当前行情，但是历史的行情不会被简单地复制，以后市场波动风格的变化很容易使"精致"的系统失效。

很多经典的、教科书般的交易系统是一个框架，如果它的条件根据当时的市场风格细化了，那么它肯定不会适用如今的市场风格。它的框架和针对当时市场波动做出的优化是值得借鉴的，不过，想用它来盈利基本上很难，因为我们前面说过了，被多数人知道后，它的效用就会降低。关于这个效用也可以从另一方面来理解，这个系统能够从市场上赚到的钱已经被赚完了。所以说，如果是一个针对特定品种、特定周期的系统，那么它所能容纳的资金量和所能从市场截取的利润是有限的，在当时最有效的系统不会有人公布，也很少有人出售。

看到这里，你也不要灰心，应该有自己去发现属于自己的市场秩序的信心和勇气。有一份市场中的钱是属于你的，只要你足够细心地去观察。眼光独到，慧眼识珠，这需要无数次的复盘和训练。

我说过一根均线也可以组成一个有效的系统，但是需要加上独到的个性化条件。很多有经验的老股民就是只看均线，同样的均线，在不同的眼光中它具有不同的效用。给一些提示就是利用它与K线的位置关系，或者利用K线的形态、时间、比例等等一些常见的条件来控制。仔细想一想，其实其它指标的背离、乖离率等都可以直接在K线图上看出来，也可以通过K线与均线的关系看出来。

用指标建立系统的好处是直观且易于量化。我在《MACD振荡指标：波段操作精解》一书的系统中提到过用"DIF>5"作为一个过滤条件。很多人之后问到过关于这个"DIF>5"的问题，在这里作为一个系统过滤条件的例子统一答复。

一些交易者可能没注意到，这个"DIF>5"在书中是用在指数上的，它起到的作用是过滤0轴附近的交易信号。而用在个股上时，可以根据经验或者经过计算，自己设置一个数值，只要起到过滤噪音的作用即可。

中长线系统在指数上的买入条件为：

（1）DIF>5，明显突破0轴。

（2）MACD红柱发散。

（3）收阳线。

卖出条件，同时也是止损条件为：

（1）DIF<-5，明显跌破0轴。

（2）或低于买入价5%。

（3）或总亏损达10%。

这三个买入条件都起到了一定的过滤作用，在上证指数上的买点和卖点，如图3-30所示。

图3-30显示的是上证指数从2008年11月到2009年9月的走势图。从图中

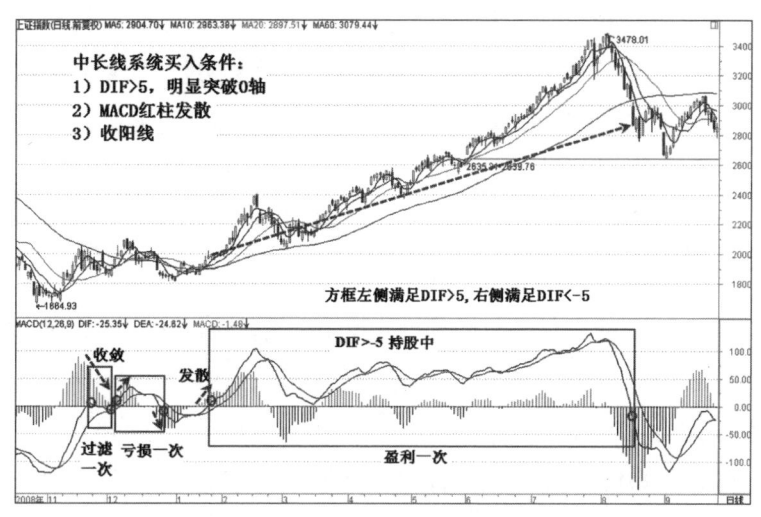

图3-30 DIF中长线系统买卖信号

可以看出，有三个方框标出的波段区间。我们依次说明：第一个方框，根据中长线的买入条件，方框最左侧的一根K线满足DIF＞5和收阳线，但不满足MACD红柱发散。从图中可以看到，红柱是收敛的。第一个方框的最右侧一根K线满足DIF＜-5。可见第2个买入条件为我们过滤掉了一个多头信号（DIF＞0）。再看第二个方框中的情况，方框最左侧的K线同时满足三个买入条件，触发了一次买入信号，方框最右侧的K线满足DIF＜-5。这次操作是亏损的。最后看第三个方框中的情况，同样，这是一波满足买卖条件的波段操作。在方框中一直满足DIF＞-5，直到最右侧的一根K线时DIF＜-5，完成了一波中长线操作。

为什么用5这个数值呢？一是根据计算，后面会讲到；二是根据经验。如果你经常看一个品种，就会掌握它的习性。5是在上证指数的价格区间上能够区分有效突破0轴的有意义的数值。另外，我们在用指标作为判断条件时一定会遇到这样一种情况，那就是一条指标线不断反复穿越一个值，从而导致反复触发交易信号。如果将"DIF＞0"和"DIF＜0"这两个定义多头和空头的条件原样搬到交易系统中作为买进和卖出的信号，那么当价格在一个区间小幅振荡时可能使DIF指标不断来回穿越0轴，从而反复触发买卖信号，比如在5到-5之间来回穿越0轴,虽然这种情况较少发生,但也应当注意到并想办法避免。

使用"DIF>5"这个条件,就可以过滤掉在0轴附近的反复买卖信号。在指标数值上定为5,基本能达到这个目的,定义有效突破,也就是说,一旦DIF到5之上,在近期就不容易再回到-5之下。我们知道在最近5年里上证指数主要在2000-3000点波动,而个股的股价主要分布在30元以下。DIF指标是根据价格计算的,指数和个股明显不在一个数量级上,所以"DIF>5"在个股上不适用,会明显偏大。这个条件的目的是过滤掉小波动,所以我们只要在个股上计算一个DIF指标的平均波动差值就能在个股上起到同样的作用。计算个股的合适数值,可以使用如下方法:

取最近四天的DIF数值,然后计算每相邻两个交易日之间的变动差值,这样求得三个差值,然后求和再除以3,就得到一个近似平均的每天变动值。

我们看在上证指数上的计算结果中任意选取四个交易日的DIF数值,计算过程如表3-1所示。

表3-1　　　　　　　　　　上证过滤条件计算表

	DIF 数值	差值
3 日	-8.87	
4 日	-15.48	6.61
5 日	-19.97	4.49
6 日	-23.94	3.97
总计		15.07
平均		5.023

这样就得到基本的一个每天波动差值为5.023,指数可以近似取5,起到过滤作用。这个结果和根据经验得出的5基本一致。

再来看在个股中的计算,我们以万科A(000002)为例,还是任意选取四个交易日的DIF数值,计算过程如表3-2所示。

表 3-2　　　　　　　　　　个股过滤条件计算表

	DIF 数值	差值
3 日	-0.03	
4 日	-0.05	0.02
5 日	-0.06	0.01
6 日	-0.07	0.01
总计		0.04
平均		0.013

这样就得到适用于个股万科 A 的一个每天波动差值 0.013，它可以起到过滤作用。你可以对照 MACD 图上看一下。有些行情软件上的指数值可能只精确到 0.01，这样的话可以改一下数值精度，或直接把数值扩大到 0.02，总之可以过滤掉一些小的波动即可。

按照前面适用于上证指数的中长线系统，修改在个股上的买入条件为：

（1）DIF > 0.02，明显突破 0 轴。

（2）MACD 红柱发散。

（3）收阳线。

在个股上的卖出条件，同时也是止损条件为：

（1）DIF < -0.02，明显跌破 0 轴。

（2）或低于买入价 5%。

（3）或总亏损达 10%。

图 3-31 显示的是个股万科 A（000002）从 2011 年 10 月到 2012 年 5 月的走势图。从图中可以看出，有两个方框标出的波段区间：第一个方框，根据中长线的个股买入条件，方框最左侧的一根 K 线满足 DIF > 0.02 和收阳线，但不满足 MACD 红柱发散。从图中可以看到，DIF 数值是 0.03 大于 0.02，而红柱是收敛的。第一个方框的最右侧一根 K 线指标值为 -0.03，满足 DIF < -0.02。可见第 2 个买入条件为我们过滤掉了一个多头信号（DIF > 0）。第二个方框在最左侧同时满足三个买入条件，DIF 指标数值等于 0.03 大于 0.02，MACD 红柱发散，同

时当日收阳线。在此后，该股的 DIF 一直没有小于 -0.02，可以持续持股。在此期间，DIF 有两次跌破 0 轴但指标值分别为 -0.02 和 -0.01，都没有小于 -0.02，这为我们过滤了两个空头的卖出信号（DIF<0）。直到方框的最右侧 K 线，该股仍没有满足卖出条件，还是持股中，这最终会是一笔盈利交易。

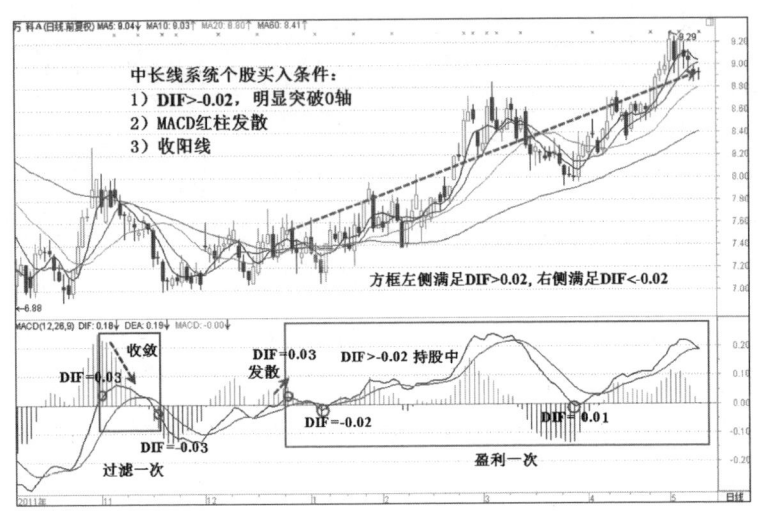

图 3-31　DIF 中长线系统个股买卖信号

神就是道，道就是规律。规律如来，容不得你思议，按规律办事的人就是神。

——《遥远的救世主》

第 11 节　站在神的一侧——概率交易

一念天堂，一念地狱。

本节主要讨论交易中的执行问题以及如何克服心魔。很多时候，一些交易者可能知道按照某种固定模式操作八成会盈利，但他就是等不到这个操作信号的出现而提前进场,或者是当这个信号出现时还视而不见。为什么能盈利的方法还不能严格按照它去执行呢?其主要原因是,你自己不相信它。那么如何才能让自己彻底相信它?让我们逐步进行讨论。

交易是概率的游戏

交易是概率的游戏。只要你能始终站在大概率的一侧,你就能做到顺应市场。实际上,我们不是要击败市场,而是要顺应市场的趋势,趋势是我们的朋友。有时候操作顺手,会感觉顺风顺水,如有神助,这时你一定是合理地把握了市场节奏;还有时候操作不顺,会感觉生硬艰涩,这时候你一定是做乱了节奏。从客观上来看,如果是想抓单边行情,那么在单边行情时是顺水推舟的事,但在震荡行情中可能会遭受亏损;如果是想抓震荡行情,那么在震荡行情中可能抄底逃顶,但在单边行情中可能会错失主升行情。

客观上,市场在一段时期内会有它主要的节奏和波动风格。交易者应该明确想捕捉的是哪种行情,然后尽量过滤掉那些难以把握的行情区间。比如说做趋势,我在讲MACD指标时有一幅图总结了上证指数10年来的所有多头区间,即DIF大于0的区间,在这个区间内上涨是大概率事件,做多的成功率高。在日线上,每一年DIF在0轴之上平均有大概4~6个月的时间,也就是说,做多的时间应该占到1/3到1/2。如果能坚持在多头市场时做多,自然会提高胜率。这时,你就是站在神的一侧。

交易说简单也简单,当概率有利于你时就出手,当概率不利于你时就做好防守。但是,它远不像说起来那样容易。首先,需要能够区分神站在哪里,你才能靠近它。也就是说,要学会分辨容易上涨的多头区间。其次,需要有足够的耐心和勇气坚持你的看法,在没有机会时能做到不动如松,在机会出现时能做到动若脱兔。重要的还有一点,就是持仓的勇气和信心。在很多时候,你可能已经骑上了未来的黑马,但由于不够坚定,而在中途出局。最后,还要有一个良好的资金管理策略。

验证自己的优势方法

很多交易者把大部分时间和精力都用在了提高胜率上,希望买了就能涨,卖了就能跌。在初期，这是重点，技术分析占了很大比例。但达到一定阶段之后，你会发现，其实执行力才是关键。也就是说，技术分析是基础，执行是关键。没有技术分析的执行是无源之水，无本之木。在理论上尚且不能赚钱的方法，即非正期望的系统，那么再好的执行也没有意义。有了技术分析基础之后，再形成一个经过验证的交易系统，这时的执行就成了决定最终成绩的关键。神器在手，你不执行它，它就发挥不出威力。

在技术上，需要找到具备概率优势的方法。在执行上，需要坚定执行你的既定方法。这时你和系统是统一的，合体的你才会是完美的。你会经常在别人或者自己身上看到操作中的一些不尽如人意的表现，比如，有时会听到别人抱怨，"如果开盘再坚定一些，就能抓到这个涨停。""如果在形成吞没形态的放量长阴线卖出，就不会损失那么多浮盈。""如果等到收盘，也许不会买进，也就不会被套。"可是，市场中没有如果。为什么当时没有按照计划执行呢？因为你不够相信你的系统，而被其它的一闪之念干扰了。贪婪和恐惧情绪无时不在动摇着你的意志。

不坚定是因为心里的力量不够强大，当你的手不受大脑支配，而让情绪占主导的时候，亏损总会接踵而来。只有当你从内心里真正相信那个高胜率的方法时你才驾驭得了它。要想让自己相信它，就得证明它的有效性。让自己从这个方法中尝到甜头，明白遵守它的好处。我们只能从内心来化解冲动性交易，使自己真正认识到，它是能够让自己成功的模式。让盈利来说服自己，让亏损来教训自己，用概率的思维做股。

不该亏的绝不能亏

交易者在市场中的概率优势本来就不大。每一笔不按原计划的操作都可能需要更多的努力才能弥补它所带来的损失。很多人可能不够清晰，全凭感觉操作。如果想捞一把就离开市场，博一博运气，那么不必大费周折学习各种理论、方法，建立什么系统。这样做不仅学习成本高，而且概率也发挥不了作用。如果想一直留在市场中，做长期投资或长期交易，或者想以交易为生，那么你就必须有一套相对固定的方法，你的思路必须明确而清晰。

这样说可能没有直观上的认识，打个比方，假设是一个短线系统方法，每个月操作10次，每年就是做120次，胜率是50%，盈亏比是2比1。首先可以肯定的是，一年操作120次，如此多次的操作仅靠运气肯定是不行的。这个短线系统的含义是，平均每两次操作中，会赚一笔，亏一笔，赚的是亏的二倍，假设平均亏损是10%，那么平均盈利就是20%，每两笔平均赚10%。这样，如果产生一次冲动操作，不按既定方法来做，在不具备概率优势的情况下很可能以亏损结束这笔操作。多亏这一次10%，就需要严格执行两次才能挽回损失。本来是可以通过这两次操作赚10%的盈利，现在却只能打平。这是一个理论上的例子，实战中的短线系统的胜率和盈亏比远没有这么有优势，冲动一次的代价可能是需要后面严格执行四、五次才能挽回这笔计划外的损失（后面的执行中可能产生计划内的亏损）。

该赚的一定要赚到

不该亏的不能亏，该赚的也一定要赚到。让利润奔跑说起来容易做起来难。一点点的利润都容易让人满足而匆匆离场，而面对不断扩大的亏损却可能温水煮青蛙，让人越陷越深。这是几乎所有人的天性。有了捕捉行情的技术作为基础，还要有持股的心法。坐等上涨也不容易，真能坐得住的，也要有强大的定力。当然一定要是客观的定力，不能是出现卖出信号了，还在坐等上涨，这时的概率已经偏向了下跌，这时的坐等是掩耳盗铃。

还以前面提到的短线系统方法为例，前面说到亏一笔不该亏的，要浪费掉后面的两次交易机会来弥补损失。如果有一笔该赚的没有赚到，那么由于错过这一次原本应该有的盈利，付出的亏损成本平均起来也会增加。必须把每次操作都置身于多数交易中，概率的作用才会自然显现。神级的操作并不是笔笔赚钱，而是客观地做到亏掉该亏掉的，赚到该赚到的。所谓得之坦然，失之淡然。

该亏的是必须付出的试错成本，该赚的是必须得到的试错奖励。一个有效盈利系统的宿命是通过足够多次的交易，在概率的作用下使资金曲线保持在一个上升通道之中。接受该有的亏损，享受该有的盈利。

跟踪示例

我们结合对大盘一波上涨的跟踪分析，说明一个在多头条件下回调到MA10

附近时买进的例子。

以下是在 2012 年 4 月 18 日上证指数的分析图：

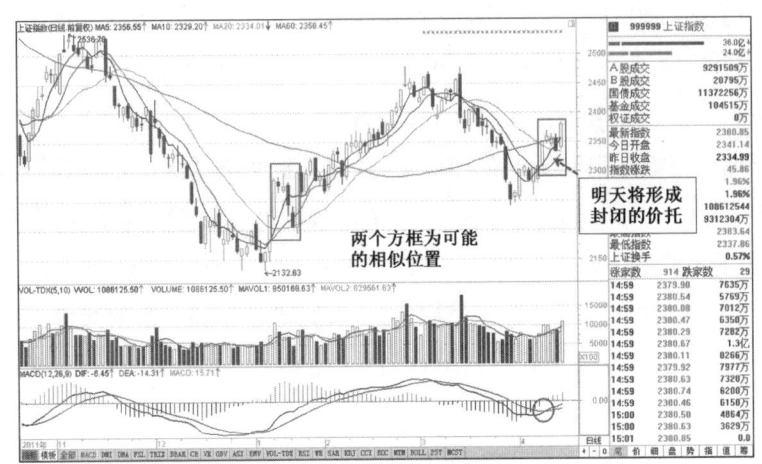

图 3-32　相似位置相似结构

图 3-32 中的两个方框显示的是两个可能的相似位置，MACD 指标形成金叉，各条均线即将形成价托，DIF 即将突破 0 轴，之后可能确立多头趋势。

当时来看，日线上上午是第一次回调 MA10，看下午走势是否有企稳迹象，选择强势股回调 MA10 的买点，收盘前买进，如果次日继续放量下跌还有机会离场。如果符合之前判断的相似位置，那么回调正是买入机会，同时注意风险，控制好仓位，想好止损。

4 月 24 日当天的日线图和分时图分别如下：

从图 3-33 可以看出，DIF 线突破 0 轴，进入多头主导的市场，各条均线已经形成价托，MA5 和 MA10 在金叉状态中，DIF 与 DEA 也同时在金叉状态中。根据种种迹象判断，可以等待低吸的机会。我们经常会听到高抛低吸，可是很少有人具体讲哪里是低或者哪里是高，这其实是相对的，真正把握好相对高位和低位并不容易。

图中圈出的是 4 月 24 日在日线上的下影线，一度跌破 MA10，这是我们建议的买点之一。下面是当天的分时图。

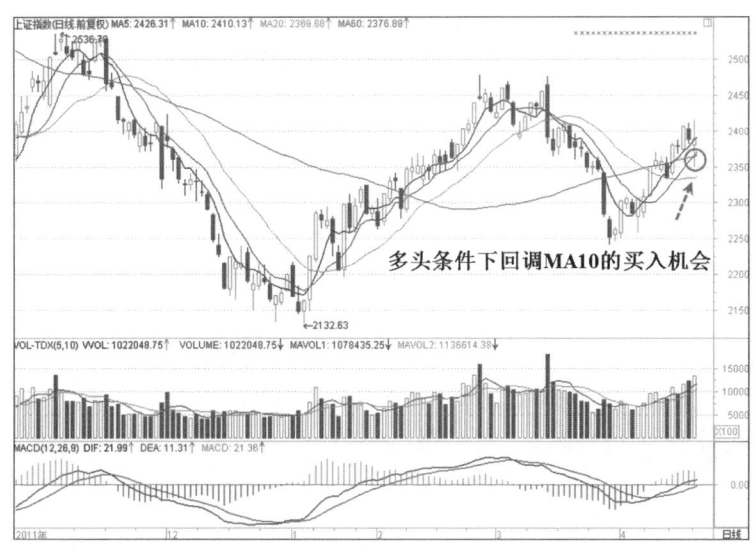

图 3-33　回调 MA10 的买入机会

从分时图 3-34 中可以看出，当天上午冲高之后，指数便反身急速下跌。在中午收盘前的一小时内跌了 2% 以上，当时的市场已经把人们跌出了恐慌情绪。无缘无故地以跳水的方式下跌，难免让人感觉恐慌。而且恐慌情绪能够互相传染，当天中午弥漫的不安情绪，让很多人认为可能展开一波调整。这天其实是上涨以来的第一次回调 MA10，这个位置往往具有低吸的概率优势。我们的计划是，"选择强势股回调 MA10 的买点，收盘前买进，如果次日继续放量下跌还有机会离场。如果符合之前判断的相似位置，那么回调正是买入机会，同时注意风险，控制好仓位，想好止损。"

事实证明当天的回调 MA10 确实是一个很好的进场机会。图 3-35 是之后一周的行情图。

从图 3-35 可以看出，很明显，4 月 24 日那天的长下影是很好的低吸机会，而上午的长上影却不是好的追涨机会。从回调到 2350 点到上涨到 2450 点附近，上涨幅度接近 100 个指数点。下面看看当天选择强势股进场的效果如何。

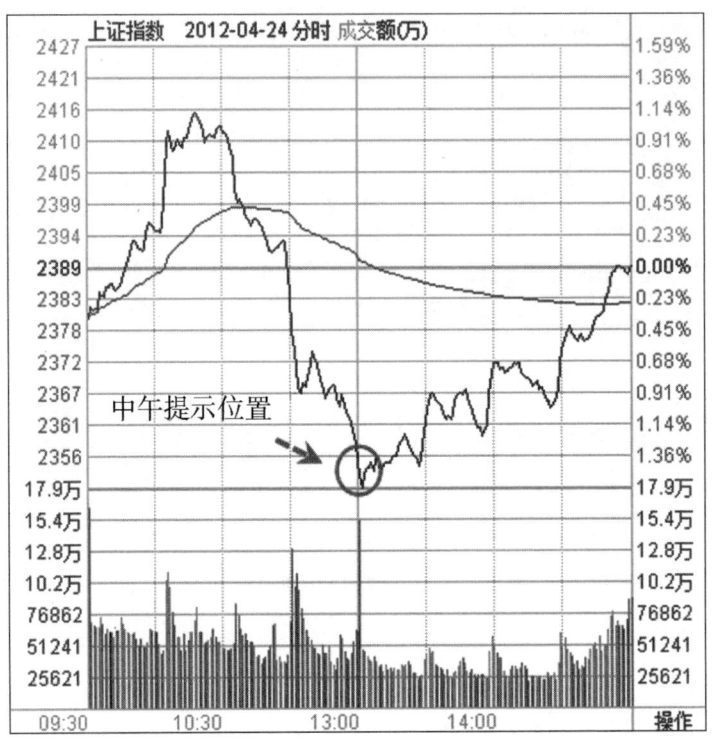

图3-34　4月24日分时图

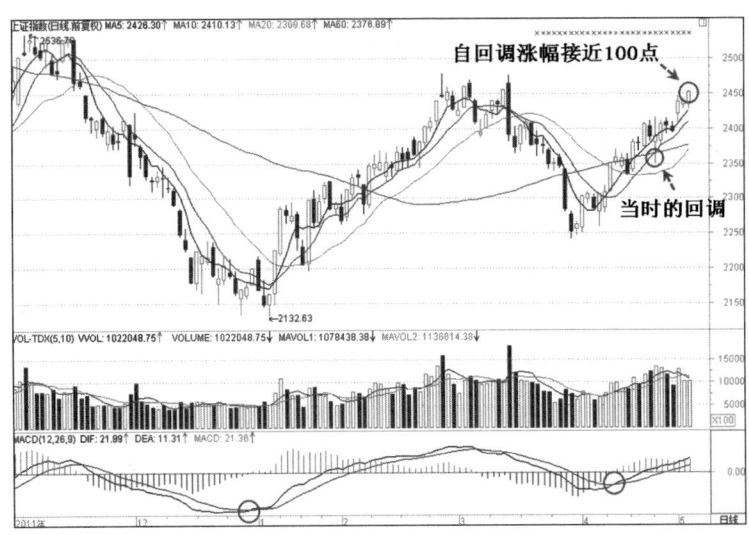

图3-35　上证指数跟踪分析图

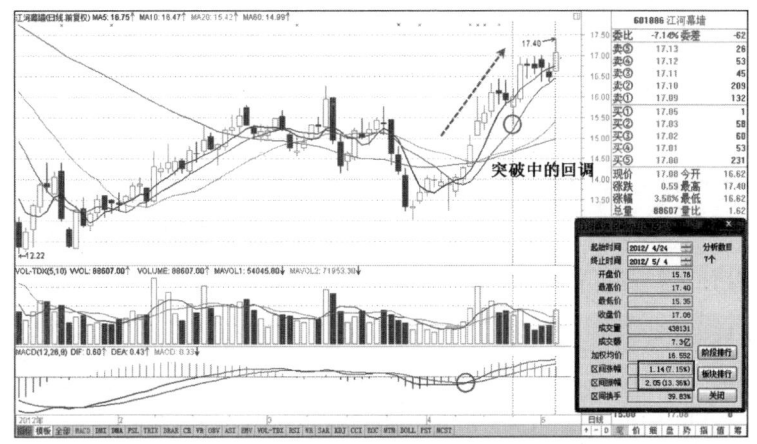

图 3-36　江河幕墙（601886）低吸买点

图 3-36 显示的是个股江河幕墙（601886）在前面讲到的区间的低吸和上涨情况。这是之前一直在股票池中的备选股之一，是处于突破之中的一类强势股。如果在 4 月 24 日还在寻找进场机会，那么图中圈出的位置，回调 MA10 时无疑是一个好的介入机会。从指标上看，该股前期的 DIF 和 DEA 在金叉中，MA5 与 MA10 也在金叉中，连续的阳线是放量的过程，图中标出的是一轮上涨以来的首次回调 MA10，这和大盘的节奏基本一致。看图右下角的区间统计，区间涨幅为 7.15%，区间振幅为 13.36%。在 MA10 附近的介入目前能获得 10% 左右的浮盈。

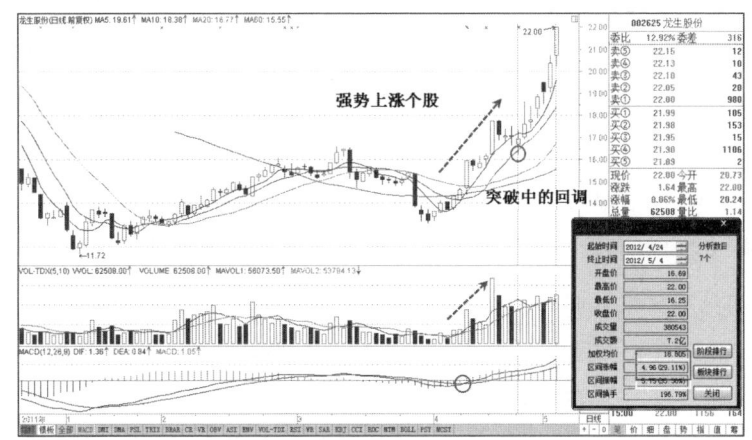

图 3-37　龙生股份（002625）低吸买点

上图 3-37 显示的是个股龙生股份（002625）在同一区间的操作情况。通过 MACD 指标金叉的走势判断，该股是更加强势的个股。在突破前高的过程中，有两个明显放量的长阳线，是连续上升的 K 线，基本没有回调。图中圈出的位置是第一次回调 MA10，也是与大盘同步的，但已经突破过前期高位，节奏相同，但强于大盘。在该股中，4 月 24 日的回调是一个完美的介入机会。从右下角的统计图中可以看出，区间涨幅为 29.11%，区间振幅为 35.38%。也就是说，在回调买进之后已经有了至少 30% 左右的浮盈。

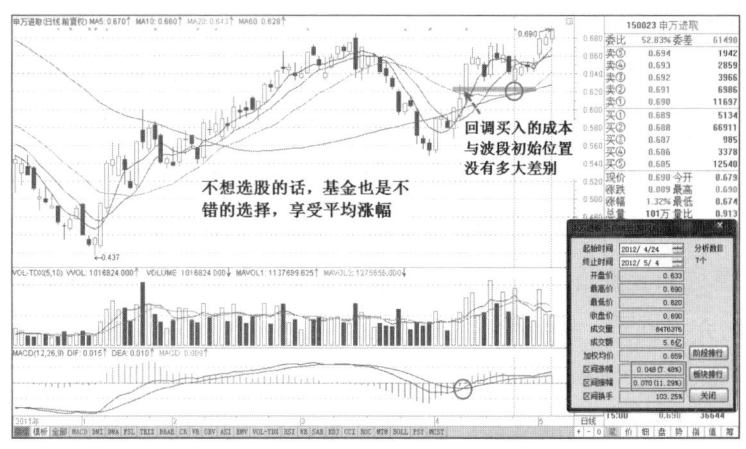

图 3-38　申万进取（150023）低吸买点

最后我们看在一只基金上的操作，申万进取（150023）。基金通常能反映多数股票的平均水平，并优于大盘。如果不想费精力选股的话，基金也是不错的选择，能够享受平均涨幅，还省去了选股的麻烦。在基金的选择上，最好选择成交活跃、强于大盘的。基金相对一些强势股来说波动幅度较小，但不能只看涨时涨得少，实际上，跌时跌得也少。总的来说，和多数的股票相差不太多。而且股票型基金是由基金经理选出的优质股，它的表现应该强于平均水平。

从图 3-38 中可以看出，回调买入的成本价格区间与波段初始位置的价格差别不大。在波段操作的情况下，即使在 MACD 金叉时买进了（箭头位置），也没能拉出上涨空间；而在回调买进之后，基本上是买了之后就开始一小波上涨，没有经受回调。从右下角的区间统计上看，区间涨幅为 7.48%，区间振幅为 11.29%。短短七个交易日，也能获得 10% 左右的浮盈。

这一系列跟踪示例展示了从判断大盘的大势开始，到等待回调机会，再到机会出现时在个股上操作的例子。图 3-36、图 3-37 和图 3-38 分别是三种不同类型的个股。但与大盘的节奏保持一致。当大盘确立多头趋势之时，就处在了大概率的一侧，也就是站到了神的一边。这时选择回调 MA10 进场是有优势的策略。这虽然不能保证每次在同样情况下都做对，但能保证多数情况会做对。市场的底牌也便是如此。

做多需要有信仰，心魔一日不除，则一日不能良好地执行策略。降伏其心，让大概率来说服自己坚定地执行优势策略。神仙本是凡人做，神来之笔也本是简单的，关键在于用心。站在大概率的一侧。一念起万水千山，一念灭沧海桑田。

▶▶盘后阅读3：墨菲定律

"墨菲定律"源于 1949 年，一名叫墨菲的美国空军上尉工程师发现，假定你把一片干面包掉在地毯上，那么这片面包的两面均可能着地。但假定你把一片一面涂有一层果酱的面包掉在地毯上，则常常是带有果酱的一面落在地毯上（会带来麻烦）。换一种说法：如果某件事有可能变坏的话，这种可能就会成为现实。这就是墨菲定律。

它的适用范围非常广泛，它揭示了一种独特的社会及自然现象。它的极端表述是：如果坏事有可能发生，不管这种可能性有多小，它总会发生，并造成最大可能的破坏。

在股市中墨菲定律同样适用，回忆一下你是否遇到过这些情况：在看好三只股票中，选择了其中的一只买进，结果除了买进的这只之外，其他两只都上涨的很好。或者，越是不想股票下跌，它越会下跌，而一旦割肉卖出，它却偏偏开始反弹。

由于担心股票下跌，没有经验的投资者往往选择买进那些看上去"安全"的股票。有一定投资经验投资者应该能够认识到，这些看上去"安全"的股票其实是处于弱势的或者尚未启动上涨行情的股票。它们的表现肯定不如那些看上去"不安全"的强势股表现得好。结果是，越是想买到上升空间大的股票，越有可能买到的是下跌趋势中的或者弱势的股票。

还有一种倾向于使结果变坏的操作就是追涨杀跌。如果没有操作纪律，在禁不住诱惑时买进则往往会买在一波高位（波峰）而不是买在上涨的起始位置；在忍不住恐惧时卖出则往往会卖在低位（波谷）而不是下跌的起始位置。以割肉卖出为例，没有固定方法且没有纪律的操作往往会在亏损初期被动忍受套牢，最后在下跌最凶狠、最容易击溃心理防线的位置被迫割肉出局，这时市场也往往正处于绝望情绪蔓延、释放最后下跌动能的时期。所以，市场在大多数人绝望的时候开始反弹。多头不死，跌势不止，便是这个道理。

▶▶股软技巧5：分时图中成交量颜色区分显示

为了便于观察上涨和下跌时的成交量，可以让分时图成交量颜色区分显示。这样上涨放量和下跌放量便一目了然。方法为：在主菜单栏选择"工具"——"系统设置Ctrl+D"——选择"设置4"——选择"分时图成交量颜色区分显示"（直接按"Ctrl+D"也可以调出"系统设置"窗口）。设置完成后选择"确定"。再重新进入分时图时，上涨的分时成交量柱线颜色显示为红柱，平盘的为白柱，下跌的为绿柱。

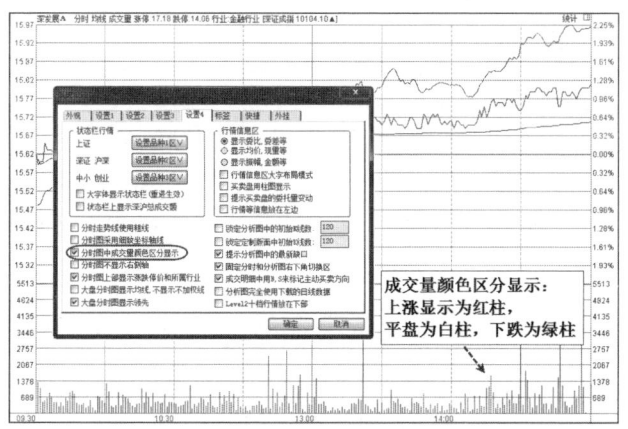

图 3-39 分时图成交量颜色区分显示

▶▶股软技巧 6：多股同列

在用一台电脑屏幕同时观察多只股票时，可以设置"多股同列"。调用方法为，在主菜单上选择"分析—多股同列"，或者直接按组合快捷键"Ctrl + M"调出。

同时显示的股票个数可以通过"系统设置（Ctrl + D）"——"设置1"——"多股同列数"进行选择，个数范围从4图至20图，图3-40选择的是"4图（2×2）"。可按"Esc"键退出多股同列。

在分时图上按"Ctrl + M"则显示分时图的多股同列，在日线图上按"Ctrl + M"则显示日线图的多股同列，如图3-41所示。有些专业投资者用一个主机外接两个显示器，其中一个选用较大尺寸的显示器并设置成竖屏来专门用于盯盘，这样可以同时清楚地观察多个品种。

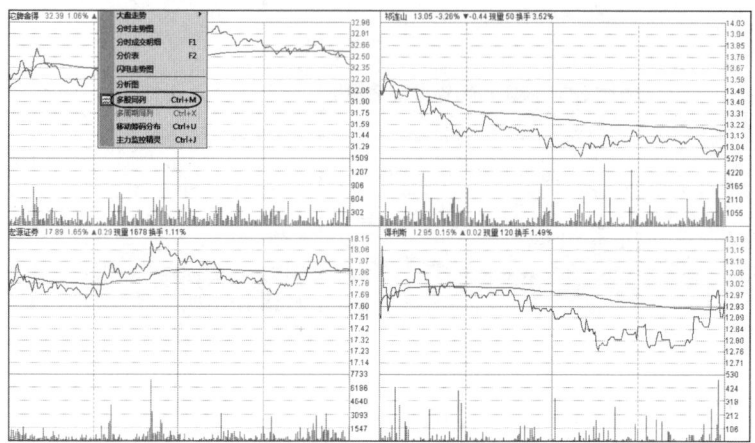

图 3-40 分时图多股同列

图 3-41 日线图多股同列

第四章

THE GAME OF PROBABILITY: THINKING LIKE A TRADER

实战经验

本章主要内容

第 1 节　为什么骑不住黑马

第 2 节　交易者需要一个图腾

第 3 节　通关秘籍——技术分析的形态结构

第 4 节　波动原理——有效结构

第 5 节　日内交易的钱被谁赚走了

第 6 节　日内交易——机器人的战争

第 7 节　无所住而生其心

第 8 节　宁可错过也不做错

第 9 节　现实中的传奇交易员

第 10 节　操作资金曲线

第 11 节　成功的交易系统能否复制

第 12 节　从感觉交易到自觉交易

第 13 节　让利润去保护你的持仓

盘后阅读 4：口红效应

股软技巧 7：条件选股——近日创历史新高

股软技巧 8：条件预警设置

股软技巧 9：历史回放功能

每个人都会经历这个阶段,看见一座山,就想知道山后面是什么。我很想告诉他,可能翻过去山后面,你会发觉没有什么特别,回头看会觉得这边更好。但是他不会相信,以他的性格,自己不试过是不会甘心。

——《东邪西毒》

第1节 为什么骑不住黑马

为什么拿不住好股票,骑不住黑马股?

为什么不能放大利润,截断亏损?

为什么本该赚钱的机会却被错过?

为什么一波中线行情被做得七零八落?

本节我们将再次讨论一下关于持股与守拙的话题。

之所以说是不可避免的涨和跌,是因为只要你一直坚持一种经过验证的固定方法,那么在长期的多次出手之中,一定会有大盈利来弥补小亏损。你的市场秩序终将会发挥作用。

持股不仅需要的是勇气和决心,更需要的是智慧与信任。智慧,是指要有策略,不是一味地看多或看空,而应该有一个经过验证的独门秘器。信任,是指相信你的方法,不在执行中发生偏移。

真正相信你的方法,或者说,相信你的系统,这是很难做到的,虽然说起来很简单。试想一下,你和某人打牌,如果你总能看到他的底牌,那么你在下注时一定非常有信心,因为一切尽在你的掌握之中。但是,股票就不一样了,在一次操作之中,你很难形成看到主力底牌的那种心态,尤其是在多次止损或者操作不顺的时候,这时的你已经成了惊弓之鸟。你的操作极有可能与合理的操作是相反的,你会在小赢时急于兑现利润,而在亏损时却抱有回本的幻想。

如果你知道所做股票一个月之后的图形,比如在此后的一个月会持续上涨,那么你在预见底牌情况下,一定会增加持股的信心;如果你知道该股在此后的一个月会持续下跌，你同样会毫不犹豫地立即止损出局。

那么问题就来了，如何看到市场的底牌，预见股票的未来图形呢？

答案就是概率的作用。

每当你在下单时都把这一次交易看作是很多次交易中的一次，或者再具体些，想象自己会做100次相同的交易，那么这一次只是百分之一次，这是一种很关键的思维方式。在按照验证过的有效盈利方法进行操作的基础上，严格执行既定计划，不看到卖点就不放弃筹码。比如是以 DIF＜0 这一中长线的持股方式作为卖出条件，为了抓到一次中级以上的大行情，你在这之前可能已经多次无功而返，这些都是为了搏一次大行情而付出的试错"成本"。如果你没有按照既定计划，在 DIF 小于 0 之前就在该股第一次冲高时止盈了，那么你前面所付出的成本就白费了。

我们来看一个利用 DIF 作为买卖信号的例子，如图 4-1 所示。

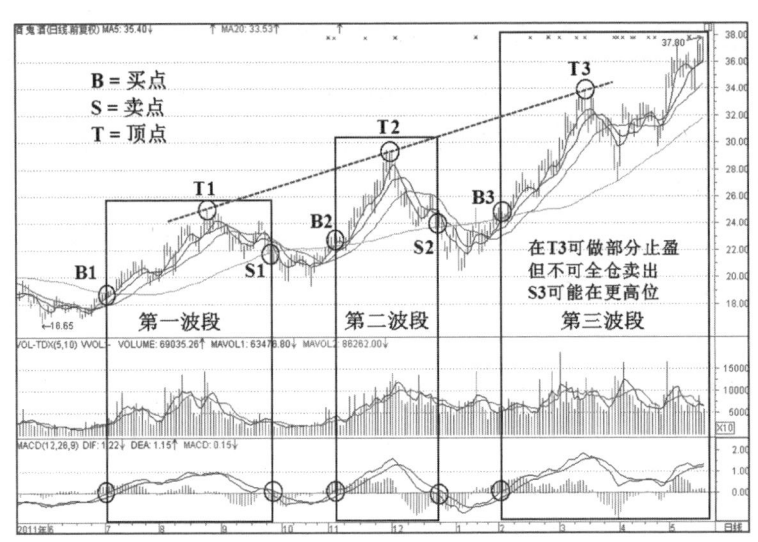

图 4-1 酒鬼酒（000799）的买卖信号

图 4-1 显示的是个股酒鬼酒（000799）从 2011 年 6 月到 2012 年 5 月的走势图。我们利用 DIF 大于 0 作为买入依据，利用 DIF 小于 0 作为卖出依据。从图中可以看出，在此期间按照买卖条件一共可以做三次波段操作。

我们在图中分别标出了三次波段操作的买点（用 B 表示）和卖点（用 S 表示）。在波段期间的顶点用 T 表示。例如，第一次波段的买点为 B1，卖点为 S1，顶点为 T1。图中的三个方框分别表示三次波段操作，方框的左侧表示 DIF 上穿 0 轴的时间，对应着买点；方框的右侧表现 DIF 下穿 0 轴的时间，对应着卖点。

假设有一位投资者按照这个方法操作，这是他验证过的抓大波段的好方法，并严格按照此法做了前两个波段。他复盘时发现，这两次波段操作按照 DIF < 0 为卖出条件都错过了顶部。虽然两次都是盈利操作，但第二波损失了大幅度的浮动盈利，如果在冲高时卖出，会有接近 30% 的利润。所以他决定下次要在冲高时兑现利润。假设这正好是一位技术分析水平不错的投资者，他沿着前两个顶点 T1 和 T2 画出一条趋势线，决定如果再有机会冲高的话，就在碰触这条趋势线的位置出局，保住所有利润。

没有只跌不涨的股市，第三次机会终于又来了，这位投资者依然按照 DIF 上穿 0 轴的条件在 B3 买进。买进之后，该股和前两波一样，开始拉升上涨，并创出新高。眼看着就超过了 B2 到 T2 距离，浮动盈利又接近了 30%。这次这位投资者没有等待 DIF 下穿 0 轴的卖出信号而是改变了在前两次波段操作中一直遵守的计划，选择在冲高趋势线时止盈，也就是 T3 的位置。在 T3 卖出之后，该股果然下跌，这位投资者心想总算逃了一次顶，保住了利润。可是在后面的走势中，该股并没有继续下跌，也没有下穿 0 轴，而是又反身向上创出了新高，至今仍没有出现卖点。这位投资者这时只能悔不当初，为什么没有遵守纪律。一次看似聪明的逃顶，实际上却放走了后面接近 10% 的利润，而且后面还可能继续上涨，现在再追高已经没有了下手的机会。

最后总结一下这个例子，它告诉我们，有了验证过的方法之后就要严格遵守，前面付出的成本终将获得回报。另一方面，DIF 本来就是偏中长线的信号，往往会错过一波的顶部。如果事先对大盘有良好的判断，认为当前不会有大级别的行情，可以利用 DIF 与 DEA 死叉来做偏中线的卖点。还可以利用我们讲过的顶部反转 K 线形态来判断顶部，在顶部止盈部分筹码，采取分仓策略，留一部分筹码将趋势跟踪到底。

守住黑马的要点

第一，客观看波段。认真复盘，仔细观察股价的阶段波动形式，你会发现，上涨和下跌是有节奏的。波段操作主张卖在顶部区间，不强求卖在顶点。"猜顶"是提前离场的主要原因之一，认为自己比多数人聪明是交易之中的常见心理。总想做出高难度动作，否则总感觉胜之不武。这是没有平常心的表现，成熟的交易者应该"无智名无勇功"、"看山是山"，客观地划分波段。在每一波上涨中，都可能出现明显的顶部特征，耐心等待它们的出现，一旦出现则绝不留恋，果断退出。

第二，用资金管理策略解决急于兑现利润的心理。为了解决总想在冲顶时了结利润的急功近利的心理，交易者可以采用分仓策略，止盈一定比例的筹码，先使自己的持股成本、持股心态都处于有利地位。但余下的筹码不见最终的见顶卖出信号绝不放手。你需要有一次"持长扩利"的心理体验，有了这样的体验之后，你会更容易坚持既定策略。

第三，学会休息。大盘进入下降通道之后，黑马股失去了最大的背景支撑，黑马很少在空头市场启动行情。在空头市场要降低仓位，或者空仓。躲过最艰难的操作时期，这是提高成绩的简单方法。不必试图抓住每次机会。最有前途的、最有延续性的黑马股需要有大盘和板块的支撑。越大的趋势，越多的资金追逐，黑马的上冲惯性越大，上涨空间也就越大。选时优先，因为上涨时间窗口打开之后，万马奔腾，即使抓不到最黑的黑马股，也至少能抓住一只强势股。

第四，明确操作计划（交易系统）。每笔操作在下单之前都应该有一个清晰的操作计划，涨了如何应对、跌了如何应对，这应该是一个灵活的对策，而不是只看一个方向的博运气。只有在有了计划之后才不会有意外，因为所有的意外都应该在你的预期之内。明确的计划能让交易者占有优势。以顺势理念加波段操作的计划，至少不会使你追在波段高位，也不会使你陷入深套境地。

胜率和盈亏比

假设你有一种方法或一个系统，在每10次出手中会赢5次、负5次，即50%的胜率，这是一个中庸的胜率，很多人在追求70%甚至更高的胜率，关于胜率和盈亏比我在书中经常提到。

再假设你的平均盈利是30%，平均亏损相当于止损等于10%。这样，你的盈亏比是3:1，这也是一个较为中庸的盈亏比。你每盈利1次就足以弥补3次的亏损，也就是平均来说，在每10次出手中，你用两次盈利（60%）就可以抵消掉10次出手所有可能产生的亏损（50%）。不管你看到这里的心情如何，反正我现在是松了一口气。因为有了这两次盈利打底，用来抵消成本，剩下的3次盈利可以保证你赚到90%的利润（30%×3）。

怎样盈利？就是重复做简单而正确的事情。守住你的一种最有效的形态，验证它，然后坚持它。请牢记用N分之一的眼光来看问题。让优势向你倾斜，让概率去发挥作用。

只需要一些信仰和信念。

——《彼得·潘》

第2节　交易者需要一个图腾

《盗梦空间》结尾那只陀螺最终倒下了没有？男主角到底是活在真实世界中还是活在梦境之中？股市中的交易者也面临着类似的问题，你所认知的股票世界是什么样的？这决定了你在股市中的活动。

我想说的是，这个市场充满了谬误，夹杂着有意无意的误导和欺骗。希望是爱你的人把你带进了股市，而不是恨你的人。希望股市是成就你的地方，而不是消灭你的资金的地方。这样说可能有些残酷，不过事实的确如此。不管我现在如何说，最终你都会认识到它的残酷无情。

如果你相信有人能够一年抓100个涨停，那么你的股市生涯一定是跌宕起伏的，绝大多数人最终会认识到，那不过是一个传说。试想一下，一年100个涨停，在不计复利的情况下，盈利是1000%，如果真有这样的成绩，他这样操做5

年、10年之后，他会积累多少财富？市场上从来没有过这样的持续盈利成绩。

如果你相信有人能够预测某段时间之后的行情，比如半年、一个月、一周，哪怕只有一天，还不需要100%的胜率，只要他能把胜率控制到60%以上，把盈亏比控制在1:1，他用不了多久也以积累大量的财富。只要能预测后1分钟的行情，你就可以在这个市场上源源不断地赚钱了。事实上却很难做到，往往预测是一回事，实际操作起来又另外是一回事。

在市场中，你最好只相信你亲眼见到的东西。

人人都有"贪嗔痴"，我们要修炼的是"戒定慧"。可以期待大行情的出现，但不能幻想每月都有大行情出现。心中有希望有憧憬，操作按信号守纪律。特别是在亏损的时候，更容易产生急于回本的心理，主观地认为大行情会出现。从客观上来看，当遭遇亏损的时候，往往是行情反转的时候，趋势通常都会有惯性。市场并不知道你在想什么。解决这种心魔的方法是可以尝试多复盘，看看历史行情。投资如山岳一样古老，趋势像潮汐一样周而复始。当潮水退却的时候，需要的是等待下一次涨潮。

再一次强调，相信你看到的，只有价格是最真实的。实际上没有该涨不涨的股票，也不存在错杀的股票，跌了就是跌了，"看山是山"的道理。

交易者膜拜的图腾应该是市场，一切是市场说了算。因为人性复杂，所以市场看起来也复杂。说到这里让我想起了那部改编自史蒂芬·金的同名小说的电影《迷雾》，在其中讲了人们面对未知世界的各种态度。看过这部电影的人一定会对那个借上帝之名误导人们视听的疯婆子有印象，也会对她的行为产生愤恨和厌恶。市场如同"迷雾"一样，在你了解它的真相之前，很难解释它，这时就需要你的信仰来支撑。你对市场的世界观决定了你在市场中的活动。有兴趣的交易者可以看看这部电影，它的结局有很多让人思考的地方。

我不太推崇价值投资，也就不太偏重基本面，但对基本面也不是说完全忽略。如果把技术面和基本面分析在影响决策方面定一个比重的话，我倾向于技术面占70%，基本面占30%。我们举一个例子，王老吉的商标之争。

"王老吉"与广州药业

广药集团在2012年5月11日公告称，中国国际经济贸易仲裁委员会近日裁决广药收回红色罐装及红色瓶装王老吉凉茶的生产经营权,香港加多宝集团停止使用"王老吉"商标。广药在其之前公布的重组方案中承诺过,待"王老吉"商标法律纠纷解决后,广药将在可转让之日起两年内,将"王老吉"系列商标及广药许可王老吉药业一定条件下独家使用的其他4项商标,依法转让给旗下上市公司——广州药业股份有限公司。

公开数据显示,2009年王老吉凉茶在中国市场销售额为160亿元,超过了可口可乐的150亿元。有消息称,"王老吉"品牌价值被评估为1 080.15亿元,超越海尔,成为中国目前的第一品牌。到了2011年,王老吉凉茶销售收入在200亿元左右,其中红罐的销售额为181亿元,绿盒销售额为19亿元。而广州药业2011年营业收入为54亿元,仅为王老吉凉茶年销售收入的27%。红罐王老吉的年销售额高达181亿元,以10%的利润率计算,其一年的利润就达18亿元。而根据广药集团2011年年报,其旗下两个最赚钱的主力公司白云山A、广州药业的利润总额才分别只有2.61亿元和2.88亿元。广药集团顺利拿回"王老吉"商标之后,终将把这一巨无霸资产注入上市公司,这无疑对广州药业是极大的利好。

在商标之争即将尘埃落定的一段时间内,广州药业(600332)和白云山A(000522)走势强劲。广州药业5月9日、10日、11日连续三个交易日收盘价格涨幅累计达19.76%,5月11日,广州药业与白云山A都强势涨停。王老吉商标的价值和无形资产以及今后的应用,无论对广州药业的短期股价走势,还是公司未来的业绩,都将是一个利好消息。

我们来看5月11日公告收回"王老吉"商标前后几个交易日的市场反应,如图4-2所示。

图4-2显示的是广州药业(600332)从2011年10月到2012年5月的走势图。从图中可以看出在5月11日公告发布之前的5月3日,市场已经提前做出反应,当天放量涨停。此后直到公告发布之日,在这6个交易日里,该股几乎每个交易日都会创出本轮新高。公告发出之后,次日是一字板,极度缩量的涨停,这是重大利好消息发布之后的常见市场反应。第三个交易日是冲高回落,放出了巨额成交量,走出了一个带上影的长阴线,这是利好兑现之后,获利盘的抛出。

可见，所有消息都反映在价格上，价格是最终的结果。

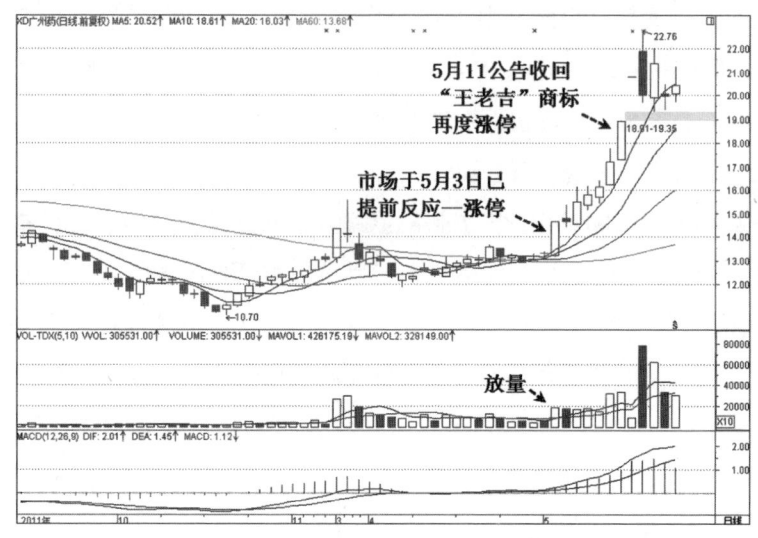

图4-2　"王老吉"引发广州药业强势上涨

从广州药业在5月11日发出的公告中可以看到，"本公司获悉广药集团于2012年5月11日收到中国国际经济贸易仲裁委员会日期为2012年5月9日的裁决书。"可见，市场的反应是第一时间的，先知先觉的资金在5月3日已经拉出了一个涨停。从5月4日到5月18日（最右侧一根K线），累计涨幅达57.51%。利好消息会提前反映在价格上，而上涨不可避免地会触发买入信号。

市场永远是正确的，不管交易者在想什么，或者在做什么，市场都有它的节奏和规律。人们所做的都是对市场的解读，而由于只有时间才能验证当前观点的正确性，这就给误读留下了机会。就像《迷雾》里的疯婆子在真相大白之前可以借用上帝之名影响人们的判断一样，市场在走出来之前也会有很多人对市场做出各种预测，其中也会有误导，不管是有意的还是无意的。等"迷雾"散尽之后，人们才发现，原来都是在和自己的心魔较量。真是应了那句话，世上本无事，庸人自扰之。

"应该上涨"、"错杀股"这类说法可以看作是主观臆断，市场不存在应该上涨却不涨的股票，也不存在错杀的股票，市场为每只股票确定了当前最合理的价格。交易者看每一只股票的区别应该只是代码和图形上的不同,它们的价值是由市场定义的。我们要做的是波段差价,每一只股票都是做差价的工具。基本面再好的股票,在利好兑现之后也都会停止上涨,市场对利好的想象空间也同时兑现,我们应不再恋战,对它说下次上涨时再见。

另外一句经常被人提到的充满主观想象的话就是"下蹲是为了更好地起跳。"几乎在每次大盘的调整中都会有人提到这句话。有时大盘确实"跳回来了",有时大盘却"跳下去了",所以说这句话仅仅表现了人们对上涨的期望,并不是每次向下调整都会再回来,用正常思维想一下,肯定是这样的。

图4-3是上证指数在2012年初的一段走势,图中的最右侧位置,当天上证指数受外围市场影响大幅低开形成缺口,上午补上缺口,继续缩量,快慢线死叉中,中线DIF>0,短线MACD收敛。

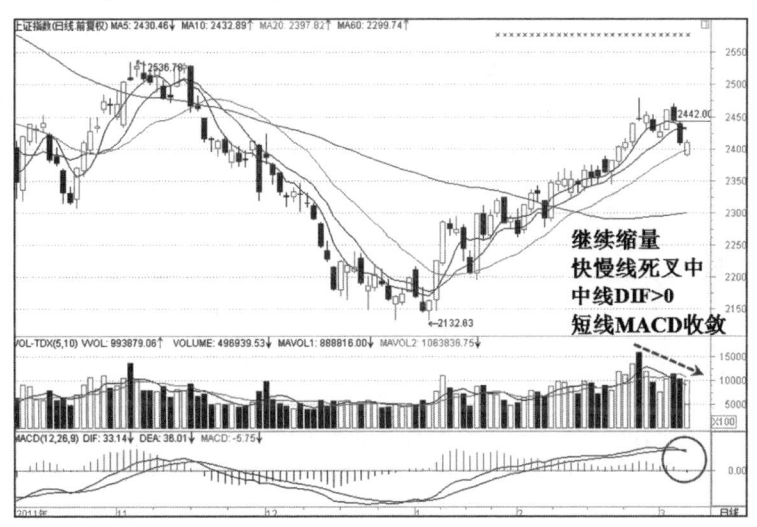

图4-3 上证指数的一轮调整之初

从图4-3的MACD指标上来看,DIF大于0是中线多头信号,DIF线与DEA线形成死叉,同时MACD肯定会出现绿柱,这是短线调整信号。从均线上看,当天收盘在MA10均线之下,这也是短线看空的信号。还有一点就是成交量的萎缩,我无数次地提到过,价是量的堆积,没有量再好的价也出不来。此后,大盘经过一次回抽之后,开始步入调整,如图4-4所示。

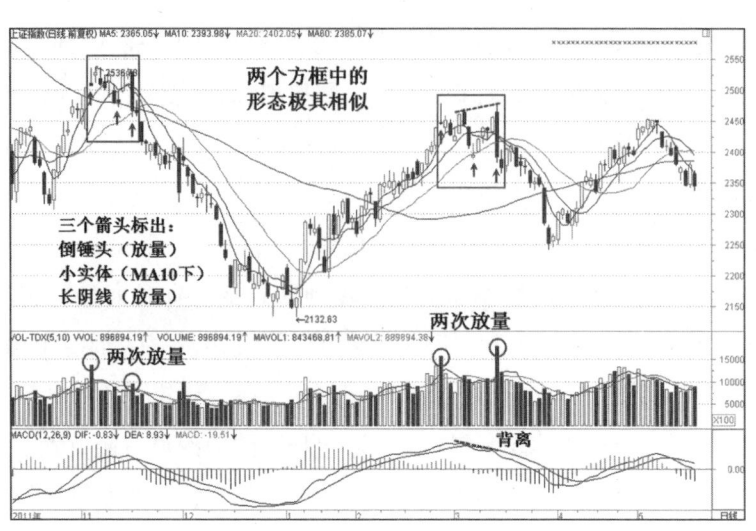

图4-4 上证指数的一轮顶部分析

图4-4是图4-3之后的走势图,从图中可以看出第二个方框中的第二个箭头(方框中间)标出的是上图3月7日收盘的K线。在此之后上证指数回抽前高,然后放量下跌,开始了一轮调整行情。3月7日回调到MA10之下,波段高位下蹲,但最后并没能跳过前高,反而是纵身一跃,向下跳去。这个顶部形态和前一个波段高位的顶部形态极其相似(对比图中的两个方框)。

我们用三个箭头分别标出了识别形态特征的三根主要K线,它们分别是:放量的倒锤头线,均是阴线;处于MA10之下的小实体K线,一阴一阳;还有放量的长阴线。图中的这两个结构可以看作是大盘的两个分形相似结构。如果说前一波的顶部出现了"上帝之手",那么在这波顶部通过"指纹识别"也可以看出是同一只"上帝之手"。仔细观察这两个结构,其实是技术上的"M头",形似字母M。实际上,可以通过很多种技术方法来识别这个顶部,最终都可以得出相同的结果,那就是短线调整要来了。

技术分析是以概率的思维判断行情走势,看到一种走势特征,判断它的涨跌概率,然后做大概率的事。如果说技术分析是交易者的信仰,那么概率作用就是我们的神迹。

贪婪不好听,却是好东西。

——《华尔街:金钱永不眠》

第3节 通关秘籍——技术分析的形态结构

我们在本节将主要介绍对技术分析和形态结构的理解。提两位大师的名字,看看你更了解哪一位。一位是巴菲特,被投资者称为"股神";另一位是约翰·迈吉,技术分析大师。我想即使是不做股票投资的人,也一定知道"股神"巴菲特,但即使是做股票投资的人,也不一定知道约翰·迈吉。

巴菲特是价值投资的典范,而迈吉则是技术分析的典范。我曾经多次提到过,对于中小投资者来说,我们能借助的最可靠的工具还是技术分析,因为基本面的分析需要准确、迅速、全面地得到基本面消息,不仅如此,还需要具备分析这些消息的知识储备。比如,对上市公司财务报表的解读,对国家经济政策和货币政策的理解,还有对一些关键经济数据的统计分析等等,这些都需要掌握一定的金融或经济学知识。做好基本面的分析需要大量的资料收集和统计分析。况且就算是专业研究员,他们对经济政策和产业政策的解读也不一定能做到之前提到的准确和全面。

散户很难具备机构那样的专业研究水准,而且散户也没必要花费那么大的精力来做这些。机构的资金量大,它们如果不做调查研究、不做投资模型,就很难评估投资的可行性,也难以保证盈利。它们进市场容易,出市场可就不那么容易了。机构的行为本身就能影响单个股票的走向。它们进行大规模操作一定是选择在经济背景、行业背景、企业背景都向好的时候。这也是自上而下的选股方式,但机构不会只根据一张图表就确定操作计划。它们需要做更多的调查、分析和研究。

散户进出市场灵活,单个散户也不会影响价格。散户可以直接通过技术分析来吃大户(机构)。由于机构资金量大,它需要把股票拉出空间之后才能够脱身。对于中小盘股来说,一定量的大资金进场可以买出一根长阳线,机构如果像散户那样没有策略地在此后一天卖出，也会卖出一根长阴线。这一进一出把价格拉起来又砸回去了。所以大资金不能仅依靠技术面来进出场，除非是操作市场容量足够大的品种，比如市场关注度高的大概念股、指数型基金等。大资金必须依靠基本面上的优势，先知先觉、提前进场，并借利好出货。散户可以单从技术面上做到先知先觉，因为不管是哪个大资金如何介入，它进场和出场都会在技术面上留下痕迹。

早前我们经常听说"猎庄"、"跟庄"，这个庄就是大资金，以前由于监管措施的原因，可能造成了做庄猖獗的现象。但目前市场容量大、机构多，拥有大资金的散户也多，市场接近充分博弈。这在流动性充分的股票上肯定是如此。但要提一句，谨慎参与ST类股和成交稀少的小盘股，这种股票还是容易被控盘的。现在每个人都是市场参与者，都参与博弈，市场有很多主力，主要由趋势主导。充分博弈才能体现技术上的规律，它的支撑和压力才会更有效。因为很少再有所谓的"骗线"，市场有支撑，它就很难跌下去，聪明的资金会在有利的位置进场，使价格难以跌破支撑。同样，一旦跌破支撑就是真正地打破了平衡，市场中的多数资金会认同趋势的反转，再想涨起来就很困难，从而提高了技术分析的有效性。

一把直尺闯天下，这是对行走在股市江湖的技术分析者的一个形象写照，有几分傲气凌人，也有几分形单影只。不过，真正能理解技术分析、做好技术分析的人在市场中所占的比例很小。有时候市场已经给出了明确的上涨形态，一些技术分析者还在等待时机。更多的情况是市场已经进入了空头市场，而很多拿着直尺的人还在找各种理由向上画箭头。技术分析本身应该是客观的，它能指示出多空双方的信号，但如果使用技术分析的人在内心里偏执于多头或者空头，那么它就很难"量"出市场方向。所以说，最难"量"的是人心。

有句话说，"你不上船怎么能渡你，你若上船何需我渡。"很多事情都是这个道理，只有从内心真正认识到了它的价值，也就是参透了、悟到了，才能步入正轨，修成正果。做到用"无住心"去"量"市场，也就是做到客观地运用技术判断。

以我多年的经验看，散户只能相信自己的眼睛。在市场中能长久生存并取得成功的人多数是技术分析者和策略交易者。我曾和朋友交流过，在股市中想要取得成功可能真的像《西游记》中的师徒四人取得真经那样要过九九八十一关。有些是比较容易的，比如一些基本知识和技术技巧；而有些是比较难的，比如形态的总结、系统化、执行方面的问题等。其中比较难的是从知道到理解的过程。你可能知道头肩顶形态，但真正理解它的形态成因和最有效卖点可能需要很长时间，需要经过多次历练。

可能的相似看多位置

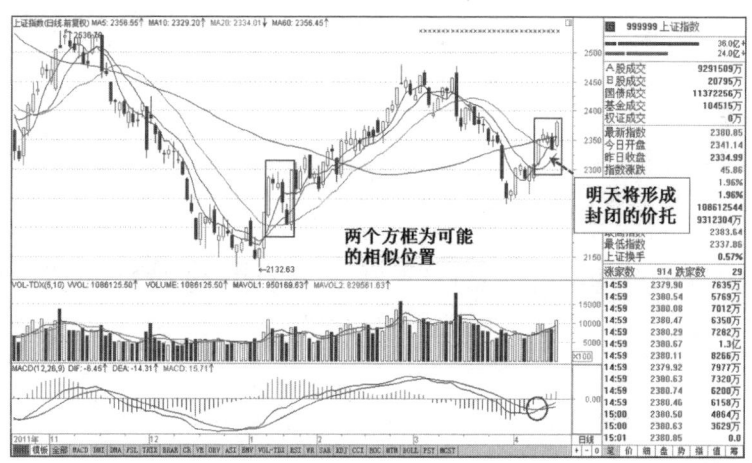

图4-5 相似看多位置

图4-5显示的是上证指数在2011年11月到2012年4月的一段走势。从图中可以看出，在前期经过一波下跌之后，上证指数在2012年1月站上了10日均线，MACD指标在0轴之下发生了黄金交叉，上证指数走出了一波上涨行情。然后，在2012年3月，MACD指标在0轴之下发生了死亡交叉，上证指数出现了回调。需要注意的是，经过回调之后，上证指数再一次出现了与前面一波上涨的起始位置相似的形态。在2012年4月，上证指数再次站上10日线，我们用两个方框在图中标出了两个相似的位置。

这两个位置具有的相同形态特征：

（1）放量并站上10日线。

（2）MA5与MA10金叉中，DIF与DEA金叉中。

(3) MA5、MA10、MA20 将形成封闭的"价托"。

(4) 首次突破 10 日线并回踩 10 日线向上突破。

由相同的已知条件，我们可以得出相同的判断结果。我们认为上证指数在此后有很大的概率会继续上涨，很可能复制前一个方框后面的走势。实际走势印证了我们的判断，如图 4-6 所示。

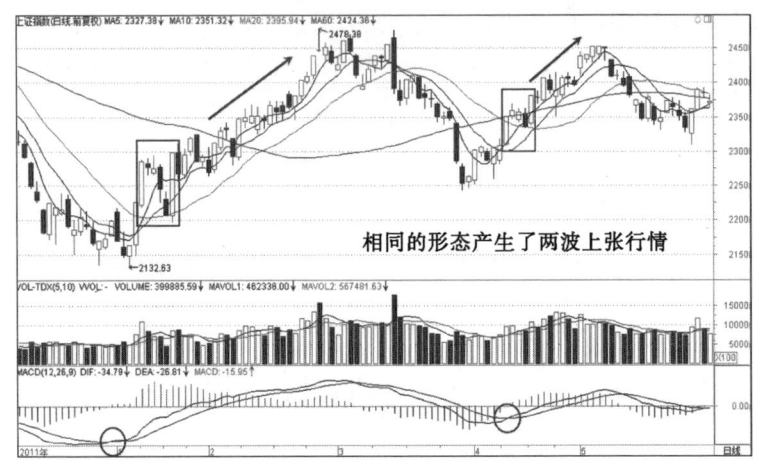

图 4-6　上证指数的相同起涨形态

从图 4-6 中可以看出，上证指数在两个具有相同形态特征的位置之后，都走出了一波上涨行情。虽然第二波行情在时间和空间上不如第一波行情，但由于对大盘的正确判断，第二波行情上涨的 10 多根 K 线中，在个股上会有很大的可操作空间。我们可以判断，在图中的第二个方框之后，大盘有很大的可能是不会下跌的，这时我们就可以选择强势个股操作。对于强势股来说，10 根处于安全区间的 K 线，可以产生不少的利润。

知道技术分析不难，知道一些形态结构也不难，难点在于真正理解并执行它。比如对均线的理解和对空仓的理解。要真正理解这两个概念就可能需要两三年的时间和上百次的交易。有经验的投资者应该会认同这个观点。对技术分析的理解和对形态结构的认识是通关成功的关键环节。心法在技术之上，一步步打通关卡，真正做到信仰技术，才能找到撒手锏。

你要尽全力保护你的梦想。那些嘲笑你梦想的人，是因为他们必定会失败，想把你变成和他们一样的人。我坚信，只要我心中有梦想，我就会与众不同，你也是。

——《当幸福来敲门》

第4节 波动原理——有效结构

股票价格的运动呈现像波浪一样的波动特征。早在20世纪初，也就是100多前年，道氏就提出了这种价格波动特征，后来被总结为道氏理论。查尔斯·道认为，价格指数像潮汐一样波动，并且把波动划分成了三个级别，即浪潮、波浪和涟漪。后来，艾略特在道氏理论的基础上又发展出了波浪理论，进一步解释了波动的级别、形态、比例等问题。他发明了波浪理论的三个铁律：其一，二浪不能回撤超过一浪的起点；其二，在推动浪中，三浪不能是最短的一浪；其三，四浪不能与一浪重叠。

想深入了解道氏理论和波浪理论，可以找这两本书集中了解一下。其实，很多没有专门看过这两本书的人，只要看一天盘，就会发现股价的这种波动形式；如果用心盯盘一段时间，他也能看出一些波浪理论的端倪。市场的波动原理从来没有从根本上改变过。这是因为，一方面，市场的博弈本质不会变，筹码如水，总是流向阻力最小的方向；另一方面，人性不会变，发生急剧拉升时的追高冲动、发生断崖跳水时的恐慌心理，还有杀跌之后的抢反弹，这些内心活动和市场行为自从有股市的那一天起就一直没有停止过。

股价的波动是由市场参与者的心理活动产生的交易行为在价格上的表现。单个投资者不会影响市场的方向，就像一滴水不会影响潮水的方向一样。但当一定数量的投资者产生群体投资行为的时候，市场内部的力量对抗也便发生了。市场的上涨和下跌如同涨潮和退潮一样，当一方的力量压倒另一方时，就会出现后浪推前浪的推动浪。波浪理论把5浪结构定义为推动浪，它又分为上涨推动浪和下跌推动浪，用数字标注为 1-5 浪，其中 1、3、5 浪与主要方向一致，2 浪和 4 浪与主要方向相反。

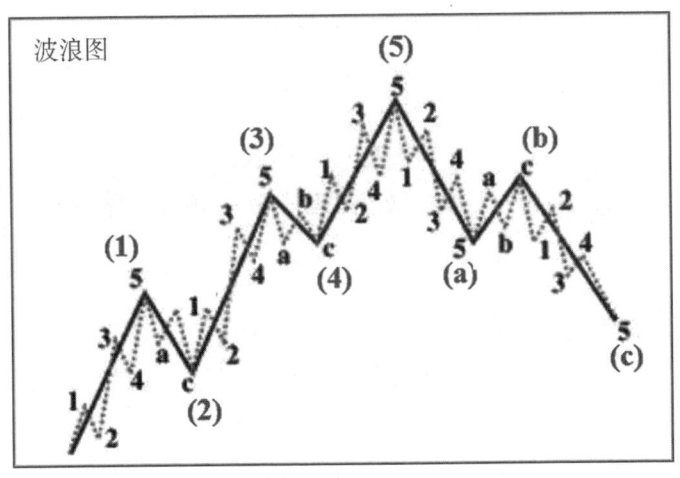

图 4-7　波浪图

我在前面说过，任何用心观察市场波动的人，都有可能看出波浪理论的一些规律。而且，如果你能够找到一种波动有效形态的话，那么这就会成为你的撒手锏。我说的这种有效形态不只是简单的 12345+abc。首先，根据艾略特波浪理论数出的浪，远不只是这种简单的结构，它会有延长浪、复杂结构，而且你还要分清浪级，这是很关键的一点。其次，市场在一段时期内会偏向于重演某种结构，这在分时行情中会经常见到，这可能是由于某段时间内占优势的主力资金的操作风格造成的。再次，由于市场机制的不同会使波动偏离艾略特的波浪理论，比如我国 A 股只能做多，并且是 T+1 机制。

我所说的波动的有效形态就是经常提到的"碎片"。这些"碎片"在各种主要时间周期都有一定效力，比如周线、日线、60 分钟、30 分钟、15 分钟、5 分钟、3 分钟、1 分钟。结合经验和操作习惯还有市场特点，我认为日线和 1 分钟线上的"碎片"更有意义。理由是，看日线和分时线（用 K 线表示就是 1 分钟线）的人最多，几乎所有人都会看这两种图表，那么它们对投资者的心理影响也就最大。看的人多的图表才会产生更大的有效性。

你需要理解市场的波动特征，请把你的投资理念上加上这一条，即市场是波动的。着重说明一下，波动是市场的本质，艾略特波浪理论只是解释波动的一种理论。你需要树立波动理念，但波浪理论更多是起到解释作用。你要找的"碎片"是在认可波动原理的基础上，通过认真观察找出的一种市场波动特征结构（能赚钱的结构）。

这些有效的结构不是演绎，而是总结，它们应该是盈利概率最大的几个结构。少则1~2个，多则3~5个，再多的话就不是总结了，成功率也一定会降低。事实上，哪怕手握一个这种有效结构，都足以让你"笑傲江湖"，当然，必须有效、必须执行。

江恩说过，"永不确认转势，直至时间超越平衡。"其实这只是一部分，另外应该还有"直至价格超越平衡"。行情图上有两个坐标，一个是时间，另一个是价格。而市场的运动要有力的作用，平衡状态时，不会有拉升也不会有暴跌。因此，出现了另一个提示，有效结构应该是定义超越平衡点的。只有时间超越平衡点不一定能使价格产生新的趋势并保持惯性。"量、价、时、空"这几方面都倒向一边的时候，是最有效的。倾斜的概率优势是所有交易者应该寻找的关键。

基于波动原理找到的有效结构，是市场的基因组。市场波动的表现形式是二维的，也就是时间和价格。但市场波动的规律不是线性的，如果想通过简单的线性公式（或思维）寻找规律是无解的。打个比方，用二维的眼光来看市场可能是"三角形"，但真正的市场可能是一个"三棱锥"，你看到的只是"三棱锥"在平面上的某一个投影。不过，用二维的投影，也能判断出一些三维中的形体特征。市场只给了我们一些从缝隙透过来的规律之光。

图4-8显示的是50ETF（510050）在2014年10月到2015年4月的行情。在图中我们标出了由MACD指标形态给出的一个买点。当MACD指标在0轴之上，并且在低位发生粘合向上拐头时，价格开始调整并向上突破。我们在操作中找起涨点的一个简单方法就是寻找MACD指标在0轴附近的DIF与DEA的二次粘合，当价格突破前波调整的高点时，是一个波段起始位置的买点。同样，我们在中小板ETF（159902）和创业板ETF（159915）中也可以找到好的买点。我们

建议投资者关注这类指数型 ETF，它们具有很多优势。

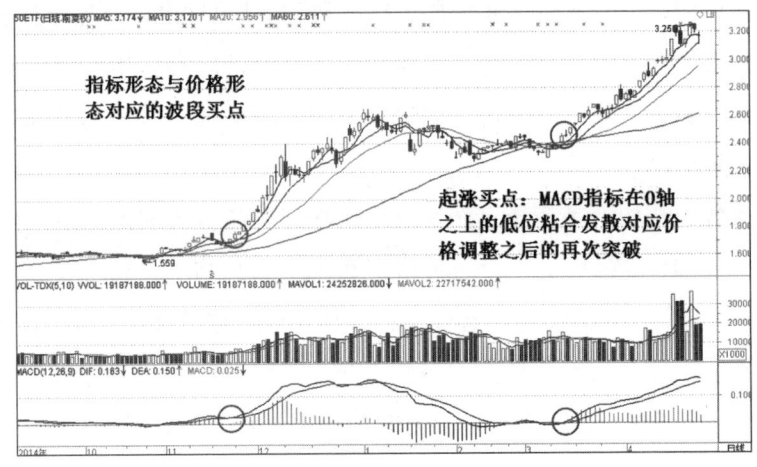

图 4-8　50ETF 的 MACD 指标形态

在这个斗兽场里你别想交朋友，也别留活口。前一分钟你刚靠炒大豆赚了50 万美元，下一分钟，嘭，你的孩子不去上大学，还把你的宾利车给典当了。你愿意跟着我混吗？

——《运转乾坤》

第5节　日内交易的钱被谁赚走了

我们知道，日内交易是"职业赛车"，速度快、波动大、资金利用率高，财富来得快去得也快。日内与隔夜交易孰优孰劣，这个要看你的操作风格、性格、资金情况等等。但有一点可以确定，日内交易要比隔夜交易更难以控制。

很多人会沉迷于追涨杀跌之中，从交易中获得的快感好像比从盈利中得到的满足感要大。我们的目标终究是要盈利，是要小步快跑，保持资金曲线的整体向上稳步增长，同时没有大的回辙。

股市中对于盈亏人数比例说法是，七亏二平一赚，即 10% 的成功率。从经验来看，期货的成功率更低，因为 T+0 加上保证金交易更加放大人性。这里要提一句，T+0 和杠杆只是交易制度，灵活的交易制度对交易者是有利的，但成绩更差的原因并不是由工具造成的，而是由使用工具的人造成的。期货的隔夜成功率可能在 3%~5%，日内的成功率可能低于 1%。

为什么更灵活的交易制度反而造成了成功率的下降呢？这样来说可能比较清楚，我们从操作次数上看，假设一位一般平均操作风格的交易者一天可以做 10 笔日内交易，一个月可以做 10 笔隔夜交易，一年可以做 10 笔股票交易（这样的操作频率是一种假设，为了易于说明问题）。由于交易制度上的差异，T+0、双向、保证金等等，使得做一天的日内交易相当于做一个月的隔夜交易，而做一个月隔夜期货相当于做一年的股票。做一年的情况下，他可以做 2 500 笔左右日内，1 200 笔左右的隔夜，10 笔的股票。操作得越多，他的误差和错误就越容易被放大。也可以这样说，在这一年中做股票的成功者之所以多，是因为很多人还没经过更多的考验。

如果我们再定义一个考核周期，比如说是 100 笔交易，如果一个人在经过 100 笔操作之后，他的资金曲线满足整体稳步向上并且没有大幅回撤，那么他就是经过了市场检验，或者说是被考核的成功者。

再回到上面的笔数上，按 100 笔的考核周期，日内只需 10 天完成考核，一个轮回；隔夜需要 10 个月，股票需要 10 年。现在应该清楚了，股票的轮回太长了，很多人没有做到 10 年，就已经带着盈利或亏损退出了市场。

考核周期是被很多人忽略的一个影响成功率的因素。做 60 笔盈利的人数肯定会比做 100 笔仍盈利的人数多，就是这个道理。

其他影响成功率的因素还有，判断时间、资金压力、行情波动速度与幅度、滑点、手续费等。不要小看后两者，很多人亏在了滑点和手续费上。

需要说明的是，有些人做股票一年也可以操作上百笔，如果是波段操作的话，这确实有些频繁；测试的平均结果是，指数上的波段机会，一年只有 10 次左右。当然可以用做短线的方法，以高胜率和低盈亏比的方法做短线，但如果其中大量的操作是在空头行情中完成的,其胜率也会降低。一般认为,趋势+波段操作是相对容易和省力的优选方法。

最后揭晓答案,日内交易的钱被什么样的人赚走了呢?当然是通过考核的人、经过市场检验的人。他的方法需固定下来,能够达到操作100笔(从经验来看)并保持资金曲线稳步向上且没有大的回撤。所以说,找到这个方法并固定下来是第一步,之后便是"快乐地打着防守反击"。在此之后,你只需要继续坚持这个方法,像奥特曼打小怪兽那样体会交易的幸福和乐趣(也许会是枯燥的,这取决于你的世界观)。

初次接触固定方法、操作计划、交易系统的人可能对这些没有概念,用固定的方法可以赚钱吗?提到交易系统,很多人都感觉它是有些复杂的东西,其实它就是一个操作计划,一个固定方法。在本节我们把它称为固定方法。从经验来看,能稳定赚钱的人往往都会有一个相对固定的方法,极少有依靠随性交易可以稳定盈利的人。

固定方法日内操作实例

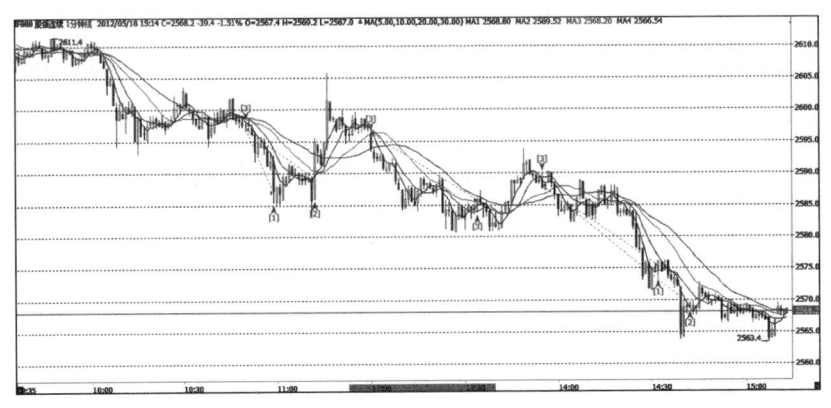

图4-9 日内交易做空信号图

图4-9是一个日内交易系统在股指期货合约上的一个交易日内的做空信号图。

这是通过计算机实现的一个日内交易策略,由于日内交易需要反应迅速,如果判断条件较多的话，用程序判断起来更快捷一些。而且这是一个做空的例子，先卖出开仓，再买入平仓。波段操作不管做多还是做空都是做差价，这一点是永恒的目的。

从图4-9中可以看出，在这一天的交易当中，产生了三组做空信号，也就是三次做空的波段操作。每一次的开仓位置都满足相同的条件，用眼睛也能看出这三个位置有相似之处。这个系统在平仓策略上有细化的控制，可以看出第一次和第三次操作的平仓信号是分开的。但三次操作的最后平空仓位置也是相似的。

这就是一个相对固定的日内交易策略用程序化来实现的结果。只要有相似的图形出现，就会100%地执行同样的策略，不会出现这次提前平仓、下次拖后平仓的情况。它能客观地识别出事先设定好的想捕捉的波段行情。从图中可以看出，它都是开空在下跌波段的起始位置、平空在下跌波段的终止位置。在这个例子中，恰好每次波段起点都高于前波的终点，也就实现了在做空上的低买高卖（低位平空，高位接回）。这是比较理想的情况，等于是把整个三次波段拉大了一些空间。

固定方法日线操作实例

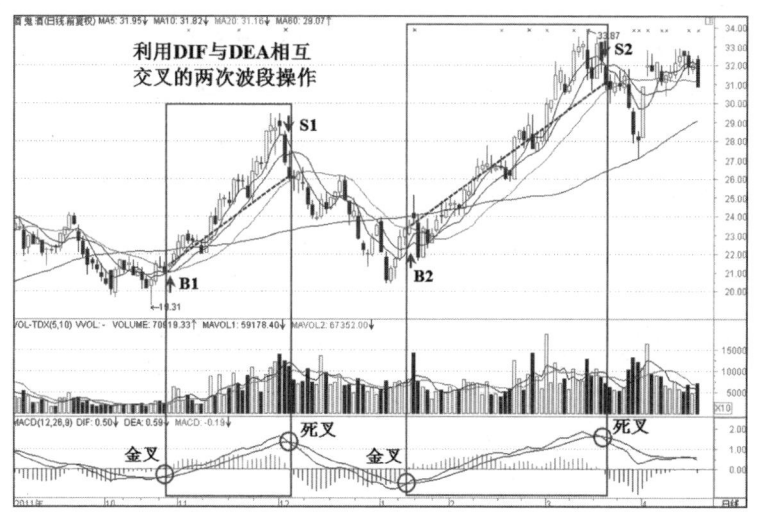

图4-10　日线交易做多信号图

图4-10是在之前的章节中出现过的个股酒鬼酒（000799）的行情图。

用技术指标的好处是易于量化、明确、具体。图4-10中的固定方法很明确，就是利用MACD指标的DIF线与DEA线的相互交叉来做波段，金叉做多，死叉做空。在日线图上，我没有用计算机程序来判断交易信号，用手工在图上标出了两次波段信号。在日线上的操作只有要明确的计划就有足够的反应时间，完全可以按照收盘价买进，每天收盘前看一次行情，满足买入条件就买进，满足卖出条件就卖出。

在图中可以很明显地看出，用方框标出了两次波段操作，方框的左侧对应着DIF与DEA的金叉，方框的右侧对应着DIF与DEA的死叉。B1表示买点1，S1表示卖点1；B2表示买点2，S2表示卖点2。在该股的两次波段操作中，B1买在第一波上涨的低位，S1卖在第一波上涨的顶部右侧；B2低于S1接回，并且处于第二波上涨的低位，S2位于第二波上涨的顶部。从图中可以看出，一招一式都很清楚，完全做到了客观交易。

我在一直强调一个相对固定的方法的重要性。不管是期货中的日内、隔夜，还是股票中的短线、长线，找到一个固定的盈利方法都是第一步。如果没有理论上能赚钱的方法，那么在实战上想赚钱只能靠运气。等你亏损到一定程度之后肯定会走上寻找它的投资正途，与其面对亏损时才认识到这一点，不如现在就开始完善一个相对固定的方法。它将成为你整个投资生涯的财富之源。

如果一直在不断改进一个方法，这就是在推倒重来，几乎每位交易者都会经历很多次这样的痛苦轮回。如果没有坚持一个固定的方法，那么做三年和做三天是一样的。虽然你有了更多的亏损经验，但还是没建立起来一个"城"，只是毁了无数个废"城"。

找到属于你的市场秩序，建立你固若金汤的"城池"。相对固定的交易方法有利于稳定盈利。

沙漠之所以美丽，是因为在它的某个角落隐藏着一口井。

——《小王子》

第6节 日内交易——机器人的战争

本文主要针对股指期货的日内交易进行讨论，记录一些心得和体会，希望对喜欢做短线的交易者有所启发。

什么是日内交易

日内交易是指持仓不过夜，当天收盘前清掉所有持仓的交易。每天的交易次数没有限制，虽然说是日内交易，但如果当天没有产生交易信号的话，也可以一笔操作都不做。日内交易还有一种极致的方式就是高频交易，主要是指靠计算机程序控制的、每天进行数百笔以上的交易，这种方式在国内还比较少见。还有一种手动操作的极致方式是所谓的炒单，鉴于目前较高的手续费并且需要耗费大量的精力，使用这种操作方式的交易者所占比例也较小，其中的成功者占比更小，原因很简单，周期越短稳定性越差。

我们在这里所说的日内交易主要是指被大多数日内交易者所采用的日内波段操作，平均每天的交易次数在10次以内。起初，股指期货比沪深300指数多交易30分钟，上午早开盘15分钟，下午晚收盘15分钟。现在，两者的交易时间相同，股指期货的日内交易时间也是4个小时。在这4个小时的时间里，通常的波段拐点每半小时左右会出现一个。不过，并不是每个拐点都是可操作的机会。从经验来看，每天做股指日内交易开仓3次左右的胜率比较高。操作次数一旦过多，就可能是在试图抓住不占优势的一些机会，胜率会降低。

不同周期的技术相通

很多交易者可能不做日内，但我多次提到过，所有交易基本上只是周期上的区别，技术分析是相同的。把股指一天的240根（4小时内）1分钟K线和大盘一年的约240根日K线两张行情图表放在你面前，作为技术分析者应该能用同样的技术判断出操作位置。所以说,很多技术在不同期不同品种之间都是通用的,日线上的头肩顶形态,用在1分钟K线上同样有效。

虽然说技术是相通的,但在操作上却相差比较大,由于股指在日内可以双向交易,并且判断时间较短,这就很容易产生冲动交易。股票可以用30个交易日走出一个头肩顶形态,在股指上可能只要30分钟;做股可以用几天时间来确定下次出手,而做股指可能需要在几分钟内做出判断,很多时候是在一两分钟内。所有的进出场策略,有时还要加上资金管理策略都要在几分钟内在头脑中过上一遍。实际上,这很难持续做出最佳判断。因为每个TICK(一跳)价格的波动都在冲击着交易者的大脑。当你在情绪稳定、头脑冷静的状态下,在一两分钟内对形势做出准确的判断是有可能的。但在日内交易过程中,你的状态并不是一直是恒定状态,你会有情绪上的波动。做过短线交易的人都会知道,有时思维会短路,很容易一根筋。

我们按平均每天3次出手的低频率,而不是按10次的较高频率来看的话,即使是做3个波段,不算分仓策略,也要做出6次开仓和平仓操作。有人说6次也不算多,但除了可以用技术手段,不用时刻盯盘或是过滤掉一些肯定无信号的区间之外,在做出判断之前的几分钟内,基本上每一秒钟都应该是在做判断,观察当前一秒的价格是否满足开仓或平仓条件。这样算起来,每天的实际判断次数就相当多了,这需要非常专注才行。

执行力和控制力是取胜关键

对于判断这一环节,确实可以通过一些技巧来简化判断,比如简单地利用画线工具,突破就出信号,不突破就等待。这是一个好办法。我们暂且认为这样就可以缓解判断方面的压力,下面一个更难解决的问题是冲动交易。

对于短线交易来说,避免产生不该产生的亏损是提高成绩的一个关键。我们在市场中经常听到一句话:不怕你不跟,就怕你不看。只要你一直在盯盘,就很容易被市场施了魔咒,身在此山,又是云深不知处。

做日内交易的人还应该听说过这样的说法,二流的策略加上一流的执行可以赚钱,但一流的策略加上二流的执行赚不到钱。有时,当我们在盘中追杀得晕头转向的时候，我们的策略再好，但由于"智商降低"（甚至再被行情激怒的话，"盘中智商"可能降低到零），这时也基本上算是在赌运气。

我见到过如上所说的，用简单的策略，但具备非常良好的执行力的人获得成功，并且能够走得很远。也很多次见到过拥有一流策略的人，在一段时间内的资金曲线几乎是无回撤地向上，但每隔一段时间都会有大回撤，用他们的话讲是周期性不在状态。

越复杂的策略，执行起来越困难，越不明确的策略，执行起来越容易走样。所以我建议交易者最好是通过程序化来解决。这也是我把股指的日内交易称为"机器人的战争"的原因。

做日内交易的成功者往往都有一套完善的交易系统。如果有条件的话，还是走程序化道路比较稳妥。做股票的判断时间长，可以有充足的时间反应，但做日内股指，一切反应都在电光火石之间完成。良好的执行力可以通过训练形成，这需要成百上千次的磨练，才能达到在情绪波动时技术动作不变形、在疲劳状态时执行不走样，成功的概率应该说是千里挑一。执行力和控制力是决定日内交易成功的关键因素。

程序化交易能完全解决判断和执行的问题，除此之外，在策略方面也有优势，实现程序化的交易系统一定是经过了充分测试的系统。以我的经验来看，一个新的策略至少要测试两个主力合约之后才能用来实盘交易。两个主力合约的测试期间，平均为40个交易日，120次交易，足够验证系统的有效性和适用性。

如果同样再做40个交易日，120笔交易，即使是我自己设计的策略，让我人工执行的话，我也肯定"打"不过我的机器人。我在其中的一些交易上可能会有任意发挥的情况，有些交易的结果可能比机器人判断的更超前，但也会有盲目的误操作，而胜负手往往就在少数的这些误操作上。机器人是具有120笔经验的集合体，并时刻处于完美状态。当交易者不能冷静得像一块石头时，冰冷的程序却能在盘中始终保持收盘后的那种冷静状态。

理论上的必赢策略

系统化交易者会经历三个阶段。在初步接触它时，很多人会发现所谓的稳定盈利系统，后来经过时间检验之后会自己否定掉这个系统，这个过程会反复经历很多次。处在这个阶段时，交易者会自动无视那些可能造成亏损的信号，只看到想抓到的行情，经过测试才知道，同样的条件下也会产生很多亏损信号。此后进入第二个阶段，交易者开始用批判的眼光看待自己的系统，着眼于控制亏损。处于这个阶段时，交易者会感觉到，稳定盈利的策略其实很难找。直到有一天顿悟，进入第三个阶段，交易者会发现没有普遍适用任何行情的策略，你必须放弃一些行情，有所舍才会有所得。

现实情况是，很多人目前还没有理论上的稳定盈利系统。我很多次见到过有人拿着一个系统，测试一年的股指数据，产生的资金曲线保持一个节奏几乎没有回撤地向上，这样的系统99%是不现实的。一个合理的系统需要包括合理的资金回撤，太理想化的资金曲线，其真实性值得怀疑。是否有效当然还要靠实战验证。

分辨一个系统好坏可以看它的一些特征，比如，所采用的策略理念、判断依据等。过于简单的系统一定不能适应数百笔操作而使资金曲线稳定向上。好的系统一定有独到的策略、过滤条件和控制结构。因为前面提到过，系统需要通过判断放弃一些行情，或者是采取分支策略，这就需要一些特殊的条件，而简单的系统一定做不到这一点。

现在国内的日内程序化交易已经在不断发展壮大，这应该是大势所趋。拥有更领先的策略、更先进的技术，将在日内这个战场上取得更大的优势。成功的路不止一条，手工操作也可能成功，但程序化无疑是成功的捷径，它能为我们扫清很多障碍。

如果你也在进行日内交易或短线交易，那么上面这些可能遇到的问题和一些建议可能对你有所启发和帮助。

每位大师都必须自己找到心如止水（inner peace）的办法。

——《功夫熊猫》

第7节 无所住而生其心

交易者在一定技术的基础上，会看到资金管理的重要性，而在一定资金管理的基础上可以看到心理控制的重要性。

技术分析是基础，资金管理是控制风险和放大利润的高效手段，心理控制就是执行。没有技术为基础，再好的执行也是枉然。资金管理形象点说就是在技术点位上的押注，你如果不能把高效用的进场位把握好，那么你的利润将会受到很大影响。错失掉气贯长虹的上涨，这是最让人懊恼的事情之一。心理是否强大并客观，这决定了你的眼光。

巴菲特说过，别人贪婪时要恐惧，别人恐惧时要贪婪。这句话和传说中的"高抛低吸"一样，是个相对的概念，也可以说是一个伪真理。究竟当市场恐惧到什么程度该贪婪呢？究竟当市场贪婪到什么时候该恐惧呢？上证指数从2007年的6 124高点下跌，跌到3 000点时跌去了一多半，这时市场应该足够恐惧了吧！很多人抱着"捡便宜货"的心理，吃着火锅唱着歌儿冲进去抄底，结果怎样？后来一直跌到了1 664点，几乎从3 000点跌掉了一半，这时市场几乎可以用绝望来形容。从3 000点到1 664点，这期间都是恐慌的，那么股神的话到底该如何理解呢？

见底1 664点以来，最近一段时期一直是在2 400~2 500点区间波动，这期间曾到过3 000~3 500点区间，证明6 124下来时的半山腰是压力，在那里至今还会有"站岗"的股民。"股谚"说，横有多长，竖有多高，反之亦然，竖有多高，横有多长。大牛市之后一定会有很长的一段震荡时期。不过，等把这些在山顶激荡过的筹码消化干净之后，很有可能再创新高。

缩小一个级别来看，股市每年都会有适合操作的波段行情，即所谓的基金"吃饭"行情。我们要把握的就是这些波段。

我们把60日移动平均线MA60作为大波段操作的牛熊分界线，从2008年到2012年，一共有5次站稳MA60。平均来看，每年有一大波行情，其中的第五波是从2012年2月份开始的。如图4-11所示。

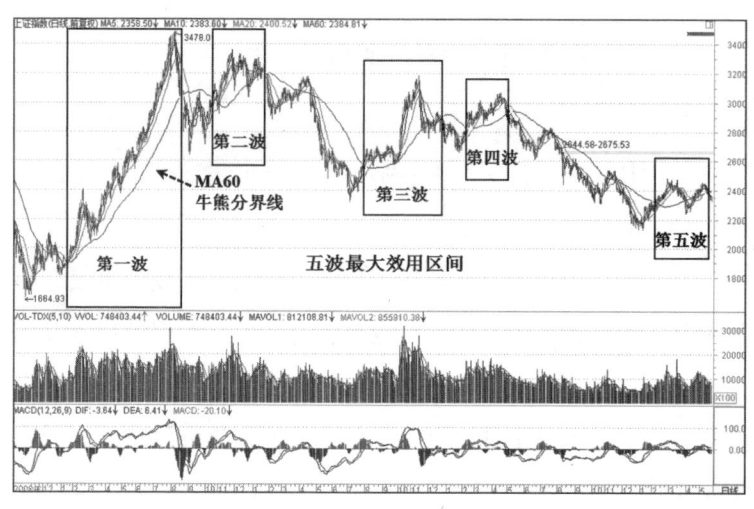

图4-11　站上60日均线的五大区间

图4-11显示的是上证指数从2008年11月创一轮新低1664点以来到2012年5月的行情图。在这将近四年半的时间里，一共有五波行情站稳了60日均线，也就是说，在这五个区间内的大部分时间里收盘价在MA60之上。我们用五个方框标出了这五个区间。

稍微注意观察一下就会发现，这四年半中，最大幅度的上涨肯定都发生在这五个区间内。这些是可操作级别的牛市行情。所谓牛市就是在可操作周期内市场连续上涨的时段，并不只是像2006年和2007年那样的疯狂上涨才算牛市，那些是十年一遇的大牛市。只要大盘站稳MA60都可以称之为牛市，所谓站稳就是完成突破——回踩——再突破。

对照上证指数，研究一下这5个区间，这些是效用最大的区间。同样，用MACD指标的DIF线也能标示出类似的区间，自大底以来DIF线有5次稳定在0轴之上，如图4-12所示，是不是一目了然？简单的一条均线或一个指标都能胜过无数的分析，可以过滤掉很多没必要的信息和低效用区间。

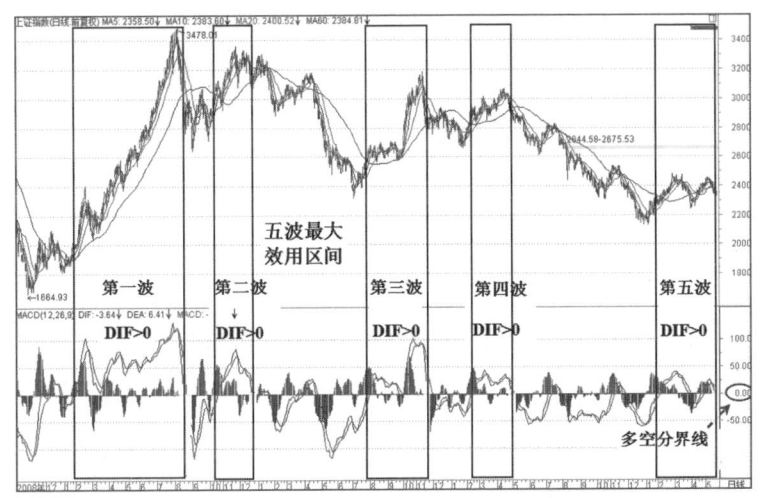

图 4-12 DIF 在 0 轴之上的五大区间

图 4-12 与图 4-11 显示的是同一时期的行情图。在这将近四年半的时间里，同样有五波行情的 DIF 线整体运行在 0 轴之上，即处于多头市场中。我们用五个方框标出了这五个区间。

将图 4-12 这五个区间与图 4-11 的区间相对比，你会发现，它们基本重合。DIF 大于 0 是用 MACD 指标定义的多头市场。可见，依据 DIF 和 MA60 判断出来的牛市区间基本一致。

同样我们也可以看到 2013 年 5 月到 2015 年 4 月的三波主要行情，也是指数站上 60 日均线和 DIF 大于 0 的区间，如图 4-13 所示，这些是波段操作的主要利润来源区间。

我们可以判断顶部和底部，也可以判断转折点，但不应该猜测顶底和转折。"无所住而生其心"是《金刚经》上的一句话，大意是说不执着于表相，才能感悟到其本质。用文字很难确切表达它的意思，这里需要意会。

一旦试图猜顶测底，心中就有了倾向性，也就是有了杂念。只看眼前就好，不必预测，跟随眼前的趋势，走到哪里跟到哪里。如果你总想着持仓，希望它涨到某个点位，这就可能会影响你的判断的客观性。甚至当它不能达到目标位，已经进入空头市场的情况下,你还在一厢情愿地等着它涨回来。

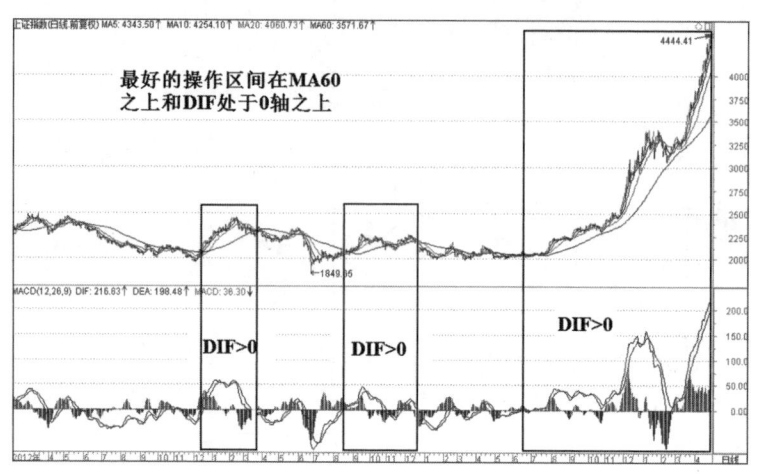

图 4-13 最近三个 DIF 在 0 轴之上的区间

有人可能会问,使用指标不也是有所住了吗?是,也不是。一方面,使用指标是"住"于一种形式了。但另一方面,又不是,因为指标是价格的变形,指标只是一种工具,我们是借助它来判断,但可以心无所住,也就是不带感情色彩地使用指标。指标指示了多头就是适合做多的区间,指标指示了空头就是适合做空的区间。除了用 MA60 和 DIF 之外,用其他工具也可以判断出多头市场。重要的是市场本身在那段时间内实质上是多头,如果能客观地反映它就是无所住了。还是那句话,涨了就是涨了,看山是山;而不能看到涨了,还在猜这里应该是顶,应该先逃顶,这就是看山不是山了。

让市场"涨给你看",不必费心去测底、猜底、抄底。最有效的策略就是顺势+波段。做到手中有股心中无股,客观地看待市场行情。

在某些时候，必须牺牲掉那些患病和羸弱的羊只，以拯救整群羊。

——《曾经安静的男人》

第8节　宁可错过也不做错

很多投资者在复盘时往往会有这样一种感觉，上次的保守造成了错失良机，而今天这次的激进却造成了追高。市场好像总是在和自己对着干，过尽千帆皆不是！

宁可错过也不做错，还是宁可做错也不错过？这是一个很值得深思的话题。在全凭感觉操作的情况下，当感觉不好时就不要急于出手，宁可错过也不做错。在按固定方法操作的情况下，当交易信号出现时应该毫不犹豫的出手，宁可做错也不错过。

基于一种操作方法在客观上有一个保持高胜率的出手频率。比如以均线金叉为买点，在日线图上通常一年也出不了 10 个金叉，不可能平均每个月都有一波上升行情。那么出手多于 10 次之后的胜率就会降低。超过了最佳出手次数之后，就应该做到宁可错过也不做错。但是，如果是正常的出手频率，经过耐心等待之后出现的机会，就应该做到宁可做错也不错过。

我们可以把正常出手次数之内的交易称为系统内的机会，把正常出手次数之外的交易称为系统外的机会。系统内的机会应该有一个做一个，不多做也不少做。系统外的机会应该偏保守，最好是少参与。

如果是没有一个相对固定的系统，你需要多复盘，把激进与保守这两种手法的胜率大概统计一下。坚持其中的一种，或是增加一些过滤条件，在一个框架内操作。比如满足条件 A 时用激进的方法，不满足条件 A 时则用保守的方法。这个条件 A 可以通过指标来限定，也可以通过形态或者成交量等来限定。

举例来说，如果 MACD 指标满足 DIF＞0，就用激进的抄底方法提前进场或者适当追进，因为这时市场处于多头市场，做多是有利的。如果 DIF＜0，就用保守的方法，等进场信号进一步确认，趋势再明显一些再进场，因为这时市场处于空头市场，做多是不利的。这样，DIF 就成了一个过滤条件。当然还可以再加上背离等等条件，随着条件的增多，你的胜率会提高，但信号会减少。这相当于对进场信号的优化，但注意优化要适当，过度的优化会使你的方法的适用性降低。

回想一下，在牛市的时候，不管是新手还是老手，怎么买都很容易赚钱，为什么？因为市场处于多头，这时的 DIF＞0。而在熊市的时候，老手在不断抄底，新手还在抱有幻想，"温水煮青蛙"。应了那句话，新手死在逃顶上，老手死在抄底上。

通过复盘、做交易记录、不断总结，找到几个有效的过滤条件，哪怕只有一个，都能够极大地提高你的胜率和信心。

面对激荡的市场，每个人都很难做到"静得像一块石头"，有句话说的好，"盘后诸葛亮，盘中猪一样"，这是每个投资者都要走过的一个阶段。

宁可错过，也不做错，先为不可胜！和自己比，先战胜自己。

选择不做什么比选择做什么更重要

生活中有很多选择，但最幸福的不是选择能做什么，而是选择能不做什么。在交易中，更高级的交易者不是选择做什么，而是能坚持不做什么。

在技术方面，股市中流传着各种技术，包括进场、出场、加仓、减仓、止盈、止损等等。在起初刚接触这些技术的时候，你可能满世界地搜罗它们，将它们纳入自己的兵器库。逐渐地，你会形成某种交易理念，然后放弃与之相悖的一些技术。比如，如果你选择了"唯快不破"，你就应该放弃那些反应迟缓的指标；如果你选择了"重剑无锋"，你就应该放弃那些反应灵敏的指标；如果你选择了右侧交易，你就应该放弃猜底测顶；如果你选择了左侧交易，你就应该放弃趋势确认。理解什么是为道日损了吗？就是如此。

在理念方面，你也会接触到很多理念、理论上的东西，比如，顺势与逆势，左侧与右侧，"长顺止轻"，"截断亏损，让利润奔跑"，"永不摊平亏损"等。你也不可能把所有学到的理念都整合到交易系统当中去，有些理念是鱼与熊掌的关系。理念可能让你彻底改变，它可能颠覆你之前的理念，随之把之前的方法全部推倒重来。比如，如果你之前一直做短线，但发现这种方法可能并不适合你，所以你过渡到波段。之前的短线方法对波段操作可能有值得借鉴的地方，但是从根本上，你的理念已经发生了转变。

这些理念和方法只要不是谬误，它们就没有优劣之分，关键在于如何用它们组成一个系统。不管系统是简单的还是复杂的，基本的理念和技术都是必须的，而且必须明确和细化。

开始时，你的兵器库空空如也，到后来面对满屋子的兵器你可能又变得拿得起放不下。用哪个，弃哪个，真的有点儿乱花渐欲迷人眼，可谓幸福的烦恼。找到兵器不容易，下决心弃用一种兵器也不是件容易的事。这是自己和自己的较量，要看你真正想捕捉的是什么样的行情，这一点必须要明确。

对于行情也同样需要区分，某些图形是在某种理念之下不能出手的。如果你在这些不利的图形上不能做好防守，那么你的优势将会大大地减少。不熟悉的图形，不在系统内的买点，这些都是应当回避的。俗话讲，不做不亏。当然这里说的不做，是不做系统之外的，对于系统之内的不但要做，而且要做得"稳准狠"。

到了某一阶段，你更多的不是为没做到行情而感到后悔，而是为做了不该做的行情而感到后悔。你知道有些行情是系统之外的，只要坚持做好系统内的事就可以让资金曲线保持在上升通道内。而偶尔的冲动可能会造成不必要的资金回撤。就算是这次的冲动交易让你获利了或是顺利出逃了，但也为下次冲动埋下了伏笔。冲动交易产生的奖励并不是好事。

在系统化交易方面，选择做什么是建立系统的过程，而选择不做什么则是优化系统的过程。你打造的兵器在速度、重量、长度方面需要有一个权衡取舍。技术不是越多越好，而是越合理越好。各种理念、技术经过排列组合可能形成无数个系统，但能解出市场这道难题的答案并不多，却并不一定复杂，还是那句话，关键在于你想捕捉什么行情。另外，形成好的系统之后，在交易心理方面又是一个重要关口，能否严格执行将是下一个关键。

总之，选择不做什么比选择做什么更重要。真正达到"从心所欲不逾矩"，这是想要成功的充分必要条件。

没人能赢不赌的人。

——《妈阁是座城》

第9节 现实中的传奇交易员

这个话题起源于两方面，其一是有位投资者提到他想成为操盘手；其二是源于与一位传奇交易员的交流，他最近的成绩颇为了得。

很多投资者都有这样一个理想：努力成为专业的操盘手。成为操盘手容易吗？通过对这位传奇交易员的一些情况的了解，你会找到一些答案，并找到努力的方向。

我们经常会听到这样几个称谓：散户、投资者、交易者、操盘手。散户指的是中小投资者。操盘手指的是有资金、信息优势的大资金操作者。在很多人的印象里，操盘手更多指的是作局者，这是做庄时代的思维。交易者（trader）指的是靠交易性机会赚取差价的人，他们往往更看重技术分析和交易技巧。投资者（investor）偏重基本面分析，坚持价值投资理念。

在流动性充分的市场中，市场的主力资金来自于多个方面，不存在传统意义上的庄家，市场其实是博弈的，只有趋势没有庄家。当然有人会不同意这种说法，这取决于对市场的世界观。相信有庄家的人，在盈利时，可以说是跟庄成功。相信趋势的人，在盈利时，可以说是跟对了趋势。另一种说法是，操盘手就是交易者或者交易员，只是叫法不同罢了。

总之，我所提到的交易员，是指那些主要借助技术图表进行操作的人。交易者看重交易性机会，所有品种的区别只是代码的不同，只要图形上符合操作模式，就可以操作。他们相信，所有信息都反映在价格上。文中的传奇交易员做的更多的是短线交易。

有很多著作或者文章描写过传奇交易员的故事，比如伟大的债券交易员查理·D，股票大作手利弗莫尔，网络上流传的日本日内高手BNF，还有《幽灵的礼物》中的主角幽灵交易员。这些传奇交易员都是交易巨星，后人写文章来传颂他们的传奇经历。他们创造过财富神话，激励着更多的人寻找通向金融自由之路。

在现实中，能达到三年以上持续盈利的人可以说是凤毛麟角。这里的持续盈利指的是经过足够多次的交易，而且资金曲线始终处于上升通道之中。在这几年中，我也接触过很多交易者，所了解的这种高手不会超过10个。其中有一些高水平的交易员在一段时间中的成绩很好，但后来也会重新陷入不稳定的状态。

这部著作中主要讲的这位传奇交易员没有专业学过金融，甚至没有看过多少理论著作。他也验证了"王侯将相宁有种乎"这句话，完全是一位民间高手。看到这里，你可能觉得自己也大有希望。文中他提到，自己在稳定盈利之前的三年里，每天平均反复研究图表达到10个小时左右。算一算，三年每天10个小时，总共花在研究图表上的时间超过了1万小时，这也符合1万小时定律（不管你做什么事情，只要坚持1万小时，基本都可以成为该领域的专家）。

如果有人问他，如何做到高胜率？他会回答，靠对市场的理解。简单的一句话，但却花了1万多个小时的功夫。很多高手之所以成功，都是因为对市场有独到的见解。不管他有没有学过专业的市场理论，他一定有自己的一套市场理论。这可以说是找到了市场密码，也可以说是真正理解了市场。打个比方来说，相识的人见面之后，你为什么能认出他来？因为你能识别出他的特征。对市场也是如此，真正理解市场的人，他会认出市场的模式。

他也提到过结构。对于市场结构有很多理论，比如波浪理论、道氏理论，以及一些经典的技术分析讲的形态等等，都提到过市场的图形特征。高手可能没有完全按照这些理论理解市场结构，但他们有属于自己的理论，能识别自己的结构。换句话讲，他们也可能发明了波浪理论，只是他们自己不知道或者没有上升到理论层次而已。

当然，高手都有自己的交易系统。系统是由所有有效的交易经验进行总结并具体量化而成。这是属于个人的神器，别人拿不走，也很难传授给别人，这就如同"IQ卡没密码"的道理。有人会问，那海龟模式是怎么成功的？这是一个深入的问题，海龟实验是在1 000多个申请人中选出的10个人，经过专业的培训，最终证明盈利能力是可以后天培养的。但在实际中，你必须完全理解高手的神器，它才会发挥效力，如果不理解，那么这就是块废铁。而理解了高手的系统，也就是理解了市场，又回到了要下功夫上，回到了1万小时定律上。

有些高水平的交易员会在一段时间内表现很好，然后资金曲线进入震荡期，这是因为他的交易系统只适合一种特征的行情模式。市场的波动呈现非周期性规律，很少有人能够发现多种盈利模式，能发现一种模式已经很了不起了。值得一提的是，高手能在不适合系统的行情阶段控制住亏损，等待适合自己的行情出现。很多人之所以难以成功，最大的原因之一就是不善于等待，不肯放弃不属于自己的行情。

所有高手一般都对市场洞若观火，了然于胸。他可以根据走出的图形判断后面走出何种图表的概率，这样当然会提高胜率。高手的交易可以连续十几笔盈利，但有时候，连续的盈利并不一定是好事，因为有时为了追求高胜率会提前止盈这笔交易。正常的胜率通常在60%~70%，盈亏比决定了胜率的高低，这里指的是短线的胜率。

对于止损，很多高手都强调过，但处理方式并不一样，有些人用严止损，有些人用宽止损，甚至有人基本不止损。这位高手就是属于基本不止损的，因为他的方法胜率高，通常不会亏损。但有一利必有一弊，他如果出现亏损也往往是比较大的亏损。退出策略相对买入策略更重要一些，面对盈亏或者如何处理盈亏，这决定了一笔交易的最终结果。

很多时候，高手也解释不清如何做出的判断，或者是很难解释清楚，因为他有对市场的理解做基础。就好像读懂一种语言一样，如果不会英语的人看到一句英文就不会理解这句话的含义。市场也是一样，如果读懂了市场的语言，就会明白市场的含义。还有一点，高手与股评不一样，他可能不知道某种形态的名称，但他一定熟悉这句市场语言，知道它表达的含义。高手是运动员，股评是评论员。罗纳尔多在2002年世界杯决赛上用脚尖捅进了德国大门一个进球，这在足球教科书中应该没有对应的训练项目，但这种技巧的运用在当时是最合理、最有效的。足球评论员在赛后可以有各种解读，但罗纳尔多在当时完全是对形势的判断之后做出的下意识动作，这样做的理由很简单，因为可以进球！周星驰被媒体称为后现代解构大师，可是他说，我不懂什么后现代。这就是大师，他只是做自己理解的事情，至于什么名称，那只是形式，他并不在意。用他的话说，"其实我是一个演员。"

我想说的是，真正的交易员不在乎形态的名称或理论，只在乎他自己的理解。

最后记录一些需要思考的问题，作为对交易者的指引：

（1）模式，你期望捕捉什么样的行情。

（2）定义模式，符合什么特征时走出这种行情的概率较大。

（3）买点，选择在哪个位置进场，令效用最大化，容易上涨而不容易触发止损。

（4）止损，以多大的成本"赌"这个模式。

（5）过滤，什么特征下这个止损更不容易被触发。

（6）卖点，选择在哪个位置出场，能否形成在触发止损前的有效退出策略。

（7）止盈，有一定的盈利后，如何处理，既能保住一部分盈利，又不错过可能的后面的行情。

如果能明确化、具体化以上这些问题，基本能形成一个交易系统。如果能解决好这些问题，基本能形成一个盈利的交易系统。如果能执行好这个系统，你就会成为下一个高手。

谁活着谁就看得见。

——《瓦尔特保卫萨拉热窝》

第10节 操作资金曲线

交易者在做了一段时间的交易之后，通常都会对自己的交易成绩做个统计，而在众多统计指标中，资金曲线是其中必不可少的一个。资金曲线，顾名思义，就是随着交易次数的增加，根据账户资金的盈亏变化做出的曲线。每做一笔交易就把盈亏结果累计到原有资金数额上，如果是一笔盈利，就在原有的基础上加上这笔盈利；如果是一笔亏损，则在原有的基础上减去这笔亏损。用资金曲线减去本金得到盈亏曲线，其运行在 0 轴之上时表示处于盈利状态，运行在 0 轴之下时表示处于亏损状态，见图 4 – 14。

资金曲线是职业交易者的重要技术统计指标，就像 NBA 对球员的得分、篮板、助攻、抢断、命中率等技术指标的统计一样，从数据中就可以看出一个人的比赛表现。交易数据统计也应该伴随你的整个投资生涯，如果你一直想从事交易的话。

符合什么样的成绩标准才算是好的操盘手呢？首先，当然是看盈利幅度。不过，是最终盈利越多越好吗？当然不是，具体原因在后面会有详细说明。其次是看稳定性，如果资金回撤存在超过 10%～15% 的情况，那么其稳定性就值得商榷。这个标准更多的是以日内操作来衡量的。如果在股票上操作，亏损超过 15%～20% 应该算是比较大的回撤。一旦亏损超过 30%，那么用剩下的本金再想回本的难度就会明显增加。我在之前的书中提到过亏损与回本比例的一览表，有兴趣的投资者可以再研究一下。

还有一项要看的是样本数，也就是交易记录数。在同样的利润或胜率条件下，交易次数越多则实现盈利的稳定性就越好。比如，投 10 次篮进 6 次，肯定不如投 100 次篮进 60 次的稳定性好，虽然它们有同样的进球率。

除了能够在资金曲线上看得到的因素之外，还有一些比较重要的其他因素，比如，操作周期、操作周期内的交易品种的行情走势、资金管理（这一点很重要）、连续盈利与亏损次数、最大盈亏、盈亏比、胜率、手续费等等。

总之，漂亮的资金曲线图形应该处于一个以一定角度向右上方倾斜的上升通道之中。至此，我们对资金曲线以及在观察它时要考虑哪些因素有了一个大致的了解。

当你看到别人的资金曲线自高点回撤超过 10% 时，你会怎么想呢？你一定会认为他在近期做错了。市场上没有看对还是看错，只有赢家和输家。同样，如果我们自己的资金曲线出现超过 10% 的回撤时，也要客观地看待它，这时一定是市场的震荡期，或是自己状态不好的时候，这时一定要停下来。因为你的资金曲线已经告诉了你在操作上的趋势，你在不断地犯错误。善亏小错，这是原则之一。相反，如果资金曲线一直在震荡向上，那么它证明我们踏准了节奏，或者方法合理并且执行良好。在使用顺势理念的方法的情况下，从资金曲线上就可以看出来，这时应该处于单边市场，或者处于适合波段操作的较大级别的震荡市场，总之，你的方法与市场波动契合得非常好。

我经常强调要客观地看市场，而资金曲线能够让我们客观地看自己。面对自己的资金曲线也应该像看别人的资金曲线那样客观。通过交易数据统计指标找出在交易中产生盈利或者亏损的原因，升华和蜕变就发生在自省当中。复盘不止要看亏损的操作，也要看盈利的操作，它们会给你信心，让你认识到什么样的市场状况或技术图形是适合自己的。

数字不会说谎，资金曲线同样不会说谎。

盈亏曲线对比分析

假设你现在不是市场中的交易者，而是一位面试操盘手的老板。现在有四位操盘手来应聘，每个人都有一份真实的交易记录和盈亏曲线图，那么你会选择他们中的哪个呢？四位操盘手的盈亏曲线图分别如下面四幅图所示。

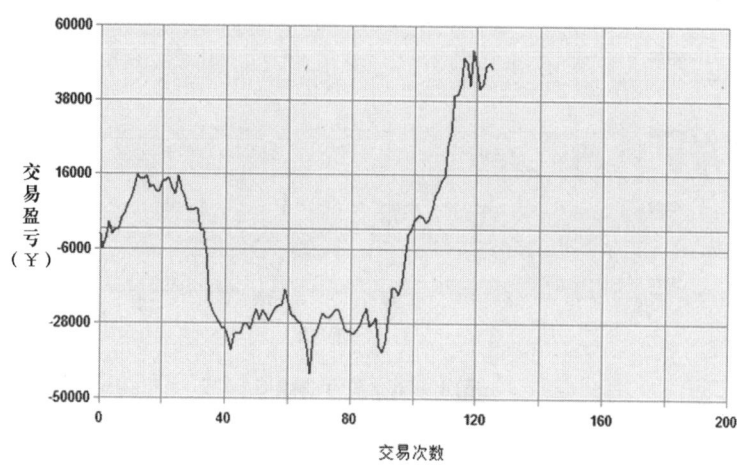

图 4-14　盈亏曲线 A

盈亏曲线图 B

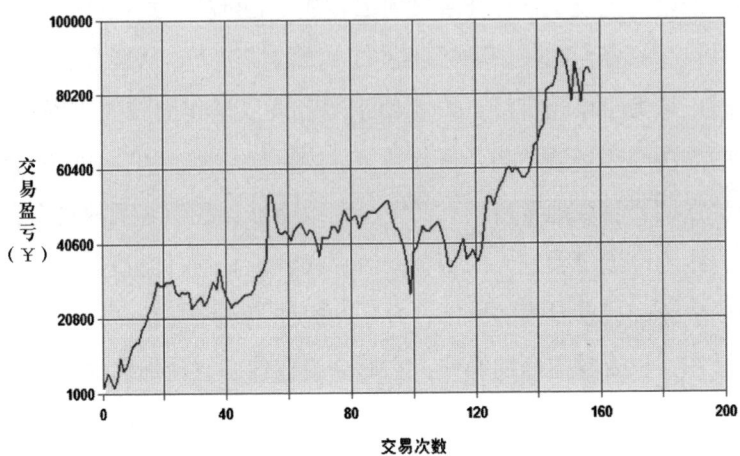

图 4-15　盈亏曲线 B

盈亏曲线图 C

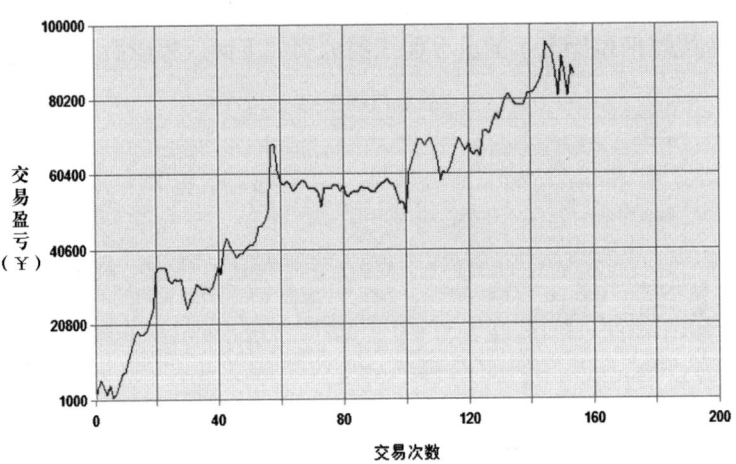

图 4-16　盈亏曲线 C

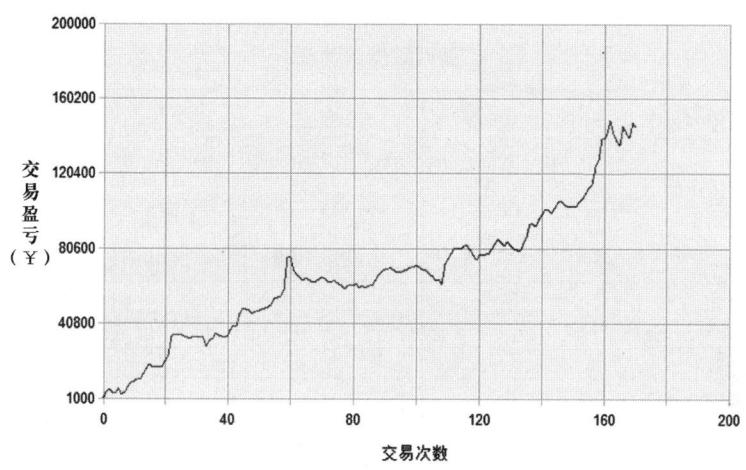

图 4-17　盈亏曲线 D

我们假设这四位操盘手使用的本金相同，操作的品种相同。从他们的盈亏曲线图可以看出，他们的交易次数足够多，而且最终都是盈利的。从曲线的波动情况和盈利比例上很容易看出来，肯定不会选 A，应该选 D。把它们看成四只股票的行情图，也能看出来，D 最强势。下面我们对这四条盈亏曲线进行逐一分析。

单从曲线特征相比较来看：

操盘手 A：属于大盈大亏型，连续盈利和连续亏损的数额都较大，而且曲线陡峭。虽然中间的曲线图形类似股票的"头肩底"走出了反转行情，盈亏大逆转，但这样的图形总让人感觉不太放心。

操盘手 B：在第 80 到 100 次交易之间有一次大回撤，除此之外表现不错。中间有明显的回撤调整。

操盘手 C：前 60 笔交易是前三位中表现最好的，保持在一个很合适的上升通道中。在第 60 到 100 次交易这段中间曲线较好地控制了亏损。最后这段曲线上的盈利幅度不及前两位操盘手。总体属于稳定型。

操盘手 D：有大盈利而没有明显的回撤，可见把放开利润和控制亏损都做得相当好。整个曲线基本上是逐波提高，呈现出推动浪特征。整体处于上升通道之中。他是四位操盘中表现最好的一位。

下面我们看盈亏曲线背后的具体统计数据，如表 4-1 所示。

表 4-1　　　　　　　　　　盈亏数据统计表

统计指标	A	B	C	D
净利润	47 579.16	85 517.36	86 731.08	145 443.63
交易手数	268	335	316	284
胜率	45.15%	47.46%	46.84%	52.82%
盈亏比	1.59	1.76	1.94	2.15
最大连续盈利手数	21	21	18	18
最大连续亏损手数	30	21	12	10
最大连续盈利	48 896.36	34 255.45	29 810.27	45 804.20
最大连续亏损	41 934.35	24 886.53	14 092.61	13 005.71
收益率	9.52%	17.10%	17.35%	29.09%

从表 4-1 可以看出，四位操盘手的最终盈利都接近或超过 10%，盈利依次提高，最高的接近 30%。交易手数均超过 250 次，可以说是有足够多次的出手，结果具有可信度。胜率和盈亏比方面，D 的最高，说明他的盈利能力最强；A 的最低，说明他的盈利能力最差；B 的胜率高于 C，C 的盈亏比高于 B。在最大连续盈利手数方面，四位不相上下。在最大连续亏损手数方面，C 和 D 的控制亏损能力明显好于 A 和 B。在最大连续盈利方面，A 和 D 做得最好。在最大连续亏损方面，C 和 D 做得最好。从这两方面也可以看出，A 是大盈大亏型，D 是大盈小亏型，C 是稳健型。最终的盈利比例上来看，D 一马当先，高达 29.09%，B 和 C 相当，A 相对较低。综合来看，C 和 D 都是优秀的操盘手，而 D 可以说是出类拔萃的一位。

大脑只看到它选择看的东西,这就是所谓的盲点。

——《达芬奇密码》

第11节 成功的交易系统能否复制

关于交易系统的话题似乎总也说不完,它是交易者眼中的神器,不过,神器威武,踪迹难觅。

对交易系统应该如何理解?

有些人不认可稳定盈利的交易系统的存在,尤其是如今很多交易软件可以将交易系统实现程序化,如果是这样,那么这个程序不就成了提款机了吗?他们提出的一个反驳理由是,如果电脑程序能实现盈利,那么程序员或软件公司不都转行做交易了吗?谁还会辛辛苦苦地开发软件,拿着包月的工资,干着不计流量的工作?这个理由乍一听起来似乎挺有道理,但这又是一个误解。实际上,电脑或程序只是实现交易系统的自动化工具。把电脑和 Word 程序打开,它并不能自己工作。操作电脑,用文字输入的文档的含义,这些都是人控制的。所有工具都是实现目标的手段,工具不能越俎代庖,工具是没有思想的。所以说,人才是起到主导作用的因素。

即使不用程序化,也仍然会有人质疑是否存在稳定盈利的交易系统。一个强有力的反驳理由是,市场是复杂的、不断变化的,而系统是机械的,不一定能适应千变万化的市场。持有这种理由的人对市场有一定的认识,但对交易系统的认识还不够深。交易系统是什么?它是你的进出场策略,资金管理策略,风险控制策略等的集合。它是指向盈利的所有经验的总结。从根本上来说,交易系统就是交易者所有交易思想的物化。

理解交易系统的另一个关键点是,它是一种对策,而多数的投资者还停留在预测阶段。不具备系统化思想的人只会猜行情向右侧将怎么走;而具备系统化思想的人会根据左侧的历史行情制定出一套对策,然后根据向右侧的行情发展情况实施既定的策略。

如果你相信靠运气赌行情不能实现稳定盈利，而靠经验和概率能实现盈利，那么你就应该相信存在稳定盈利的交易系统。我经常提到的稳定盈利标准，操作100次，资金曲线处于上升通道中，没有大的资金回撤，也没有跌出通道很长时间。比如说，操作10次，没有任何经验和技术的人也有全猜对的可能性，但如果操作足够多次，那么路遥知马力，想稳定赚钱单靠运气肯定是不够的。从概率角度来看，只猜涨跌的话，每1024个人当中，总会有一个人连续10次全部猜对。但如果连续猜对20次，则需要100多万人之中才会出现一个人。

能在市场中稳定盈利的人，他通常都会有一个有形或无形的交易系统。大多数人没有交易系统，这些人多数在"七亏二平一赚"的"七亏"中。少数人有交易系统，这些人也并不能肯定盈利，但一定会有优势。"一赚"中的人99%会有系统，也就是计划，它可以是简单的，也可以是复杂的，另外那1%，我们不排除有运气非常好的人存在。可以肯定地说，我所见到过的高手都有固定的一套方法，不管他是否接受交易系统的理念，但他实际上都执行了一套策略。

高手的神器

我们说稳定盈利的交易系统是高手的神器，神器不一定是有形的。更高的高手是用无形的交易系统，它已经固化在了高手心里，运用之妙存乎一心的境界。运用机械交易系统的高手如同剑宗的武林高手，而运用无形交易系统的高手如同气宗的高手。

修炼的内功就是控制力。在初始阶段，剑宗应该优于气宗，因为一开始就用无形交易系统的人往往不如用机械交易系统的人更容易严格执行。剑宗有迹可循，而气宗更多靠的是内功，这个内功不是短时间内就能炼成的。机械交易系统可以借助外力控制执行，比如把交易信号具体化，使用指标等来约束自己的执行。直觉交易也可以用指标，但直觉交易者往往是靠对市场的多空理解，有些盘感很难明确化或具体化，这在执行上就会产生模棱两可的情况，极容易产生冲动交易。就算是机械交易在初期也难免不按交易信号执行，何况是直觉交易。

更形象地来说，机械交易者在打造一把看得见摸得着的利剑，而直觉交易者在打造一把无形剑气。如果问一个相同的问题，为什么在这里买进，机械交易者会说，在这里他的系统发出了买入信号；直觉交易者会说，依据对市场的理解这里是转折点。

神器是否能复制

从前面的描述中应该可以看出，直觉交易者如果能物化他的交易系统，就能够形成机械交易系统。显然，有形的会比无形的容易复制。

机械交易系统能列出所有策略的条件明细，得到这套策略就相当于复制了系统。但是，存在一劳永逸的系统吗？这是一个问题。

我见到过的成功的系统化交易者，他们的系统并不是一成不变的，否则就真的成了提款机。甚至有些人的系统会失效，然后再推倒重来。系统的失效正是因为市场的转变，越是条件"精致"的系统，越容易失效。对市场有深刻理解的系统化交易者，能够根据市场的变化，微调一些条件，来使系统更好地拟合当前的市场。系统化的一个关键优势就是能够最大程度地控制风险。即使你的系统一度失效，也不至于产生致命的亏损，你能认识到市场风格的转变并做出策略的调整。更高级的对策是，采用分支策略，把遇到的新问题转化成新经验添加到系统中去。这里提一个需要考虑的问题，有时新的策略会使以前策略的作用范围减少，鱼和熊掌不可得兼。

开头提到过，交易系统就是交易者的思想集合，那么复制交易系统就相当于复制了一个交易者。还是分两种情况来说。首先说无形的系统，这基本不能复制，因为他对市场的理解是他做出判断的依据，即使是直觉交易高手愿意分享他的经验，也很难理解他的所有思想，因为你对市场的理解还不到他那种程度。这种直觉系统，你一旦形成，别人拿不走，也就是说，气宗无迹可循。再说有形的机械系统，最终极的当属程序化的系统，如果你真能得到高手的系统程序代码，那就算是100%地复制了系统。不过，如果你是高手，你会公布代码吗？

破解神器

既然无形的看不到，有形的得不到，那只剩一条路可走了，破解它！

破解的途径包括：其一，看高手的成交单，有时会有高手发出一段时间的单子，但要保证它是真实的。其二，看高手的著作、文章或论坛的回复，高手的理念和对一些细节的处理会体现在他的文字里面，比如对买卖点的选择，止盈止损的处理，还有持股心态等等。其三，市场是最好的老师。很多时候，高手的成交单是买在低位卖在高位，不管你是否知道他的具体成交点位和时间，总归他都会判断出相对高低位。市场的相对高低位就在那里，破解高手就等于破解市场，破解市场就等于破解高手。重要的不是点位和时间，而是他这样操作的理由。高手如果不说，你永远不知道他真实的理由是什么。你能做的就是大胆假设，小心求证。

市场不是线性的，如果一个系统能凭其成交单被你全部破解，那么这个系统肯定不是好系统。好的系统一定是从成交单上不能全部被破解出来的，但能从中学到一些东西，比如对止盈和止损的处理，对持仓的处理能力决定了高手的出类拔萃。

破解高手系统，破解市场规律，不断验证，直到找到自己的秩序。系统并不一定是复杂的，但一定是非线性的。能看到的只是一个"面"，而实际上它应该是一个"体"。神器需要各个"零件"进行组合，最后组装成自己的系统。

高手只能留下各种痕迹，真正的系统肯定不会示人。但这些路线图正是他们当初摸索的路径。就算高手真的想教给你他的整套系统，也往往是徒劳无功，这要看理念，也要看基础。每个人选择的方向不一样。高手把他的神器交给你，你一样要从最基础开始理解它，理解不了，它就不属于你。通常不会有人用一个自己不相信的系统做交易。相信的过程就是理解的过程，能懂高手下的棋，需要同样的高手功力。

如果有幸你找到了答案，那么最后一关就是执行关。十年磨一剑，扬眉剑出鞘。通常磨剑的过程，就是验证的过程。真正好的系统，你一定是相信它的，在执行上不会存在问题。如果存在问题，那么它一定是还没有成形，以后可能威力无比，也可能被否定掉。行到水穷处，坐看云起时。找到它的那一刻，风轻云淡，寂静欢喜。执行起来，应该是游刃有余，气定神闲。你知道每根K线都有它的意义，有些是不可避免的涨或跌，每一K线的概率大致了然于胸。你能坦然接受亏损，这是正常的成本，而且能增加下一次的胜率。希望你能找到它，找到这种成竹在胸的美妙感觉。

生活就像一盒巧克力，你永远不知道你会得到什么。

——《阿甘正传》

第12节 从感觉交易到自觉交易

从感觉交易到机械交易（系统交易）再到自觉交易的过程，应该是多数交易者的渐进过程。

感觉交易靠运气。这个阶段的操作是没有章法的随心所欲。"赌"对了就赚了，"赌"错了就亏了。但长此以往，"久赌必输"。原因很简单，运气不常有，没有纪律的保证，总会有运气用光的那一天。

机械交易靠执行。这个阶段的操作是按部就班。所有的"赌"都变形为概率。把一次操作置身于足够多次的操作之中，概率总会发挥作用。所有的买卖条件都是固定的，所有的结果都在意料当中。

程序化交易是机械交易的成熟阶段。把操作条件用程序语言描述出来，形成交易程序，这样一来，可以严格地按照既定计划执行。但是，很多交易者对程序化交易有非议，其中一大部分人并没有真正了解程序化交易。严苛点说，是有点吃不到葡萄说葡萄酸，实现程序化交易对普通交易者来说有瓶颈。

假定是一位程序员来做程序化交易，那么他在实现程序化过程中没有问题，他的最根本问题是，如何找到一个相对完善的盈利策略。策略是最重要的，程序是实现策略并保证策略执行的手段。因此说，程序员不全是博弈高手，如果他的策略有漏洞，程序再好也是亏损利器，而非盈利利器。

程序化也不是必要条件，它仅是有利于执行。假定一个盈利策略之中有A、B、C三个开仓条件。同时满足这三个条件的开仓，能实现稳定盈利。那么靠人工执行，效果也不会有太大出入。

对于多数交易者来说，靠人工执行，并执行简单有效的策略是优选方案。

盈利的基础是一个简单有效的策略。这个策略要有多简单或者多复杂呢？太简单的策略（都以开仓为例），开仓没有经过过滤，胜率不会太高。太复杂的策略中可能存在的问题是，过度拟合了一段时间的行情图形，它的适用性会打折扣。因此，策略的条件应该是简约不简单，它有效，能过滤杂音，能适应行情，它是一个平衡的策略。

我们建议交易者从限定 ABC 这三个开仓条件开始，如果你能设定出开仓条件，就说明你有了计划，如果你没有设定过多的限制条件，这说明不需要冗余繁杂的判断，它们可能是简明有效的。事实上，3~5个主要过滤条件，通常能起到主要作用。并不是条件越多越好。刀越薄就越容易折断，如果把刀磨得太快了，你可能需要不断地换刀。

假设你找到了 ABC 这三个开仓条件，组合起来就能够快刀斩乱麻。它能替你分辨出大部分行情。这时可以过渡到下一阶段，自觉交易。程序化交易的执行过程是，由电脑代替人脑逐一判断各个条件，当满足条件时执行，不满足条件时不执行。有了 ABC 这三个条件，你完全可以用自己的头脑来判断它们，我们可以称为扫描条件，可以通过自我训练来强化。

举个例子，打乒乓球的人会知道，通过对手回球的角度、力量、旋转来判断是否可以使用搏杀。我们把满足搏杀条件的角度、力量、旋转量化就形成了一个机械"搏杀系统"。我们知道，打乒乓球时，打球者不会在击球前具体地计算这三个条件，为什么？因为他形成了一个自觉的习惯模式。在球飞过网的一刹那就能判断出是否可以搏杀，训练的时间越长，他对球的判断和搏杀的成功率也就越大。

当 ABC 这三个条件固化在你的头脑和动作中之后，你的盘感就形成了。是的，传说中的盘感，从心所欲不逾矩。自觉交易也可以称为直觉交易，但一说到直觉交易，很多人倾向于把这种交易看得很容易。直觉嘛，想到哪做到哪。其实不然，直觉是在一个模式里的规范动作，并不是没有章法的随心所欲。因此，称为自觉交易更合适，它是经过不断强化之后的固化思维模式和动作模式，它是用有形的模子不断锤打之后形成的自觉形态，非一日之功，非唾手可得。

临渊羡鱼与退而结网

在每一次的上涨行情中，个股都会呈现出轮涨的特征，可以说是涨得此起彼伏、风生水起。金融券商、有色金属、煤炭能源、地区概念、政策利好板块等等，它们会得到轮翻拉升。

在大势向好的时候，每天都有涨停板的股票，但每天都会换一批涨停的股票。如果你想每天都抓到涨停板，那真的是高难度动作。想抓到的太多反而会错过机会。经常出现的状况是，在 A 板块的一波拉升中，追进当前的强势股，然后在回调时，换掉手中在上一波拉升中表现好的股票，再在 B 板块的一波拉升中，追进当前的另一批强势，然后买进的股票又会出现回调，再次想换股。如此循环，不是低买高卖，而是高买低卖（或者是不涨即卖），来回换手，反复追涨杀跌。

当放弃手中的股票后，看到原来的股票拉升又会产生后悔心理，"不如"、"如果"开头的话再次出现。要知道，股票的短线，只做一根 K 线的话，除非是特别强势的个股，否则很难连续长阳。由于 T+1 机制，在长阳当天或之前买进的筹码，很容易在长阳发生后对该股产生卖压。你要给它调整的时间，积蓄能量再次突破。

为什么说要等靠近均线买进呢？因为在均线附近，市场成本趋于平衡，想卖的、该卖的人都卖掉了，这对于再次上涨来说，减轻了很多压力。在大势上涨的情况下，不要着急，只要是强势板块中的强势个股，总会轮到它上涨。连续上涨的个股可遇不可求，可以抱有希望抓到它，但不要希望每次都抓到这种股票。

很多人看到其它个股拉升或者看到卖掉的个股再次拉升，总是唏嘘不已、感叹良久、悔恨交加、百感交集、纠结得不能再纠结了。这是不成熟的表现，不仅是交易心理，主要是技术方法。与其临渊羡鱼，不如退而结网。

所有该抓到的和所有该错过的都应该是计划之内的。应该是得之坦然，失之淡然。因为你知道，按照你的原定计划，总会抓到"网中鱼"。之所以错过，是因为它不是你的。盘后的计划比什么都重要。

如果不想在市场中赌运气，而是想长久地赚属于自己的钱，那么你需要有一个交易计划。它可以是非常简单的几条原则，比如以均线、量、MACD、形态等来定义。最简单的像回踩均线，决定你的交易成绩的是你所织的网，而非一两次的赌运气。把所有的单次操作都放置到多次出手之中来看待。用概率的眼光，会让你平和一些。

以前也说过，股票的纵坐标是价格，很多人都盯在价格上，总想让它上涨。好像做股票只是做价格。其实，可以换一种思路，我们也是在做时间，好的时机同样重要。选择高买更高卖，还是低买高卖，这是一个交易哲学问题。要考虑很多因素，但总的来讲，在大级别的上升趋势中，在次级别的回调，即相对低位买进，更容易获利。拾级而上，要找到着力点、支撑位作为买点，更可靠。

我不能给你全世界，但是我的世界可以全部给你。

——《灿烂人生》

第13节 让利润去保护你的持仓

很多交易者在操作过程中，满眼都是波动，满心都在算钱。他们是以自己是否盈利，以及盈利多少为标准，而不是以市场是否让你盈利，市场给你多少利润为标准。当你认为市场不给你预期的利润，是自己做的不足，而不是求之不得的利润时，你就是在做着不可能完成的任务。

巴菲特说，想赚快钱是最大的误区。如果你动心太多，结果会看山不是山，你已经掉进了自己的盈利幻想里面。善战者无智名无勇功，你的利润应该是应得的，而不应是求之不得还在强求的。不动心则海阔天空，一动心则迷雾重重。

假设，平均的一次操作中，获得20%的利润的概率是40%，获得10%的利润的概率是80%，如果你每次都想抓那20%的利润，那么你将失去概率优势。市场中的每一分钱都有风险。你想要的越多风险就越大，这是必然的规律。如果只赌一把的话，概率的作用发挥不出来；如果交易100次、1000次，概率就会起作用。不具有概率优势的方法，长期运用就会使你必败，久赌必输。"没人能赢不赌的人"，还是那句话，用多次的眼光看待每次交易。

不能因为利润不足以让你动心就去追求无法控制风险的利润，这样做是贪婪的表现。一旦你的利润让你动心了,那么你的亏损同样也是如此,你这时的心态很容易失衡,所以有句话说,"赌场出疯子"。

使用具有概率优势的方法以及合理的仓位,以使你能够与市场保持适当的距离,并保持清晰的头脑,知道自己在做什么。你需要做到,有另一双眼睛在更高处看着你自己做交易。身在此山中,心在更高处。

假设你反复做一只股票、ETF或者期货品种,你熟悉这个品种,总体上在这个品种上是赚钱的。具体到一次操作中,你应该在一个进出场策略的基础上,利用仓位管理,用利润保护持仓,从而追求更大的利润。需要注意的是,用利润保护持仓并不是放任持仓不管。利润的作用是让你始终处于有利的心态,更客观地执行策略。

避免出现这样的情况:从原来使用没有优势的策略,用重仓、心态激进,发展到使用有优势的策略、用合适的仓位,但放大止损。这样可以说是由"惊弓之鸟"变成了现在的"温水煮青蛙"。慢刀割肉一样会造成大亏。注意,避免从一个极端走到另一个极端。

借助不那么急功近利的方法和心态往往会取得更好的成绩,越是想抓到更多,越是做不到。只拿市场给你的,一种方法或者系统都有它应得的盈利。超出了系统"能力"范围之外,概率优势会荡然无存。

让利润保护你的持仓是一种以退为进的策略,看似退而求其次,实则增大了盈利的概率。在盈利的基础上"快乐地防守反击",让利润的波动尽量不影响你的心态。降伏其心是这个方法的关键也是目的。

想要用利润保护持仓,就先要想办法获得利润:

(1)利用优势策略。对现有策略进行选择、优化,减少出手次数,提高胜率。

(2)合理的仓位。波段起始位置相对重仓,不在高位重仓搏杀,高位是用来止盈的。

(3)关键在于止盈。用以保护持仓的利润主要来自于止盈部分持仓。用止盈获得有利的成本,获得有利的心态。

（4）跟踪趋势。用止盈的利润跟踪更大的趋势。

（5）坚持原有出场策略。不能因为看似轻仓而放弃出场原则。

在拥有一套系统的基础上，对很多人来说，严格执行可能难于做到，用退而求其次的策略，有助于更一致地执行。有些交易者，比如有3个到5个方法或策略，但总体却很难盈利。他们一直在变换方法，方法与行情是多对多的关系，而不是一对多的关系。这时就可以考虑选择其中的一个方法和策略，固定、明确下来。如果预期有40%的概率一年获得100%的利润，有80%的概率一年获得50%的利润，你会选择哪种做法？

如果你选择前者，说明你想充分攫取市场利润，在做高风险高回报的事。如果你选择后者，说明你想做到市场给你的主要的利润，市场给多少就拿多少，不会强迫自己。从经验来看，与假设的概率基本一致，多数情况下，想要的越多越得不到，反而是客观对待的人能取得好成绩。市场是公平的，一种方法或策略该得到的利润是相对固定的，你得到了不该在系统内出现的利润，同样会受到系统之外的亏损。请记住，恬淡为上，胜而不美。

消息都兑现成价格了吗

技术在印证消息还是消息在印证技术？

消息都兑现成价格了吗？

对这些问题的答案和理解决定了交易者的理念，决定了他们在交易方面的世界观。

技术分析的三条基本假设：

（1）价格反映一切市场信息；

（2）价格波动呈现出趋势性；

（3）价格图形的历史会重演。

这三条假设是技术分析的基石。如果认同技术分析、信仰技术分析，那么它们就是毋庸置疑、不言自明的真理。

很多交易者会陷入消息面与技术面的辩证关系之中，产生类似"鸡生蛋还是蛋生鸡"的难题。深刻、清晰地理解两者之间的辩证关系是建立做股理念的一个关键。

这也是一个老话题。消息面包括所有影响价格的因素，宏观的、微观的；国家财政政策、货币政策、行业环境、企业环境；各种政策、各种利空、利好消息。消息面最终会通过众多市场参与者的解读作用到股票价格上。没有该涨未涨的股票，也没有所谓错杀的股票，价格包含一切市场信息。

对于消息与股价涨跌的因果关系，会有很多种情况。价格应消息而动，市场可以迅速评估消息的作用效力，反映到股价上。市场对消息的评估是市场合力作用的结果。消息等外部影响因素看作是"因"，股价变动看作是"果"。"原因"纷繁复杂，"结果"只有价格的上涨或下跌。原因的效力都被"兑换"成了价格，因此抓住根本——价格，是最合理的方法。

股价的上涨和下跌在收盘后都会找到貌似合理的解释。如果当日的股价不是上涨而是下跌，同样会找到合理的解释。既然上涨都会有理由，是否知晓真的那么重要吗？上涨的根本理由只能有一个，那就是买的比卖的多。

收盘价是成千上万的市场参与者博弈的结果。有些交易者会说，市场不是有主力吗？主力早就想好了操盘计划，小散户只能被玩弄于主力的股掌之间。实际上真的是这样吗？

事实上，对于不同交易品种，市场参与者的数量及其各自的影响力各不相同。可以说，每个参与者都是主力，拥有大资金的是大主力，拥有小资金的是小主力。对于可以多空双向操作的品种来说，多头有主力，空头也有主力。主力就是主力资金，对价格影响相对最大，但在有效的市场中也不会大到拥有定价实力。每一时刻的价格都是各方博弈的结果。

需要注意的是，主力资金一定是相对聪明的资金，它不是市场中唯一假想出来的上帝，但它可以尽可能地做到始终处于相对有利的地位。从这一点来说，也许可以把始终处于优势地位的那个主力假想成"上帝"。但是，这个主力地位的人选会有变化，有时 A 占优势，有时 B 或其他方占优势。

所以说，主力不是一个人，不是一个机构，市场很大，每一个参与者都是沧海一粟。有人可能不同意这种看法，坚信"主力说"。没关系，我们可以更合理地把那个拟人化的操纵者称为"趋势"。

尽管主力可以不是唯一，但趋势可以是唯一的，上涨趋势就是上涨趋势，下跌趋势就是下跌趋势。相信"主力说"的人认为跟对主力赚钱，同样，技术派认为跟对趋势也赚钱。如果非要把市场背后的那只手或者那尊"神"具体化的话，我宁愿把它看作是趋势。

没有主力的话，很多交易者感觉在市场中无所依赖。消息面成了心理安慰剂。操作总需要有一个理由，很多人希望自己的理由是跟着主力在操作。可是，主力今天姓张，明天可能姓李，今天多头主力占优，明天可能空头主力占优。更合理的解释是，市场的博弈赋予了大盘生命，众多参与者使市场形成了一个生态。

股价总是沿着阻力最小的方向行进。在这个市场生态中，各方参与者靠价格维系着一场角力。股价像海岸线一样延伸，遇到相似的阻力因素作用，就会留下相似的海岸线路径。人们的心理、行为会以非周期的形式重演历史。同样的情况会产生类似图形，同一类事件的种子（基因确定）会产生类似的分形结构。

每一只股票的不同的时间周期图中，同一时期的不同股票图形中，如同看作是不同的"果树"，它们总会在相似的位置结出"果实"。这些相似的位置就是图形中的秩序。震荡、突破；蛰伏、萌发，市场自有规律。偶然性和必然性被注入了同类的图形之中。若是把偶然性当作必然性，你会感觉整棵树的任何位置都有"结果实"的理由。我们要找的是真正有概率优势的位置，也就是必然性最大的位置，多数"树"都会在相似位置找到"果实"。用同一种方法在不同"树"上找"果实"，而不是在每一颗"树"上都用不同的方法找"果实"。这是一对多，而不是多对多的关系，也是更合理的做股理念和方法。

上涨就是做多的理由，上涨是最好的利好。涨了就是涨了，价格是最根本的。位置和策略是盈利关键。技术面是以概率思维做同类图形，从预期出现的大概率走势中获利。

处理好当前持仓是在为下次出手做准备

开仓重要吗？重要！

平仓重要吗？更重要！

实际上，在你的系统中，哪个环节薄弱哪里便愈加重要。由于各个交易者所处的阶段以及自身的优势各不相同，因此，系统当中各个方面的轻重缓急也各不相同。开仓做好了，自然会把重点转向平仓。开仓与平仓都做好之后，则会把目光转向资金管理，这时力求在一定的胜率下实现利润最大化。当系统相对稳定之后，执行、自律方面的重要性会显得尤为明显。

系统如同一台机器。比如一台电脑，它的 CPU、内存、硬盘、显卡、显示器等等在性能上应该处于一个均衡状态。如果 CPU 很强，但内存较低，则会影响整台机器的性能。交易系统也是如此。你把开平仓技术都磨练好了之后，如果没有好的资金管理，在有利的位置选择了轻仓，在不利的位置选择了重仓，那么终究不会使利润奔跑起来。

相对来说，看对看错不重要，重要的是，对的时候押注多少，而错的时候又押注多少。

大多数的系统模式是，小亏大赢，以多次小的亏损来博取大的盈利。（胜率 P 与盈亏比 R 可以有多种组合来实现盈利）这里还要着重说明一下，这种小亏大赢模式更适用于手续费低、操作次数多的品种，如期货、外汇。对于股票来说，胜率不能太低，一方面是因为 A 股的交易成本非常之高，另一方面是因为 T+1 的交易规则不利于短线操作（股票适合用波段操作）。

提高胜率的一种简单方法就是减少出手次数，做那些更有把握的机会。从系统上来说，这是更优化的信号，由于它的条件更苛刻，因此它的胜率更高。

当形成了一个固定的模式之后，要把每次出手放置在多次出手之中来看待。这样，该模式才会在概率的作用下发挥作用。每一次按照系统对当前持仓的处理都是在为下次出手做准备。比如，做多的时候，当行情反向触到止损时，一定要毫不犹豫地平多仓。后面可能有做空的单边行情。小亏比死扛更合理。总之，是按系统来操作。如果把单一操作放置于"运气"之中，即使一次扛对了，把亏损扛了回来平推，或是扛出了利润，但这次是"意外"，后面还会有"死扛"的必然结果，那就是大亏。久赌必输就是这么个道理。

处理持仓的能力很重要，这句话很多人应该听说过。从知道到理解它，需要一个过程。好的经验来自于不好的操作。不被咬过，不会知道疼；被咬掉一口，总比被吞掉要好。

严格按照计划来做，总会躲过不期而至的反向单边，总会捕捉到不期而至的同向单边。再次提醒一次，系统面对行情时，应该没有意外，它应该是一套完善的策略，能应对几乎所有的行情模式。

▶▶盘后阅读4：口红效应

口红效应（Lipstick Effect）是在20世纪30年代美国经济大萧条时期被首次提出的经济理论。口红效应是指美国1930年经济大恐慌时期，人们消费能力有限，买不起高级消费品，消费者会转而购买价格较低的产品，这时口红的销量反而会直线上升。

每当经济不景气，人们的消费就会转向购买廉价商品，而口红虽非生活必需品，却兼具廉价和粉饰的作用，能给消费者带来心理慰藉。经济危机之下，消费者的消费心理和消费行为等都发生了变化，普通消费者个个都变成了砍价高手，经济危机也使得如口红这类的廉价化妆品和文化类的产品出现了大卖。

2008年的世界性经济金融危机，给口红带来了市场。美国媒体称，口红、面膜的销量开始上升，而做头发、做按摩等"放松消费"也很有人气，这与其他大宗商品和奢侈品的低迷销量呈现出鲜明的对比。

全球几大化妆品巨头的销售额证实了这一观点，其中包括法国欧莱雅公司、德国拜尔斯多尔夫股份公司以及日本资生堂公司等。欧莱雅公司2008年上半年销售额逆市增长5.3%。"口红效应"显现，而"口红效应"这一20世纪30年代提出的理论也在海外媒体上不断亮相。

在经济不景气时期，人们的收入和对未来的预期都会降低，这时候首先削减的是那些大宗商品的消费，如买房、买车、出国旅游等，这样一来，反而可能会比正常时期有更多的"闲钱"，正好去购买一些"廉价的非必要之物"，从而刺激这些廉价商品的消费上升。

▶▶股软技巧 7：条件选股——近日创历史新高

筛选强者恒强的创新高股。在通达信行情软件中通过"功能"——"选股器"——"条件选股"进行选择，也可以直接按"Ctrl + T"调出命令窗口。其中除了"近日创历史新高"之外还有很多其他的选股条件，比如"均线多头排列"，"N 日内创新高"，"持续放量"等。

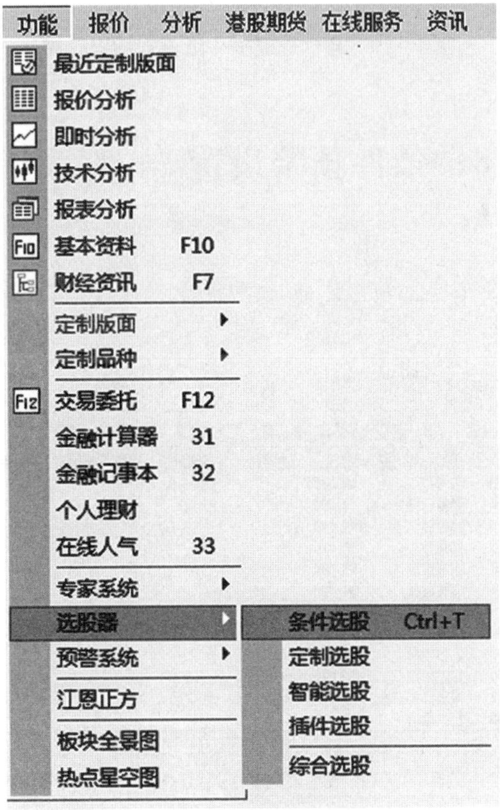

图 4-18 条件选股

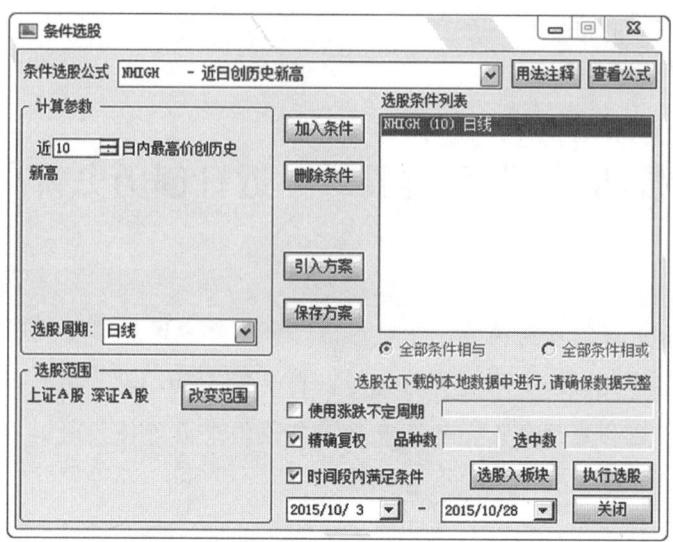

图4-19 条件选股——近日创历史新高

>>股软技巧8：条件预警设置

在通达信行情软件中，通过"系统功能"——"预警系统"——"条件预警设置"进行设置。

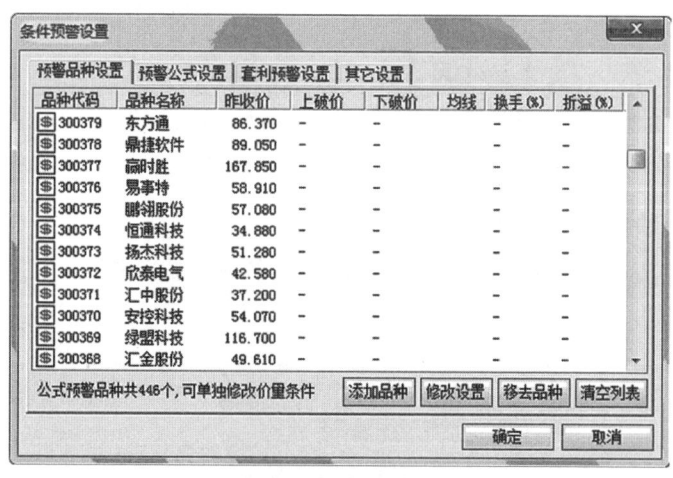

图4-20 条件预警设置

▶▶股软技巧9：历史回放功能

在通达信行情软件中，通过"系统功能"——"沙盘推演"进行历史回放，可用于复盘。

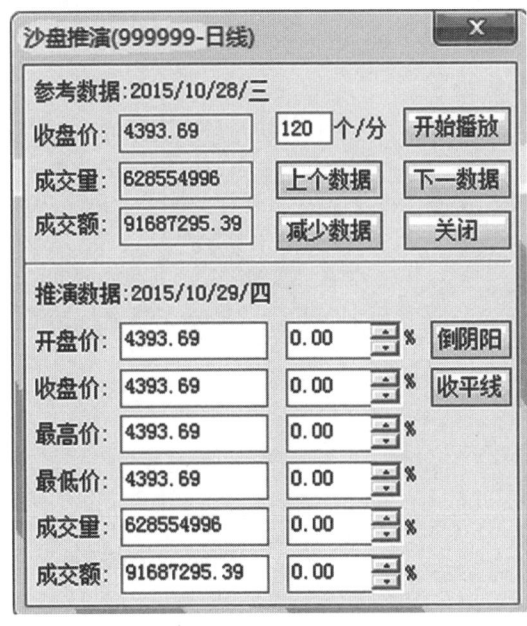

图4-21 沙盘推演

后 记

随着大盘在本轮大牛市中不断创出新高，牛市中的很多投资者情绪以及一些有利和不利的做股方法也再次得到了验证。本书内容覆盖了在这轮单边牛市启动以及之前区间震荡期间进行跟踪分析时讲到的一些做股方法和理念。通过对这些内容的重新整理和丰富，我再次回顾了一次从熊市到牛市的转换。我也再次感受到了市场的循环规律，对于每轮牛市来说，可谓是，年年岁岁花相似，岁岁年年人不同。

我们在做股票的过程中都会遇到很多思维认识上的瓶颈，每突破一个新问题，操盘水平就会更进一步。比如，认识到牛市与熊市的波动特征，认识到持长的重要性，认识到处理持仓和卖出技术的重要性，当然还有严格执行的重要性。正确的做股思维能够形成具有优势的做股方法。做股是一场概率游戏，要想赢就必须有一套好的策略。

我在书中一如即往地重点传达了一些关键交易思想，比如系统化、概率思维、形态结构、多空思维、顺势交易、博弈市场等等。这些都是成功交易者必须要具备的理念。先进的做股思想无疑将有助于提高做股成绩，要知道很多人还处于"重预测、轻对策"的阶段。做投资也好，做投机也罢，都是在和很多人进行博弈。我希望书中的方法和理念能够帮助投资者找到有效的盈利方法，这个方法应该能够区分行情并包括相应操作策略和具体方法。希望投资者能够以更开放的心态和更优势的思维来对待这场资本博弈。

书中既有"鱼"也有"渔"，但我更希望授人以渔。赚钱这件事最终要靠我们提升自身的交易水平。经常重复出现的价格波动模式是我们要重点关注的对象，通过研究这些模式，以概率思维进行操作，这将能够帮助我们实现盈利目标。市场的规律就在于它的趋势性和波动性。如何发挥技术分析的概率作用，这是我们整个交易生涯都要面对的一个问题。

交易者可以从总结第一个有效形态或总结第一条实战经验开始寻找自己的交易圣杯之路。市场为我们每个人都留下了不同的线索，顺着它你就可以找到属于自己的市场秩序。这应该是一本值得反复阅读并耐人寻味的案头书，希望用心读过本书的交易者都能真正地认识市场和认识自己。

最后我要感谢一直陪伴和支持我的所有家人和朋友们。感谢 Alex、Bobic、Wangli、Deng、小季、来来、小尹、小巫、美娴。还要感谢明红对本书的支持，能够忍受初稿的生涩并帮助勘误和提出好的建议。本书虽力求完美，但由于作者水平有限，书中难免存在纰漏和不足之处，希望广大读者批评指正，提出宝贵建议，作者将不断改进。投资者可以发邮件与我交流，邮箱地址为：lingbostock@163.com。博客地址为：http://blog.sina.com.cn/lingbomacd。

凌　波